教育部人文社科课题"电视对农传播公共服务体系的基本内涵与构建路径"（项目编号：09YJC860015）最终研究成果

国家哲学社会科学基金项目"新型城镇化进程中农民利益诉求与媒介话语表达的互动研究"（项目编号：14BXW012）前期研究成果

农业新闻
公共服务与话语创新的理论与实践

陈旭鑫 ◎ 著

Theoretical and Practical
Innovations of China's
Domestic Agricultural
News Reports
in Views of Public Service and
Discourse Analysis

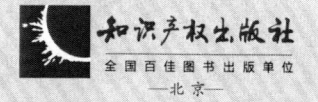

知识产权出版社
全国百佳图书出版单位
—北京—

图书在版编目（CIP）数据

农业新闻：公共服务与话语创新的理论与实践 / 陈旭鑫著 . —北京：知识产权出版社，2019.12

ISBN 978-7-5130-6616-7

Ⅰ.①农… Ⅱ.①陈… Ⅲ.①农业—新闻报道—研究—中国 Ⅳ.① G219.2

中国版本图书馆 CIP 数据核字（2019）第 269040 号

内容提要

本书基于当前我国社会转型和媒介融合加速的时空语境，结合公共服务和话语分析等理论，重点探讨了当前国内农业新闻公共服务与话语表达的现状、农业新闻与农民现实需求的契合度，并从政府和新闻媒体两大主体的视角探讨了农业新闻公共服务与话语创新的路径。

责任编辑：高源　　　　　　　　责任印制：孙婷婷

农业新闻——公共服务与话语创新的理论与实践
NONGYE XINWEN——GONGGONG FUWU YU HUAYU CHUANGXIN DE LILUN YU SHIJIAN

陈旭鑫　著

出版发行：知识产权出版社 有限责任公司	网　　址：http://www.ipph.cn
电　　话：010-82004826	http://www.laichushu.com
社　　址：北京市海淀区气象路 50 号院	邮　　编：100081
责编电话：010-82000860 转 8701	责编邮箱：laichushu@cnipr.com
发行电话：010-82000860 转 8101	发行传真：010-82000893
印　　刷：北京中献拓方科技发展有限公司	经　　销：各大网上书店、新华书店及相关专业书店
开　　本：710mm×1000mm　1/16	印　　张：14
版　　次：2019 年 12 月第 1 版	印　　次：2019 年 12 月第 1 次印刷
字　　数：226 千字	定　　价：78.00 元
ISBN 978-7-5130-6616-7	

出版权专有　侵权必究

如有印装质量问题，本社负责调换。

序
PREFACE

上下五千年的中华文明史，从一定意义上说就是一部农业文明发展史。自古以来，农业在我国经济社会发展中一直处于十分重要的地位，历代政治家和思想家都高度重视发展农业，提出了许多重农固本的思想论断，如"禹稷躬稼而有天下"（《论语·宪问》），"粟也者，民之所归也，粟也者，财之所归也，粟也者，地之所归也。粟多则天下物尽至矣"（《管子·治国》）等。

中国共产党一直十分重视农业、农村和农民（以下简称"三农"）问题，无论在战争年代还是在和平建设时期，都始终将"三农"视为夺取政权和经济社会发展的极其重要的力量。毛泽东、邓小平、江泽民、胡锦涛和习近平等几代中央领导集体，都非常重视"三农"问题。在革命战争年代，毛泽东同志曾深刻指出，中国民主革命实质上是农民革命，中国民主革命的中心内容是农民问题。在和平建国时期，毛泽东同志又多次强调，"农业生产是我们经济建设工作的第一位"。邓小平同志积极支持并肯定农村联产承包责任制，以农村和农业改革为先声，拉开了我国改革开放的大幕。2005年年底，十届全国人大常委会第十九次会议通过了废止农业税条例的决定草案，延续数千年的农业税终于走进了历史博物馆。习近平总书记在党的十九大报告中明确提出了"乡村振兴"战略，2018年2月4日公布了2018年中央一号文件，即《中共中央国务院关于实施乡村振兴战略的意见》。

中华人民共和国成立七十年来，我国"三农"事业取得了举世瞩目的伟大成就。这其中，既有党和国家科学领导、正确决策之功，也饱含着我国亿万农民的智慧、辛劳和汗水！

以往，我们常说"中国十亿人口，八亿是农民"。随着城市化步伐的加快和进城务工人员的增多，我国农村常住人口数量呈逐年下降之势，但仍保持较大体量。国家统计局公布的《2018年国民经济和社会发展统计公报》显示，至2018年年末，全国总人口为13.9538亿，其中，城镇人口占59.58%（约计8.31亿），乡村人口占40.42%（约计5.64亿）。基于如此规模的人口及历史与现实积累下来的一系列问题，我国人民日益增长的美好生活需要和不平衡不充分的发展之间的矛盾在乡村最为突出。正如《国家乡村振兴战略规划（2018—2022年）》中指出的："乡村兴则国家兴，乡村衰则国家衰。""全面建成小康社会和全面建设社会主义现代化强国，最艰巨最繁重的任务在农村，最广泛最深厚的基础在农村，最大的潜力和后劲也在农村。"在社会高度媒介化和媒介高度社会化的今天，研究"三农"、服务"三农"、推动"三农"发展，应成为国内新闻传播学界和业界的理论自觉与行动自觉。

2018年8月，习近平总书记在全国宣传思想工作会议上强调，要扎实抓好县级融媒体中心建设，更好引导群众、服务群众。各级新闻媒体，特别是中国共产党领导的主流新闻媒体，是我国思想宣传战线的主阵地。鉴于"三农"在我国经济社会发展中的重要地位，主流新闻媒体应如何发挥自身优势服务"三农"、助推"三农"现代化？以服务"三农"为基本定位的农业新闻，在对农公共服务方面做得如何？媒体在深入了解和充分呈现农民的利益诉求方面表现怎样？与农民的现实需求之间相比，国内现有农业新闻尚存哪些改进空间？其理论依据和改进路径何在？这些都是亟待研究的问题。

旭鑫博士的《农业新闻——公共服务与话语创新的理论与实践》，结合中外公共服务和话语分析理论，在其博士论文和近年来相关研究的基础上，对上述问题进行了认真细致的剖析——既有理论上较为深入的阐释，又有抽样调查、深度访谈和个案分析，实现了多种研究方法的有机结合，保证了研究的严谨性和科学性。从内容上看，既有现状层面的深入分析，又从制度和文化层面探究了内在原因。特别值得肯定的是，旭鑫博士能结合公共服务和话语分析理论、国内外新闻传播的实践，提出了具有一定可操作性的改进路径，体现了作者一贯的学术追求和人文精神。

本书在对中外公共服务和话语理论进行历史梳理后，强调我国新闻媒体特别是农业新闻媒体强化对农公共服务、尊重并维护农民合法权益的重要性和必要性，强调提供优质公共服务是包括农业新闻在内的国内主流新闻媒体的应尽职责；强调中外新闻话语表达必然隐含的权力、利益和意识形态，进而在理论上厘清了农业新闻宣传国家主流价值、保障主流意识形态安全，与维护公共利益和保障农民话语表达等合法权益之间的内在统一。这种从中外理论的历史梳理中得出的结论，有助于澄清并纠正社会上存在的某些认知和行动上的偏差。这些认识与融合媒体的功能定位是一致的。随着县级融媒体中心建设的推进，对于融合媒体的功能定位已突破新闻信息平台的界定，综合服务是其重要的功能定位。这种综合服务就包括基层民众利益诉求的有效表达。农民个体和群体的利益诉求可以借助县级融媒体平台得到充分的表达，这些表达无障碍地向上传递，有助于公共政策制定有效整合多元利益诉求，也有助于推动对农服务更具针对性和有效性。融合媒体的传播理念反过来也对传统主流媒体的"三农"报道产生倒逼效应，促使我们对这一领域的报道的理念和实践进行审视。

旭鑫博士运用内容分析法，从报道主题、报道地域、话语主体和态度倾向等方面，分析了国内主流农业新闻的内容特征；运用话语分析法，从话语风格、话语策略和话语功能等方面，分析了国内主流农业新闻的话语特征。通过实证调查，深入地考察了国内农民的媒介接触、信息需求及关注模式现状，并在此基础上从历史文化和现实表征等方面分析了农业新闻与农民现实需求的契合度。

在农业新闻公共服务和话语创新的改进路径方面，本书结合社会转型和媒体融合的理论与实践，从理论层面分析了当前国内农业新闻公共服务与话语创新的核心、目标、基点及主体；在现实进路层面，重点从政府和新闻媒体的视角，从规制体系、公共资金和公民文化等方面探讨了政府进路，从话语落点、话语内容、话语形态和评估标准等方面探讨了媒体进路。

上述内容，是此书的亮点所在，相信对新闻媒体提升服务能力、内容生产力和对农传播效果等都会有积极的借鉴价值。

旭鑫是我带的第一位博士生。在2010年9月正式进入华中科技大学新闻学院读博士之前，他就已经独立负责承担了教育部和江西省多项有关"三农"课题的研究。攻读博士学位期间，他又着力在理论学习和研究方法等方面进行了卓有成效的提升。作为导师，我亲眼见证了旭鑫的努力与进步。

迄今为止，旭鑫对"三农"新闻传播的研究已逾十载。他能如此长时间地关注和研究"三农",并将之与新闻传播有机结合,实属难能可贵。

看到摆在眼前的《农业新闻——公共服务与话语创新的理论与实践》书稿,我情不自禁地想起旭鑫的博士论文《国内农业电视新闻中的农民话语表达——基于公共服务的视角》和他近年来所做的国家社会科学基金规划课题,此书真可谓"十年磨一剑"!与其博士论文相比,这本著作在内容方面有较大改动,行文风格也显得更加成熟,折射出旭鑫在博士毕业后取得的进步。对此,我深感欣慰。

为了做好博士论文和相关课题研究,旭鑫克服了日常工作和家庭生活等多重压力,充分展示了勤奋刻苦、谦虚好学、积极进取的可贵品质。"三农"新闻传播的相关研究,需要研究者深入农村与农民打交道,需要研究者踏实肯干、吃苦耐劳、甘于寂寞、不慕浮华,旭鑫有这样的品质和能力。这些年来,他经常利用暑假深入农村进行实地调研,头上戴着草帽,脚上穿着凉鞋,在农民拉货的三轮车中放上一把小竹椅,自己往上一坐就进村入户调研了。

新闻媒体对农公共服务,是我国新闻传播研究领域常说常新的话题,也是我国新闻传播研究领域新的"增长点",具有广阔的研究空间。我希望旭鑫能结合"乡村振兴"等国家发展战略的新形势和新需要,不忘初心,继续前进,多出新作和力作!

是为序!

何志武

华中科技大学新闻与信息传播学院教授、博士生导师

2019 年 8 月 15 日

目 录

第一章 >>> 绪 论

第一节 研究缘起 ······001
一、研究的背景与问题 ······002
二、理论依据与概念界定 ······004
三、已有研究述评 ······008

第二节 研究设计 ······014
一、研究对象、思路与方法 ······014
二、研究意义、创新与框架 ······016

第二章 >>> 理论基础

第一节 公共服务理论 ······020
一、国外公共服务的理论基础 ······020
二、我国公共服务的理论基础 ······026
三、公共服务理论的基本内涵 ······032

第二节 话语分析理论 ······043
一、话语理论溯源与流变 ······043
二、话语理论的基本内涵 ······061

第三节 公共服务理论与话语理论的关联和运用 ······069
一、公共服务与话语分析理论的关联 ······070

二、公共服务与话语分析理论在本书中的运用 …………………… 070

第三章 >>> 国内农业新闻公共服务与话语特征

第一节 农业新闻研究的开展与实施 ………………………… 073
一、样本的选择与确定 ………………………………………… 073
二、研究的开展与实施 ………………………………………… 075

第二节 主流媒体中农业新闻的内容特征 …………………… 077
一、主题：重经济，与国家工作重心同步 …………………… 077
二、地域：重东部，与区域发展状况相符 …………………… 078
三、主体：多样化，农民与非农群体兼顾 …………………… 081
四、倾向：重正面，宣传国家主流价值观 …………………… 083

第三节 主流媒体中农业新闻的话语特征 …………………… 084
一、理论依据与分析路径 ……………………………………… 084
二、样本选择与分析 …………………………………………… 085
三、主要研究发现 ……………………………………………… 086

第四节 农业新闻公共服务的实践分析 ……………………… 102
一、理论依据与阐释 …………………………………………… 102
二、样本来源与分析 …………………………………………… 103
三、主要研究发现 ……………………………………………… 103

第四章 >>> 农业新闻与农民现实需求的契合度

第一节 农民媒介接触与评价的实证调查 …………………… 125
一、理论基础 …………………………………………………… 125
二、调查设计与操作模式 ……………………………………… 127
三、调查地点的选择 …………………………………………… 132

第二节 农民媒介接触与评价的现状 ………………………… 135
一、农村电视受众的主体构成 ………………………………… 135

二、农民的获信渠道与影响因素 ··· 138
　　三、农业新闻在农村影响力待提升 ··· 142
　　四、农村受众的信息需求与关注模式 ··· 143

第三节　农业新闻与农民现实需求的契合状况 ························ 145
　　一、农民的现实需求 ··· 145
　　二、农民对农业新闻的积极评价 ··· 148
　　三、农业新闻与农民需求的契合与间距 ·· 150
　　四、农业新闻与农民现实需求产生间距的原因 ································ 161

第五章　>>> 农业新闻公共服务与话语创新的路径

第一节　农业新闻公共服务与话语创新的动力 ························ 166
　　一、社会转型：媒体公共服务与话语创新的外部动力 ······················ 166
　　二、媒介融合：媒体公共服务与话语创新的内在动力 ······················ 168

第二节　农业新闻公共服务与话语创新的理论内涵 ················· 170
　　一、彰显公共属性：农业新闻公共服务与话语创新的核心 ··············· 170
　　二、维护公共利益：农业新闻公共服务和话语创新的目标 ··············· 171
　　三、保障农民权益：农业新闻公共服务和话语创新的基点 ··············· 172
　　四、政府与媒体：农业新闻公共服务与话语创新的主体 ·················· 173

第三节　农业新闻公共服务与话语创新的政府进路 ················· 174
　　一、创新宏观规制体系，突出媒体公共服务导向 ···························· 174
　　二、建立资金支持体系，保障媒体履行服务职责 ···························· 177
　　三、培育公民文化，提升农民的媒介素养与能力 ···························· 179

第四节　农业新闻公共服务与话语创新的媒介进路 ················· 181
　　一、找准话语落点，回应公众需求 ··· 181
　　二、平衡话语内容，体现公平正义 ··· 182
　　三、丰富话语形态，提升服务质量 ··· 184
　　四、完善评估标准，保障农民权益 ··· 185

附录一	实地调查问卷	190
附录二	调研访谈提纲	197
参考文献		201
后　记		211

第一章
绪 论

我国是个农业大国，农业、农村、农民（以下简称"三农"）长期以来在我国占据十分重要的地位。在农业社会时期，"三农"在整个国家经济社会发展中占据着核心地位；在工业社会和信息社会时期，"三农"在整个国家经济社会发展中仍处于重要的基础性地位。"农业稳，天下安"常用于阐述"三农"在我国经济社会发展中的基础性地位，"没有'三农'的现代化就不可能实现国家的现代化"常用于阐述"三农"在我国现代化进程中的重要作用。中华人民共和国成立以来特别是改革开放以来，党和国家十分重视"三农"事业发展，我国"三农"事业取得了举世公认的伟大成就。但由于种种原因，我国"三农"事业发展中还存在一些问题，引起了政界、学界和业界的共同关注，并形成合力共同促进"三农"发展，进而促进社会和谐稳定。

第一节 研究缘起

我国是个传统农业大国，农民在我国人口中长期占绝大多数。改革开放以来，特别是进入21世纪之后，随着我国城市化进程的加速，农民在我国总人口中的占比逐渐下降，但仍占全国总人口的一半以上[1]。以服务"三农"为主要定位的我国农业新闻报道，理应在维护农民利益、保障农民话语权方面发挥积极作用。

---

[1]《2010年第六次全国人口普查主要数据公报》显示，到2010年，城镇人口占全国总人口的49.68%，农村人口占50.32%，同2000年第五次全国人口普查相比，城镇人口比重上升13.46个百分点。数据来源：2010年第六次全国人口普查主要数据公报（第1号）[EB/OL].（2011-04-28）. http：//www.stats.gov.cn/tjgb/rkpcgb/qgrkpcgb/t20110428_402722232.htm.

一、研究的背景与问题

1. 研究的背景

鉴于"三农"在我国经济社会发展中的重要地位,中华人民共和国成立后党和国家十分重视"三农"发展,特别是 2004—2019 年中央连续 16 年发布"一号文件"推动"三农"发展。党的十八大提出的"新四化"发展战略中,特别强调了"农业现代化";党的十九大又提出了"乡村振兴"战略,开展前所未有的大规模"精准扶贫"工程。这些举措,使我国"三农"事业得到了长足进步,取得了举世瞩目的伟大成就。

在广播电视领域,1998 年国家开始实施"广播电视村村通"工程,2004 年开始建设农村广播电视公共服务体系,2011 年起开始实施"户户通"工程,等等。这些举措促进了广播电视在农村的信号覆盖,为广播电视更好地服务"三农"、推动农村现代化奠定了较好的物质基础。数据显示,到 2011 年年末,全国广播节目综合人口覆盖率为 97.1%,电视节目综合人口覆盖率为 97.8%[1];电视仍是我国农村居民最重要的信息来源和最信赖的传播媒介。[2]

从根本上来看,农民是主体,农业、农村是客体;农业是整个国民经济中的一个产业,农村是人们从事农业生产和生活的地域,农民则是从事农业生产的社会职业群体。换言之,农民应该是一种职业而非一种身份。但是,我国长期的城乡二元体制使农民成了一个承载着诸多权利和义务的社会身份象征。

法国哲学家米歇尔·福柯(Michel Foucault)认为,话语即权力[3];荷兰学者托伊恩·梵·迪克(Teun Van Dijk)指出,话语是基于意识形态的一种表述[4];法国社会学家皮埃尔·布尔迪厄(Pierre Bourdieu)认为,话语是一种社会资本,是社会实践中形成的表达技能与权利。[5]据此,我国农民在国内电视等大众传播媒体中话语表达的情况,就是一个值得研究、探讨的课题。

---

[1] 中华人民共和国国家统计局.中华人民共和国 2011 年国民经济和社会发展统计公报[EB/OL].(2012-02-22).http://www.gov.cn/gzdt/2012-02/22/content_2073982.htm.

[2] 电视娱乐功能强化新媒体接触及广告信任提升——美兰德全国电视覆盖及收视调研报告[J].广告大观(综合版),2011(1):117–118.

[3] 米歇尔·福柯.规训与惩罚[M].刘北成,杨远婴,译.北京:三联书店,1999:29.

[4] 托伊恩·A.梵·迪克.作为话语的新闻[M].曾庆香,译.北京:华夏出版社,2003:30.

[5] 杨善华.当代西方社会学理论[M].北京:北京大学出版社,1999:76.

2. 研究的问题

本书属于媒介社会学研究的范畴，为保证这一"软科学"研究的规范性和严谨性，中外学者十分强调社会学研究应遵循的程序。例如，我国学者风笑天认为，社会研究作为一种系统、科学的认识活动，应遵循着一套比较固定的程序，该程序始于对研究问题的选择与确定，认为"研究问题选择得如何，在一定程度上决定着整个研究工作的成败"。在此基础上，风笑天把社会学研究分为五个阶段，即确定研究课题、设计研究方案和准备研究工具、资料收集、资料处理与分析、结果解释与报告[1]。美国学者劳伦斯·纽曼则提出，科学研究是一个使用科学的方法，将思想、预感、疑问（或称为假设）转变为科学知识的过程。在研究过程中，研究者从猜测或问题出发，而后应用专门的方法和技术处理原始资料，最后转变为科学知识。纽曼将研究过程划分为七个主要步骤，即选择主题（确定研究领域或议题）、聚焦研究（形成特定的研究问题）、研究设计、收集数据、分析数据、解释发展和告知他人[2]。由是观之，确定研究的问题在科学研究中具有十分重要的基础地位。所谓研究问题（research problem），乃每项研究所要回答的具体问题。研究的问题从哪里来？根据风笑天的观点，对研究问题的确定虽然没有普遍适用的方法，但主要应根据已有的相关理论知识和文献、社会现实、研究者个人生活经历等进行[3]。

综合国内学者的论述，本书遵循"提出问题——实证研究——探究原因——寻求对策"的研究路径，从现状、原因与对策三大层面提出拟探讨的主要问题。

问题1：当前国内农业新闻对农民公共服务的现状如何？农民的媒介接触与评价如何？

问题2：当前国内农业新闻报道中，农业新闻的内容与农民现实需求之间的契合度如何？该契合度受到哪些因素和力量的驱动与制约？

问题3：如何从学理和现实两大层面建构有利于农业新闻公共服务与话语创新的体制机制？

---

[1] 风笑天.社会学研究方法[M].3版.北京：中国人民大学出版社，2009：15.
[2] 劳伦斯·纽曼.社会研究方法——定性和定量的取向[M].5版.郝大海，译.北京：中国人民大学出版社，2007：17-19.
[3] 同[1]46.

二、理论依据与概念界定

1. 理论依据

（1）公共服务理论

公共服务理论认为，公共服务源于市场经济发展到一定阶段后，社会公众受市场活动逐利和自身资源调配能力有限的影响，要求政府及其公共传媒组织履行"守夜人"和协调者的职责，运用社会公共资源为公众提供公共产品，满足社会公众不断增长的公共需求。公共服务是维系政权合法性的基础，政府及其所属组织是公共服务的主体，其职责在于为公民提供无差别的公共服务，特别是为少数族群和弱势群体提供公共产品和服务，以弥补"市场失灵"，维护公共利益，实现社会公平公正。提供公共服务、维护公共利益的前提是，尊重公民的话语权，使公民能通过自己的话语表达自己的利益诉求。

公共服务以公共产品（物品）（public goods）为载体，因此，公共服务除具备一般公共产品的三个特点（效用的不可分割性、消费的非竞争性和受益的非排他性）之外，还具有自己的特点，即着眼于满足社会公共需要、包含价值判断、为公民普遍公平享有。❶

电视公共服务理论是公共服务理论在电视领域的具体运用。电视公共服务集技术服务、内容服务、社会服务、平台服务于一体，涵盖了基础设施（传输覆盖网络）、载体（频道、栏目）和内容（新闻报道、实用资讯、娱乐休闲等）❷。在服务目标方面，电视公共服务"确保各个阶层，特别是弱势群体能够发出自己的声音"❸；在价值取向上，广播电视等媒介公共服务是服务"公共利益而非市场利益"❹。

（2）话语权理论

话语权理论，又称话语理论，是关于公民和社会组织通过大众传媒或其他渠道表达自己观点和利益诉求的理论。该理论围绕"权力"（power）"话语"（discourse）和"权利"（right）三者的关系展开，以话语生成和表达为核心，深刻

---

❶ 王谦.城乡公共服务均等化的理论思考［J］.中央财经大学学报，2008（8）：12-17.
❷ 国家广电总局发展研究中心课题组.中国农村广播影视公共服务［M］.北京：中国广播电视出版社，2008：43.
❸ 石长顺，张建红.公共电视［M］.武汉：武汉大学出版社，2007：16.
❹ 夏倩芳，管成云.公共服务该如何做——关于电视节目品质的公众访谈［J］.现代传播（中国传媒大学学报），2012（1）：42-47.

揭示了公民和社会组织话语表达的权利及隐藏在该权利背后的权力、文化和意识形态等诸种因素的作用机制。

话语权理论认为,话语权涉及权利(right)和权力(power)两个层面的内容。权利与权力是两个既有联系又有区别的概念,二者互为表里——前者是后者的具体体现,后者则对前者起着制约和限定作用。权利是指一个人具有做某事的资格。在法律上,权利是指法律赋予人们享有的某种权益的可能性,表现为一定权利的主体有资格做出一定的自由选择和自由行动。权利通常与自由联系在一起❶。权力则是一种力量,是组织对个人或某个人对另一个人的控制力。现代政治学认为,权力是资源,会带来一定的效益❷。从权利层面看,话语权是指公民和社会组织具有通过一定渠道表达自己利益诉求的资格,涉及公民言论表达自由等公民基本权利;从权力层面看,话语权则是公民和社会组织通过表达自己利益诉求所体现出的控制力,涉及利益的诉求和资源的配置,关系到公共利益、社会公平正义和政权的合法性等问题。

(3)利益理论

利益论(benefits theory)认为,利益(benefit)源于需要(need)。从本质上看,利益属于社会关系范畴,是"一定的客观需要对象在满足主体需要时,在需要主体之间进行分配时所形成的一定性质的社会关系的形式"❸。利益是社会生活的基础,是推动人类社会向前发展的唯一动力,一切错综复杂的社会现象都可以从利益那里得到解释❹。

马克思、恩格斯公开承认追求利益是人类一切社会活动的动因,指出"人们奋斗的一切都同利益有关"❺,强调利益对人的精神和思想的决定性作用,认为"'思想'一旦离开'利益',就一定会使自己出丑"❻。因划分标准不同,利益有多种不同的分类。本书将利益粗略划分为个人利益和公共利益,并认为个人利益是将公民个人与社会紧密联系的主要因素,公共利益是对个人利益的尊重与超越。

---

❶ 袁祖社.权力与自由[M].北京:中国社会科学出版社,2003:177.
❷ 胡象明.权力之运用:政治学启示录[M].武汉:湖北人民出版社,1999:36.
❸ 王伟光.利益论[M].北京:中国社会科学出版社,2010:80-81.
❹ 同❸10,12.
❺ 中共中央马克思恩格斯列宁斯大林著作编译局.马克思恩格斯全集:第1卷[M].北京:人民出版社,1956:82.
❻ 中共中央马克思恩格斯列宁斯大林著作编译局.马克思恩格斯全集:第2卷[M].北京:人民出版社,1957:103.

利益，包含主体、客体、表达（实现）渠道等基本组成部分。其中，利益的表达（实现）渠道，是连接主体与客体、构建利益社会关系必不可少的环节。根据与人们关系的紧密程度，利益可划分为核心利益和非核心利益，并体现在人们的日常生活和话语表达之中。

2. 概念界定

（1）农民

中外关于农民的相关阐述可谓汗牛充栋。在笔者接触到的有限材料中，美国传播学者埃弗里特·罗杰斯（Everett M.Rogers）曾对西方学术界关于"农民"（peasant）一词的概念进行了必要梳理[1]。

通过梳理这些概念可知，在发达国家和地区，农民是指居住在传统的农村社区、直接从事农业生产的劳动者或与农业连为一体的职业，并无身份特征。

在我国，"农民"主要指具有农业户籍的农村居民，具有身份特征。改革开放之前，我国的"农民"主要指具有农业户籍、以从事农业生产为主要收入来源的农村居民。改革开放之后，特别是20世纪90年代之后，随着社会主义市场经济体制的确立，我国"农民"的内涵与外延都发生了变化，主要体现为"农民"的社会阶层分化。

本书中的"农民"，以拥有农业户籍且主要经济来源是从事农业生产（或涉农产业）的农村居民为主，也包括外出从事非农业产业的农民工。

鉴于常年在外的务工人员和在外求学的农村籍大中专院校学生其所处环境是城市，为方便研究，这部分群体不包含在调研样本中，在实地调研（抽样调查和深度访谈）环节，受访对象限定为年龄在18～65周岁、拥有农村户口且在当地居住一年以上的农村常住居民。

（2）媒介（体）

媒介与媒体，二者对应的英文都是medium或media。前者medium是单数，后者media为复数。本书中的"媒介"指复数（即泛指）。从学理层面讲，媒介是指传播新闻、信息的介质或中介，强调其物质属性；媒体，是指从事新闻、信息传播的专业机构或组织及其从业人员，强调其社会属性。

---

[1] EVERETT M ROGERS. Modernization Among Peasants: the Impact of Communication [M]. New York: Holt, Rinehart and Winston, Inc., 1969: 20.

鉴于在大多数情况下特别是在现实生活中，人们并未将"媒体""媒介"作严格区分，而是常用"媒介、传播媒介"来指称"媒体、大众传媒、新闻媒体、新闻传媒"等类似物（含物质形态、组织机构）。为保证学理性和准确性，一般情况下，本书将媒介与媒体视为两个不同概念，但在遇到约定俗成的说法或引用他人表述时，在严格甄别、尊重被引者原意的基础上，本书将"媒介"与"媒体"视为同一概念，不作严格区分。

（3）话语与话语表达

话语，是话语主体通过特定的媒介和符号向他人公开表达出来的信息和利益诉求，包含内容（意义）和形式两大因素。

话语表达，是指话语主体通过特定的媒介和符号公开表达出来的信息和利益诉求。换言之，话语表达就是特定时空环境中人们利益诉求的公开表达，这种话语表达中的利益诉求有显性与隐性之分。

媒介话语表达，是指公民通过特定的传播媒介所进行的话语表达。本书中的媒介话语表达，既指我国公民通过新闻媒体公开表达出来的话语和利益诉求，也指国内新闻媒体借助一定渠道和符号公开表现出来的公众话语和利益诉求。

（4）利益表达机制

美国学者加布里埃尔·阿尔蒙德（Gabriel Almond）曾将"利益表达"界定为"集团或个人提出一项政治要求的过程"[1]。笔者认为，"利益表达"是利益主体通过一定渠道表达自己利益诉求的过程和实现的结果，利益诉求的内容包括政治、经济、社会、文化等诸多领域。

"机制"（mechanism）一词，最早源于希腊文，意指"机器的构造和工作原理"，自然科学领域的研究主要采用此意。本书中的"机制"，主要从人文社会科学的角度进行界定，指社会个体之间、组织之间、个体与组织之间互动和制约的过程和制度安排。因此，本书中"利益表达机制"是指国家及其公共组织，围绕不同利益主体间的利益诉求所形成的制度性安排。

（5）公共服务与媒介公共服务

公共服务是政府和社会公共组织为满足社会公共利益需要，向社会公民平等

---

[1] 加布里埃尔·阿尔蒙德.比较政治学：体系、过程和政策[M].曹沛霖，译.上海：上海译文出版社，1987：199.

提供公共产品的行为的总称。维护公平正义和公共利益是公共服务的核心内涵，政府及其公共组织是公共服务的主体；维护公共利益、提供公共服务是政权合法性的基本来源，提供公共服务是政府及社会公共组织的基本职责。

媒介公共服务，则是指新闻媒体为维护公共利益和社会公平正义、满足公民合法利益需求，面向全体公民平等提供的产品和服务的总称。新闻报道是电视公共服务的重要载体，应"注重设置公共议题，确保各个阶层特别是弱势群体发出自己的声音"❶。

（6）农业新闻

本书中的"农业新闻"（也称"农业新闻报道"），是指国内专业新闻媒体通过其自身传输系统，向社会公众公开及时传播的，以服务"三农"为宗旨，具有相对固定的刊播载体、主创人员、内容来源和表现形态的涉农新闻报道（频道、栏目、节目）中呈现出来的内容，包括消息、评论，但不包括其中插播的广告。

三、已有研究述评

国内外学者关于公共服务理论和话语权理论的研究较为丰富，但运用公共服务理论和话语权理论探讨农民话语和利益诉求在新闻报道中的表达现状和制度构建的研究较薄弱。根据本书的研究重点和需要，主要从以下几个方面进行简要文献述评。

1. 关于公共服务和媒介公共服务的研究

公共服务理论研究源于西方。到目前为止，西方学术界对公共服务的研究，大致经历了社会政策与公法、公共经济学、新公共管理和新公共服务四大研究阶段。这四大阶段与当时世界主要发达国家的政治经济和社会发展密切相关，并产生了一系列代表人物和论述，形成了相对完整的公共服务理论体系。

我国对公共服务的研究起步较晚，相关研究尚待深化。"公共服务"一词最早在我国官方文件中出现是党的十六大报告，将"公共服务"界定为"提供公共产品和服务，包括加强城乡公共设施建设……发布公共信息等"❷。据此，国内学者主要从公共产品理论视角认识公共服务的含义，研究重点多为"基本公共服务均等化"；涉及"三农"的公共服务研究，则将侧重于财政、道路、教育、医疗、

---

❶ 石长顺，张建红.公共电视[M].武汉：武汉大学出版社，2007：16.
❷ 温家宝.提高认识统一思想牢固树立和认真落实科学发展观[N].人民日报，2004-03-01（2-3）.

养老等有形公共产品，对公共服务的核心如民主价值、公民话语权的维护和实践，以及新闻报道的公共性等问题，则较少深入研究。

西方学者关于公共服务的研究经历了四个基本阶段：①社会政策与公法阶段。法国公法学者莱昂·狄骥（Léon Duguit）是本阶段的主要代表。莱昂·狄骥1912年在其著作《公法的变迁——法律与国家》中，最早提出了"公共服务"的概念，首次明确了公共服务的主体是"政府"，目标是"实现和促进社会团结"，有"除非政府干预，否则便不能得到保障"❶的特征。莱昂·狄骥的论述为后来关于公共服务的研究提供了基本框架。②公共经济学阶段。美国经济学家保罗·萨缪尔森（Paul Samuelson）、詹姆斯·麦吉尔·布坎南（James Mcgill Buchanan）是本阶段的代表人物。他们的主要贡献在于论述了公共产品的经济属性，并将公共产品区分为纯公共产品和准公共产品，广播电视属准公共产品之列。他们的论述为政府与电视媒体向全社会提供公共产品、履行公共服务职责、加强政府监管等方面提供了重要理论依据，并对此后的相关研究产生了十分深远的影响。③新公共管理阶段。该阶段公共服务理论的精髓被归结为"企业家政府理论"并集中体现在奥斯本（David Osbome）和盖布勒（Ted Gaebler）合著的《重塑政府》一书中。新公共管理阶段的公共服务理论研究与实践具有浓郁的市场化色彩，这与20世纪70年代西方国家的新自由主义思潮有关，并契合了当时"削减开支、提高效率"的社会管理需要。④新公共服务阶段。本阶段西方对公共服务的理论研究与实践探索，主要表现为对新公共管理理论的质疑、异议和尖锐批评。本阶段的研究成果，集中体现在美国学者詹妮特·登哈特（Janet Denhardt）和罗伯特·登哈特（Robert Denhardt）夫妇的《新公共服务：服务，而不是掌舵》一书中。总体来看，新公共服务理论强调政府的职责在于服务社会，倡导社会参与，强调社会公正，谋求公共服务多元化供给。

国内对媒介公共服务的研究，是在进入21世纪后进行的，并主要集中于广播电视公共服务的研究。特别是在媒介市场化改革后，国内新闻传播领域的学者围绕电视媒体公共服务功能的缺失和公共广播电视的体系建构展开了研究。

夏倩芳以美国和英国的电视管理体制为例，探讨了公共利益与广播电视规制

---

❶ 莱昂·狄骥.公法的变迁——法律与国家［M］.郑戈，冷静，译.沈阳：辽海出版社，春风文艺出版社，1999：53.

的关联及对我国的启示❶；石长顺、张建红通过梳理西方公共电视的起源、运行机制后，认为中国需要公共电视❷；李继东探讨了西方广播电视公共服务的价值理念、基本原则和运行路径❸；张国涛阐述了广播电视公共服务的基本内涵❹；李书藏从历史和文化角度，探讨了英国公共广播电视体制的生成根源及对我国广播电视发展的启示❺；杨明品、李江铃在《中国广播电视学刊》上刊发了一系列文章，探讨我国广播电视公共服务的内涵、原则、属性等，认为我国广播电视公共服务既有公共文化产品的一般属性，又有自身的特殊属性——强烈的意识形态属性、突出的公共性、较强的受众主体性、工具性和系统性❻；夏倩芳、管成云结合对国内电视观众的访谈结果，阐述了国内电视公共服务该如何做❼；夏倩芳、王艳结合问卷调查的结果，阐述了国内公众对国内广电媒体公共服务的评价和期待，并提出了相应的指标体系，认为国内公众对于媒体公共服务的认知有待强化❽；陈净卉围绕广播电视公共服务这一论题，从理论和实践层面展开了系统的研究❾；周善忠从媒介融合视角探讨了广播电视公共服务体系的建构❿；杨六华等分析了我国广播电视公共服务均等化的现状⓫；王昭分析了新媒体时代，英国BBC作为公共服务广播电视所面临的机会和挑战⓬；张杰研究了媒介融合背景下广播电视公共服务体系

---

❶ 夏倩芳.公共利益与广播电视规制——以美国和英国为例[D].武汉：武汉大学，2004.

❷ 石长顺，张建红.公共电视[M].武汉：武汉大学出版社，2007.

❸ 李继东.西方广播电视公共服务的价值理念、基本原则和运行路径[J].现代传播（中国传媒大学学报），2008（2）：125-126.

❹ 张国涛.广播电视公共服务的基本内涵[J].现代传播（中国传媒大学学报），2008（2）：119-121.

❺ 李书藏.冲突、妥协与均衡：英国公共广播电视体制的生成与探源[M].北京：中国社会科学出版社，2011.

❻ 2011年杨明品、李江玲在《中国广播电视学刊》上发表了一组文章论及我国广播电视公共服务，其文章标题与刊期分别是：《中国广播电视公共服务理论几个基本命题探析》（第1期，第75-77页）、《论中国广播电视公共服务的转型升级》（第3期，第78-80页）、《发达国家公共广播电视的主要模式及其启示》（第4期，第80-82页）、《信息化条件下广播电视公共服务的变革与发展》（第5期，第68-70页）、《建立健全中国广播电视公共服务体系》（第6期，第72-73页）。

❼ 夏倩芳，管成云.公共服务该如何做——关于电视节目品质的公众访谈[J].现代传播（中国传媒大学学报），2012（1）：42-47.

❽ 夏倩芳，王艳.公众眼中的广播电视公共服务：现状评价及未来期待[J].现代传播（中国传媒大学学报），2012（10）：19-27.

❾ 陈净卉.当代中国广播电视公共服务的理论阐释和体系建构[D].武汉：华中科技大学，2013.

❿ 周善忠.媒介融合视域下广播电视公共服务体系的建构[J].科技传播，2013（7）：5-6.

⓫ 杨六华，刘玉东，等.广播电视公共服务均等化一体化建设现状分析[J].广播与电视技术，2016（4）：118-121.

⓬ 王昭.浅析新媒体时代英国BBC作为公共服务广播电视所面临的机会和挑战[J].电视指南，2017（3）：91-92.

的构建[1]；张际家分析了广播电视公共服务的现状与未来期待，通过实证研究后，认为公众对广播电视公共服务的期待主要集中在服务的公平性、多样性和品质方面，特别要加强对农民、老人和孩子等弱势群体的服务[2]。

总的来看，国内已有研究成果涉及电视公共服务的理论内涵与构建路径的诸多层面，认同我国电视公共服务的必要性，认为电视公共服务的目标是维护公共利益，需要建立相应的政府规制。

在理论和操作层面，探讨农村电视公共服务体系的构建路径，是我国电视公共服务研究的重要组成部分。如张海涛、何富麟、张政法、石长顺、杨明品、黄勇等业界和学界人士，纷纷呼吁推进农村广播电视公共服务体系建设，实现农村广播电视公共服务均等化[3]。

同时，业界人士还从技术保障和操作层面，探讨农村广电公共服务体系建设。例如，朱海波等探讨了我国农村广播电视公共服务供给模式的创新路径[4]；徐圻以贵州广播电视"村村通"工程实践为例，从技术层面探讨了农村广播电视公共服务体系的建设与完善[5]；房磊分析了农村广播电视公共服务体系的长效机制[6]；韩东林、夏碧芸分析了我国农村广播电视公共服务供给模式的优化[7]；昌正涛讨论了农村广播电视公共服务体系的建设与完善[8]；巫晓彬阐述了农村广播电视公共服务体系的建设与完善[9]。

总的来看，新闻传播领域的学者对电视公共服务的研究，重点主要集中于公

---

[1] 张杰.媒介融合背景下广播电视公共服务体系构建研究[J].西部广播电视，2017（4）：25.
[2] 张际家.广播电视公共服务的现状与未来期待[J].今传媒，2018（7）：84-85.
[3] 代表性文献有：张海涛.按照科学发展观的要求全面加强农村广播电视工作[J].中国广播电视学刊，2005（5）：9-11；何富麟，张培祯.探索构建农村广播电视公共服务体系之路[J].中国广播电视学刊，2006（3）：16-17；张政法.关于中国广播电视公共服务的战略思考[J].中国广播电视学刊，2008（6）：29-31；石长顺，程洪涛.中国广播电视公共服务体系建构[J].河南社会科学，2010（9）：194-196；杨明品.关于深化农村广播电视公共服务体系建设的思考[J].中国广播电视学刊，2012（3）：35-36；黄勇.从全面建成小康社会大局高度 深刻认识加快农村广电发展的紧迫性——学习胡锦涛同志十八大报告的一点体会[J].中国广播电视学刊，2012（12）：16-18.
[4] 朱海波，等.我国农村广播电视公共服务供给模式创新研究[J].广播与电视技术，2013（3）：109-112.
[5] 徐圻.农村广播电视公共服务体系的建设与完善[J].电视技术，2014（6）：39-41.
[6] 房磊.农村广播电视公共服务体系长效机制浅谈[J].广播与电视技术，2015（6）：103-106.
[7] 韩东林，夏碧芸.我国农村广播电视公共服务供给模式优化研究[J].南阳师范学院学报，2016（4）：13-16.
[8] 昌正涛.浅论农村广播电视公共服务体系的建设与完善[J].西部广播电视，2017（3）：170.
[9] 巫晓彬.农村广播电视公共服务体系的建设与完善[J].电子世界，2018（2）：71-72.

共服务的理论阐释和体系构建；对公共服务的核心（如民主价值、公民话语权等）和抽象公共文化产品（如新闻报道等）的研究成果较少；另外，还存在着成果零散不成体系、学界和业界缺乏有效互动等不足，这为利用公共服务理论探讨农民的媒介话语表达留下了较大空间。

2. 关于农民话语权和利益表达的研究

研究农民的话语表达，实质是研究农民话语权和农民利益表达机制。进入21世纪后，国内学者对农民话语权和利益表达展开了有益探索。廖星成认为，农民话语权的实质是"农民政治权利和民主意识的集中表达"[1]；童玲玲、杨玉军认为，农民话语权包括农民在政策上的知情权、发展的决策权、管理的参与权、利益分配的监督权和公平的诉求权五个方面[2]。

国内学者主要从现状、成因和建议三个方面展开相关研究，并强调保障农民话语权的必要性和重要性。例如，程亿、唐国军、刘国普等阐述了保障农民话语权的必要性和重要性[3]。唐任伍、李水金[4]，唐国军、刘国普[5]等探讨了农民话语权现状的成因。在此基础上，国内学者从制度建设、提高农民素质和组织化程度、建立健全农民话语表达机制等方面进行了探讨[6]。刘歆立主张以"共享"理念认识与引领农民话语权发展，在尊重农民话语权中创造中国特色社会主义话语特色与话语优势[7]。刘玉珂、许进利则从马克思主义中国化的视角，探讨了农民话语权[8]。

---

[1] 廖星成.土地纠纷：后农业税时代凸显出来的新问题[J].中国乡村发现，2006（10）：79-84.

[2] 童玲玲，杨玉军.论社会主义新农村建设中实现农民话语权的价值[J].黑龙江科技信息，2010（8）：103.

[3] 程亿.维护农民话语权的后现代公共行政分析[J].中共长春市委党校学报，2006（8）：40-42；唐国军，刘国普.集体行动困境视阈下农民话语权保障探索[J].云南行政学院学报，2010（6）：97-99；刘国普.论乡村治理中的农民话语权保障[J].云南行政学院学报，2011（1）：122-124.

[4] 唐任伍，李水金.中国农民话语权实现中存在的问题及其对策[J].中国行政管理，2007（5）：45-48.李水金，王琼.中国公民话语权保障中的困境及出路[J].社会科学评论，2009（12）：23-27.

[5] 唐国军，刘国普.集体行动困境视阈下农民话语权保障探索[J].云南行政学院学报，2010（6）：97-99；刘国普.论乡村治理中的农民话语权保障[J].云南行政学院学报，2011（1）：122-124.

[6] 梁发祥.农民完全话语权实现途径初探[J].安徽农业科学，2006（6）：4460-4462；梁发祥.浅谈农民"话语权"的缺失及回归途径[J].江汉大学学报（社会科学版），2009（4）：11-14；梁发祥.农民媒介话语权的缺失及原因探讨——兼谈大众传媒在农民媒介话语权回归中的作为[J].沈阳农业大学学报（社会科学版），2010（5）：378-380；黄羽新.同票同权视阈下的农民话语权实现之对策研究[J].求实，2010（11）：88-92.

[7] 刘歆立.以"共享"理念认识与引领农民话语权发展[J].宁夏党校学报，2016（6）：68-70.

[8] 刘玉珂，许进利.农民话语权：马克思主义大众化的新维度[J].湖南大学学报（社会科学版），2018（7）：12-17.

张羽、侯逸君和杨帆、曾钰诚先后探讨了微博等新兴自媒体与农民话语权的关系，认为自媒体的兴起为保障农民话语权提供了技术可能❶。

钟敏霞认为，虽然民生新闻迅速兴起与发展，但涉及农民的报道内容较少，这是由媒介定位偏向及"知识沟"拉大等原因导致的；媒体应承担一定的社会责任，为农民搭建话语平台，提高农民媒介素养，重建民生新闻农民话语权❷。魏毅认为，当前电视新闻中农民的话语权没有得到足够的重视，与农民聚居分散、利用媒介的能力较差及媒体更倾向城市有关，保护和加强农民的话语权要从改变观念入手、为农民的话语表达提供平台❸。王琳认为，近年来省级电视台民生新闻大量涌现，但此类新闻中存在对农民群体关注少、对农民生活报道狭窄、报道角度等问题❹。

梁发祥认为，应发挥大众传媒作为公共空间的职能❺；马志红认为，应推动新闻媒体改革，让农民成为自己话语权的主人❻；唐国军、刘国普认为，应加强大众媒体在农民利益表达中的作用❼。李缨、庹继光认为，电视应担当起为农民群体代言的职责，农民电视台应为农民群体行使话语权服务❽。综合来看，国内现有硕博士学位论文关于农民的大众媒介话语表达和话语权研究，多以报纸为主要研究对象而忽视了对广播电视的研究。

总体而言，关于农民利益、农民利益表达机制和大众传媒的已有研究，涉及政治学、社会学、管理学和新闻传播学等诸多学科领域。同时，必须指出的是，已有研究成果的重点主要集中在现有的政治制度（如人大代表、政协委员、党代会、信访制度）、各级地方组织（如地方基层组织、农民自治组织）、提高农民素质等方面，对新闻媒体保障农民话语权、履行公共服务职能的研究尚欠深入。另

---

❶ 张羽，侯逸君.微博中农民话语权缺失现象分析——以关中农村地区微博新闻使用情况调查为例［J］.西北大学学报（哲学社会科学版），2013（1）：147-151；杨帆、曾钰诚.论自媒体的发展及其对提高农民话语权的影响——以湖南湘西州自媒体发展为例［J］.甘肃广播电视大学学报，2017（10）：57-61.

❷ 钟敏霞.民生新闻中农民话语权的缺失及媒体的社会责任［J］.韶关学院学报，2012（3）：205-208.

❸ 魏毅.电视新闻如何提升农民话语权［J］.新闻世界，2013（6）：39-40.

❹ 王琳.论省级电视台民生新闻中农民话语权的缺失与重建［J］.电视指南，2017（6）：51-52.

❺ 梁发祥.农民完全话语权实现途径初探［J］.安徽农业科学，2006（6）：4460-4462；梁发祥.农民媒介话语权的缺失及原因探讨［J］.沈阳农业大学学报（社会科学版），2010（5）：378-380.

❻ 马志红.农民话语权的缺失呼唤新闻媒体的改革［J］.新西部（下半月），2009（8）：155，125.

❼ 唐国军，刘国普.集体行动困境视阈下农民话语权保障探索［J］.云南行政学院学报，2010（11）：97-99.

❽ 李缨，庹继光.农民平等话语权的实现途径［J］.当代传播，2007（5）：16-18.

外，现有研究成果在理论性、系统性和实用性等方面有待强化，这既给本书留下了较大的研究空间，也体现了本书的研究价值。

第二节 研究设计

一、研究对象、思路与方法

1. 研究对象

基于文献综述，本书将国内农业新闻的公共服务和话语实践作为研究对象，运用社会转型、公共服务、话语分析等理论和文献法、抽样调查、深度访谈、内容分析法等方法，深入剖析我国农业新闻报道中对农公共服务的现状和重构。

首先，本书通过对《聚焦三农》和《农民日报》的内容分析和话语分析，勾勒我国农业新闻报道对农公共服务的现状；其次，通过抽样调查和深度访谈，分析农业新闻与农民现实需求的契合度；最后，结合相关理论和已有研究，探讨我国农业新闻公共服务与话语创新的路径。

2. 研究思路

本书遵循"提出问题—分析问题—解决问题"的逻辑路径，在具体实施时遵循"理论建构—提出假设—进行证明—理论修正与整合"的研究路径。具体如下。

首先，理论建构。本书的理论预设和逻辑如下：①话语表达，实质就是利益表达或利益诉求。②政府受公民委托而存在，我国新闻媒体是运用公共财政资金创办起来的事业单位。我国政府及其新闻媒体存在的合法性，源于其运用自己掌握的社会公共资源为全体公民提供平等、无差别的公共产品和公共服务，以弥补市场失灵、保障公民权益、维护社会公平正义。农业新闻媒体（节目、栏目、频道）是我国政府和新闻媒体履行公共服务职责的具体表现，应反映农民呼声、维护农民利益。③从现实层面看，我国农民的利益诉求是否在国内新闻媒体特别是农业新闻媒体中得到客观真实的呈现，国内农业新闻媒体又以怎样的视角和话语方式呈现农民的利益诉求及其效果如何，尚需通过深入细致的研究方能得出具有说服力的结论。④我国正处于社会转型期，国家和电视新闻媒体在管理理念上，应强化公共服务理念，尊重并保护公民的话语权，变"代农民发言"为"让农民自己发言";在制度设计上,应调动社会公共资源,构建起有利于农民话语表达的公共交流平台,构建有利农民话语表达的媒体话语制度,以维护社会公平正义和稳定发展。

其次,提出研究假设。结合文献检索和研究需要,本书提出以下假设:①近十年来国家扶持"三农"发展的政策力度不断加大,对农公共服务体系建设日趋完善,国内新闻媒体的相关报道会与国家发展同步,在日常新闻报道中积极履行公共服务职责、维护农民利益、推动社会公平正义。②当前,我国的社会转型与媒介融合加速,农民法治权益意识提升,农民的利益诉求会更加多元、话语表达意识会更强。③话语权是公民维护自身利益的"第一权利",我国农业新闻报道会尊重并保障农民的话语权,体现农民的话语主体地位,全面客观平衡地反映农民利益诉求。

再次,进行证明。在证明过程,本书以现状分析为切入点,通过收集第一手和第二手资料对理论假设和研究假设进行证明。第一手资料主要是通过实地抽样问卷调查、实地调研、个案研究、深度访谈等方式获得;第二手资料主要通过文献资料检索分析获得。

最后,理论修正与整合。本部分的目标是制度建构,根据后期研究的结果,以解释性研究为主,以对原有理论建构和研究假设进行修正和整合。

3. 研究方法

研究方法的科学与规范是保证研究结论严谨、有效的必要前提。为此,本书采用"定量+定性"的研究方法,结合实证调查、文献资料和专题调研、深度访谈等方法进行研究,调查数据用 SPSS、Excel 等软件处理,具体包括以下五种研究方法。

①文献法(literature method)。文献是记载、传承人类知识的重要手段与方式,文献法因其具有费用低、省时高效、保险系数较大、时空限制弱、便于做纵贯分析的优点成为本书最基本的方法,贯穿本书研究与写作的全过程。

②问卷调查法(survey method)。问卷调查法是以问卷为工具进行资料收集的调查方法,是当前最常用的社会调查方法之一。本书采用抽样问卷调查法并遵循相关操作规范,采取立意抽样、等距抽样和随机抽样相结合的方式,在江西选择 3 个行政村共发放问卷 200 余份。实地调查问卷(详见附录一)的每个项目都

包含若干子项目，将抽象概念化为具体可操作的指标，调查数据用 SPSS 等软件进行处理分析。

③内容分析法（content analysis method）。内容分析法是"质"的"量化的分析方法"❶，在新闻传播学等诸多人文社会科学研究中得以广泛运用。本书遵循内容分析法的操作要求和实施步骤，通过对有代表性的农业类电视新闻进行系统研究，透视其在呈现农民话语时的规律及其动力机制。

④访谈法（interview）。"访谈"是研究者通过口头谈话方式从被研究者那里收集（或"建构"）第一手资料的研究方法，更具"灵活性、即时性和意义解释功能"❷。本书运用访谈法，意在掌握农民对当前农业电视新闻报道的真实想法、意见和建议。访谈对象包括不同社会阶层的农村受众和媒体从业人员。在具体实施过程中，将结构访谈和半结构访谈相结合、个别访谈和集体访谈相结合。

⑤个案研究法（case study）。个案研究是以某一特定的个人、团队、组织或事件为研究对象，通过广泛搜集各种资料、综合运用各种方法（包括质的方法和量的方法）和分析技术，对复杂情境中的现象进行深入探究的研究方法，通常称为"解剖麻雀法"。根据个案研究的要求，本书选择在国内较有影响力的电视新闻和报纸新闻为个案。报纸，以《农民日报》的综合新闻版为主；电视新闻，以中央电视台七套《聚焦三农》为主，兼顾湖北电视台垄上频道《垄上行》和江西赣州电视台三套《乡村报道》。其中，对《聚焦三农》以内容分析为主，对《垄上行》和《乡村报道》则以访谈为主；而对《农民日报》的研究，则综合运用内容分析法、话语分析法和深度访谈法。

二、研究意义、创新与框架

本书属于应用理论研究的层面。应用理论研究的特点在于，综合了基础理论研究与业务研究二者的优点，使研究成果既有一定的理论深度，又有具体的个案研究和可供实践参考的对策建议。

1. 研究意义

（1）理论意义

第一，有利于丰富国内新闻传播基础理论。本书认为，我国的新闻报道除具

---

❶ 杨国枢，等. 社会及行为科学研究法［M］. 台北：东华书局，2001：813.
❷ 陈向明. 质的研究方法与社会科学研究［M］. 北京：教育科学出版社，2000：165，170.

有意识形态属性之外,更应履行公共服务的基本职责,其根本目标应是为全体公民提供无差别的、平等的公共服务,维护公共利益、推动社会公平正义。本书强调新闻媒体的公共服务职责,有利于推动国内新闻媒体实现"传者本位"向"受者本位"转变。

第二,本书有助于国内新闻媒体特别是农业新闻媒体,探讨如何在媒介融合加速的时空环境下,增强自身服务意识和能力,进而切实增强在农民中的传播力、引导力、影响力、公信力。

贯彻以人为本的政治理念,新闻媒体在新闻报道中应首先尊重公民享有的平等话语权。公民话语权涉及权力和权利两大层面,是特定国家政治、经济、文化、社会等多种因素在新闻媒体互相角力的综合呈现。

（2）现实意义

本书运用公共服务理论和话语权理论,从宏观和微观两个层面探讨有利于农民媒介话语表达的制度构建路径,具有两大方面的现实意义:其一,有利于新闻媒体的可持续发展。媒介融合语境下传统主流媒体正经受着新媒体的严峻挑战,通过维护公共利益提升电视媒介公信力,是国内主流媒体可持续发展的根本出路。其二,有利于促进社会和谐稳定。发挥新闻报道的"安全阀"功能,有助于化解社会矛盾,促进社会和谐稳定。

2. 研究创新

本书的创新之处,主要在于研究对象、研究资料和研究视角三个方面。本书基于抽样调查和深度访谈材料,运用话语分析、内容分析和规范研究的方法,通过对相关内容进行深入研究,有助于构建强化国内新闻媒体公共服务、促进社会和谐稳定的新闻话语体系,并在此基础上丰富和发展我国现有新闻传播理论体系,为提升我国主流媒体新闻舆论的传播力、引导力、影响力和公信力(以下简称"四力")服务。

（1）研究对象

目前,关于农民的已有研究,以报纸新闻报道为研究对象的多,以电视新闻报道为研究对象的少。究其原因,主要是国内电视新闻数据库的不完善导致开展相关研究的工作难度大。在党和政府持续重视"三农"发展、电视在农村仍具广泛影响力的背景下,本书以国内农业新闻的公共服务和话语实践为研究对象，以农业类电视新闻栏目（节目）为研究个案，弥补了已有研究对象上的不足，既有助于丰富国内现有的新闻传播理论，也有利于促进电视新闻媒体的自身发展。

（2）研究资料

在借鉴已有文献资料的基础上，本书以实地调研获得的第一手材料为主，特别是通过实地调研（问卷调查和深度访谈），较深入地考察了当前我国农民的真实利益诉求和信息需要；通过考察农民真实利益诉求与农民电视新闻话语呈现的吻合度，较深刻地揭示了农业电视新闻话语呈现背后的制约因素，弥补了现有研究中存在的若干不足。

（3）研究视角

本书定位于应用理论研究，主要体现在：运用公共服务理论建构了我国农业新闻媒体履行公共服务职责的理论框架；运用实证调查和个案研究等研究方法剖析了我国农业新闻媒体对农公共服务和话语实践的基本现状；结合公共服务和满意度理论，从宏观和微观两大层面探讨了农业新闻公共服务与话语创新的现实路径。

3. 研究框架

本书遵循"提出问题—分析问题—解决问题"的递进式逻辑架构，从"理论建构—现状分析—对策探讨"三大层面展开，全书共分六章。

第一章　绪论。本章主要是对本书的研究背景、思路、方法、理论基础等进行必要概述，为后续工作搭建基本框架。

第二章　理论基础。本章重在通过分析梳理公共服务和话语权理论的理论内涵及其在新闻传播领域的运用与发展，以期构建我国新闻媒体对农公共服务的理论基础，为后面相关章节论述和研究建立必要的理论框架。

第三章　个案研究。本章以《聚焦三农》和《农民日报》为研究个案，运用内容分析法和话语分析法，意在剖析当前农业新闻公共服务和话语实践的现状。

第四章　对比研究。本章依据笔者在江西农村的实证调查资料，剖析农民媒介接触评价与农业新闻公共服务与话语实践二者之间的契合度，并分析二者的关系与契合路径。

第五章　路径探讨。在理论建构和现状分析的基础上,本章重点探讨构建农业新闻公共服务与话语创新的制度和现实路径,具体包括三个方面:一是从现实层面阐述我国媒介构建对农公共服务和话语创新的必要性;二是从理论层面阐述我国农业新闻话语制度创新的基本内涵;三是从现实层面阐述当前重构我国农业新闻服务和话语制新的路径选择。

第二章

理论基础

公共服务理论认为，公民赋权、向全体公民提供无差别的公共服务及彰显公平正义是新闻媒体等社会公共组织存在合法性的基础；维护公共利益是新闻媒体等社会公共组织的基本职责。话语理论认为，话语既是社会文化的产物，也是利益、权力和权利博弈的表征。公共服务理论与话语理论都以"公平正义"为基本价值追求。本章通过梳理公共服务理论和话语理论的发展脉络阐述这两种理论的基本理论内涵，并简要阐述其在新闻传播领域的应用，旨在构建适合我国国情的媒介对农公共服务理论框架。

第一节 公共服务理论

公共服务理论研究源于西方，到目前为止大致经历了社会政策与公法、公共经济学、新公共管理和新公共服务四大阶段，已形成了相对完整的理论体系。媒介公共服务是公共服务理论与实践在新闻传播领域的具体应用。中外公共服务的理论研究与实践探索，与各国特有的政治、经济、文化、社会等传统密切相关。

一、国外公共服务的理论基础

"公共服务"一词，最早源于法国公法学者莱昂·狄骥1912年出版的专著《公法的变迁——法律与国家》，但人类社会在公共服务方面的实践探索却早已有之。例如，远古时期，奴隶社会的君主组织力量兴修道路、水利、抵御外来侵略，等等。虽然莱昂·狄骥之后，人类有意识地对"公共服务"进行理论研究与探讨的历史才100余年,但国外对"公共服务"理论的探讨起源,可追溯到古代西方政治哲学家们对国家与政府的起源、职能、"公共的善"(public good)、"公共事物"(public goods)、"公共利益"(public interest)等概念的思考。这些概念"可以看作是对具体的公共服务和产品的抽象"❶。从这个意义上说,公共服务的理论研究和实践与西方的政治哲学传统密不可分。

在西方政治哲学中,学者们对国家和政府的起源虽存不同观点,但在"社会契约"论基础上,学者们对国家和政府本质的公共性及其职责却有基本共识。美国政治学家亨利·克莱(Henry Clay)1829年曾将该共识归纳为,"政府是一个信托机构,政府官员则是受托者;信托机构和受托人都是为了人民的利益而设立的"❷。这就是西方国家向本国公民提供公共服务的政治哲学基础。

1.国家和政府的基本职责:公共服务的理论起源

在古典时期和中世纪,西方政治哲学家们对国家和政府的起源大体存在两类观点:一类观点是"同步论",以古希腊哲学家伊壁鸠鲁(Epicurus)为代表,认为国家与政府的产生及存在是同步进行的,二者不存在严格区分;另一类观点则是"异步论",以古希腊哲学家亚里士多德为代表,将国家与政府严格分开,认为二者存在先后之分。

伊壁鸠鲁从人的本性出发提出了"快乐至上原则",认为追求快乐是人类生活的目的,快乐就是天生的至善;个人从保护自己的安全出发约定俗成形成社会和国家,这个约定的原则是正义,目标是保证个人安全、互不侵害,凡有利于人与人相互关系的便是正义的,否则便是不正义的。因此,伊壁鸠鲁被马克思、恩格斯誉为"国家起源于人们相互间的契约、起源于社会契约的最先提出者"❸。伊壁鸠鲁国家起源的社会契约说,成为近代西方社会契约论的直接来源。

古希腊哲学家亚里士多德(Aristotle)主张将国家和政府严格分开。在《政治学》一书中,亚里士多德以自己生活的城邦为基础,提出了国家"自然起源论"——认为国家作为一个社会共同体是在家庭和村落的基础上逐步发展而形成的,而政府作为国家机关则是由公民选举出来的统治机构。因此,国家是自然形

---

❶ 于凤荣.公共服务理论与实践[M].哈尔滨:黑龙江人民出版社,2009:33.
❷ 哈维·S.罗森.财政学[M].平新乔,等,译.北京:中国人民大学出版社,2000:5.
❸ 中共中央马克思恩格斯列宁斯大林著作编译局.马克思恩格斯选集:第3卷[M].北京:人民出版社,1972:147.

成在先的，政府则是国家形成之后由城邦公民选举产生的。由于人们具有只关心自己私利而忽视公共利益的本性，城邦公民通过选举产生政府机构的目的在于确保城邦安全等公共利益，维护城邦社会秩序和公平正义等"善业"。在此基础上，亚里士多德创设了自己的政体理论，认为共和政体是最能维护全城邦公共利益的理想政体。此外，亚里士多德提出政府组织应负责提供包括城邦内公共安全、市场秩序、基础设施、教育等公共服务。亚里士多德关于国体、政体及政府职责的论述对西方政治理论和政府公共服务产生了深远影响。

政治学的发展历程表明，国体与政体虽有区别但存在紧密联系，国体决定政体，政体为国体服务并体现国体。鉴于此，结合本书研究重点，为方便行文，在后续论述中将国家与政府视为同一概念而不作区分。

中世纪最重要的哲学家托马斯·阿奎那（Thomas Aquinas）认为，国家的建立乃是为了"公共的善"（public good）；社会生活不单纯是生存，而是要过得幸福，"私人利益各有不同，把社会团结在一起是公共幸福"[1]。阿奎那的理论预示着国家提供公共服务的终极目标是为了"公共的善""社会团结"和"公共幸福"。

2. 社会契约论和新自由主义：公共服务的理论基础

经历了漫长的中世纪政教合一之后，西方由古代社会进入近代社会。该时期，以欧洲文艺复兴和宗教改革为标志的西方近代民主思想全面勃兴，涌现了一大批至今影响巨大的人物和传世之作。此时期的政治学，对国家、人性议题等进行了全面、深刻的反思和探讨，形成了较成体系的自由主义理论和社会契约理论。在此基础上，对国家起源及国家基本职责的深入探讨，构成了国家作为公共服务主体的哲学基础。

中世纪晚期马基雅维利（Machiavelli）提出的"人性恶"理论，是西方社会契约论和国家起源论的基础。马基雅维利认为，人的本性是邪恶的——自私，追求权力、名誉和财富，因此，人与人之间经常发生激烈斗争；国家是人性邪恶的产物，国家的产生是为了防止人类无休止的争斗，约束邪恶，建立秩序。

英国政治哲学家托马斯·霍布斯（Thomas Hobbes）继承了马基雅维利的"人性恶"理论，首次明确提出契约论。霍布斯认为，主权者的权力来自人民的契约和授权：人生来拥有"自然权利"（natural rights），人的本性是利己主义，人们最

---

[1] 托马斯·阿奎那.阿奎那政治著作选读[M].马清槐，译.北京：商务印务馆，1982：41.

初处于"自然状态"（natural state）之中。自然状态中的人按照自己的本性生活，导致人人自危、纷争四起的"无政府状态"（anarchy）。在这个过程中，人的理性促使大家形成并遵守共同的生活规则即"自然法"（natural laws）。"自然法"是人们在社会契约的基础上对自身"自然状态"中固有权利的让渡，这种让渡产生了一种公共权力组织——"国家"。

霍布斯的契约论与卢梭的社会契约论，二者具有明显不同的旨趣。霍布斯主张君主专制，认为君主是国家的最高代表，拥有至高无上的绝对权力，人们与君主（国家）之间的让渡关系是单向、全部的——人们向君主让渡自己的全部权力和权利且不可收回。尽管如此，霍布斯仍认为国家的本质是保护人们的和平安全、自由平等和正义等。"国家的本质就存在于它身上……这就是一大群人相互订立信约，每个人对它的行为授权，以使它能按其认为有利于大家的平等与共同防卫的方式运用全体的力量……"[1] 霍布斯把"国家"比作"圣经"上力量巨大无比的海兽"利维坦"。由此，霍布斯的论述开启了国家作为公共服务提供主体的先河——保卫和平、防止外敌入侵、使公民财富不断增加、促进生产和科学技术的发展和保护公民权利等。

与霍布斯主张人们将一切权力和权利让渡给国家的观点不同，荷兰伟大的国际法学家、哲学家胡果·格劳秀斯（Hugo Grotius）区分了公权与私权的边界，强调私权是不让渡的——格劳秀斯基于人类理性的自然法原则，认为人们让渡出的是为了维护"公平、正义"和"公共利益"的公权和公物，而"我们的生命、躯体、自由仍然是我们自己的，而且除非干了显然不公正的事，否则是不容侵犯的"[2]。

约翰·洛克（John Locke）是首次系统阐述宪政民主政治、提倡人的"自然权利"的政治哲学家。在《政府论》中，洛克提出人的生命权、自由权和财产权是人的"自然权利"（natural rights），人们放弃自己的自然权利建立国家和政府的唯一目的，就是要保障社会安全和人的"自然权利"。

苏格兰哲学家大卫·休谟（David Hume），继承了马基雅维利的"人性本恶"的基本观点并在《人性论》中指出，固有的自私和有限的慷慨、同情和仁爱之心

---

[1] 霍布斯.利维坦[M].黎思复，黎廷弼，译.北京：商务印书馆，1985：132.
[2] 汉·默顿.西方名著提要[M].何宁，译.北京：中国青年出版社，1957：112.

是人的本性，正义则是人类为了防止人的自私本性过于膨胀、危及自身利益而产生的一种追求共同利益的人为德性，政府的产生与存在就是为了弥补人性的缺陷。他认为，政府有三个优点——执行正义、判断正义、"强使人们促进某种公共目的以求得他们自己的利益"；"政府虽然也是由人类所有缺点所支配的一些人所组成的，可它却借着最精微、最巧妙的一种发明，成为在某种程度上免去了所有这些缺点的一个组织"。❶

法国伟大的启蒙思想家、哲学家让·雅克·卢梭（Jean-Jacques Rousseau）在《社会契约论》中以鲜明的语言主张"主权在民""政府在本质是由公意构成的""公意就是人民的意志"。❷卢梭在《社会契约论》中阐明了政府为国民提供公平的公共服务与维系政府合法性之间的关系——政府须代表公共意志且有益于全社会；政府不应该保护少数人的财富和权利，而是应该着眼于每一个人的权利和平等。如果政府没有对每一个人的权利、自由和平等负责，那就破坏了作为政治职权根本的社会契约，也就丧失了其存在的合法性基础。

英国功利主义哲学家杰里米·边沁（Jeremy Bentham）在《道德与立法原则导论》一书中首次提出了政府"善治"的"最大幸福原则"。边沁认为，"善"就是最大限度地增加幸福的总量，引起最少的痛苦；政府的任何行动和政策方针，都必须是为了最大多数人的最大幸福，并将痛苦减小到最低。为此，在必要时可以牺牲少部分人的利益。

英国著名哲学家约翰·斯图亚特·密尔（John Stuart Mill，Mill 旧译为穆勒），是 19 世纪影响力很大的古典自由主义思想家，他继承了边沁的功利主义理论和格劳秀斯关于区分国家公权和公民私权的理论。在其传世名著《论自由》一书中，密尔围绕个人自由和社会控制的关系及"私域"（private field）和"公域"（public field）的区别探讨国家和政府的职权边界及其公共服务的基本原则。他认为，"凡主要关涉个人的那部分生活应当属于个人，凡主要关涉社会的那部分生活应当属于社会"❸。一方面，密尔主张限制国家职权以保障公民的自由权利；另一方面，密尔还强调政府在干预公共领域、履行公共服务方面的责任。密尔认为，人们建

---

❶ 大卫·休谟.人性论：下[M].关文运，译.北京：商务印书馆，1980：578-579.
❷ 卢梭.社会契约论[M].李平沤，译.北京：商务印书馆，1982：140.
❸ 约翰·密尔.论自由[M].程崇华，译.北京：商务印书馆，1959：81.

立国家和政府是为了谋求"社会福利"❶，政府应强化在教育、保护劳动者、公路、铁路、自来水、煤气等公共领域的干预和服务责任。原因是，"这些公共事业既不为个人所特别关心，也没有充分的报酬可得，但同时又能增进普遍利益"❷。密尔的论述，成为古典自由主义关于政府权限、公共服务的基本指导思想。

　　自由主义是西方资产阶级在反对封建专制、争取民主权利的斗争中逐渐形成的，并在巩固资产阶级政权的过程中不断得到发展。自由主义的发展历史存在古典自由主义（classical liberalism）和现代自由主义（也称为新自由主义，new liberalism）两个明显的不同阶段。密尔是这两个阶段的标志性人物。古典自由主义的起止时间大致从17世纪至19世纪末，新自由主义起始于19世纪末并一直延续到当代。

　　新自由主义源于19世纪70年代的英国。当时，英国国内经济危机加重，垄断资产阶级逐渐形成，工人运动风起云涌，以古典自由主义为根基的资本主义国家社会矛盾频发，资本主义制度经受着严峻的考验。在这样的社会背景下，英国哲学家托马斯·希尔·格林（Thomas Hill Green）先后出版了《伦理学绪论》和《政治义务原理讲演录》，主张强化国家的干预功能，从而成为西方新自由主义政治思想的先驱，并且"对当时欧美政府的决策产生了直接的影响"❸。

　　格林认为，人是道德的存在物，具有道德善的原始追求；国家可以为个人实现道德善创造必要条件，为全体成员的共同善提供保证；此外，国家还可以抑制某些个人对共同善的损害，为道德发展扫除障碍。因此，个人不应对国家干预采取消极、抵抗的态度；国家和政府也不应只是履行消极被动的"守夜人"职责，而应积极作为，为公民提供更多的社会福利和保护，增强公民抵御社会弊害的能力。在此基础上，格林论证了国家应该积极干预的具体领域和事务，如义务教育、劳动时间、安全生产、全民健康等，认为在这些领域国家法律"必须出面干预，而且要继续干预若干代"❹。格林的论述，成为西方国家实行"福利国家"政策的重要理论基础，也界定了政府公共服务的基本内涵。

---

❶ 约翰·密尔. 论自由[M]. 程崇华，译. 北京：商务印书馆，1959：102.
❷ 于凤荣. 公共服务理论与实践[M]. 哈尔滨：黑龙江人民出版社，2009：44.
❸ 刘明贤. 格林的新自由主义理论评析[J]. 广东社会科学，2001（5）：49-54.
❹ 刘培育，等. 金岳霖学术论文选[C]. 北京：中国社会科学出版社，1990：94.

二、我国公共服务的理论基础

我国的公共服务在理论和实践上，与中国共产党的建党思想和执政理念密切相关。从某种意义上，中国共产党的思想和理论基础、执政理念方针政策就是我国公共服务的理论基础。

1. 我国传统的民本思想

我国传统文化中的民本思想源远流长，民本思想在促使统治者改善和保障民生、保持国家和社会的基本稳定方面都产生了积极的作用。某种意义上，中华民族几千年的文明史之所以能够延续，"与民本思想一直得以传承和弘扬是分不开的"❶。

我国传统文化中的民本思想，是将民众（百姓）视作治国安邦之根本的一种政治思想。古汉语中有"民惟邦本""以民为本"等说法，但并无"民本"一词。"民本"一词，最早出现在梁启超的《先秦政治思想史》一书中，他用"民本"意在讨论古代思想家关于"重民"的相关论述。民本思想的哲学基础，主要有"天命论"思想、"义利统一"思想和"人性善"思想❷。

从发展历史看，我国的民本思想经历了孕育萌芽期、形成概括期、发展完善期、成熟蜕变期和转换质变期❸五个阶段。

夏、商和西周时期，是我国民本思想的孕育萌芽期。最早体现民本思想的"皇祖有训：民可近，不可下；民惟邦本，本固邦宁"就出现在《尚书·夏书·五子之歌》之中。此时期，民本思想尚未成形，主要散见在《诗》《书》《礼》《易》等古籍之中。

春秋战国时期，是我国民本思想的形成期。许多对后世影响深远的民本思想论断，都出自本时期的文献。例如，"君者，舟也；庶人者，水也。水则载舟，水则覆舟"（《荀子·王制》）。另外，这一时期的孔子、孟子先后提出了对后世民本思想产生直接影响的"仁政"论。例如，"为政以德，譬如北辰，居其所而众

---

❶ 姜锡润，王玉梅. 论中国传统民本思想与西方人本思想的特征 [J]. 马克思主义哲学研究，2010（8）：302-310.

❷ 张玉环. 论中国传统民本思想立论的哲学基础 [J]. 青岛行政学院学报，2007（6）：34-37.

❸ 周家荣. 中国传统民本思想的发展历程与历史归宿 [J]. 江南社会学院学报，2009（4）：45-48；梁晓宇. 中国传统民本思想刍议 [J]. 中学政治教学参考，2018（3）：88-90.

星共之";"道之以政,齐之以刑,民免而无耻;道之以德,齐之以礼,有耻且格"(《论语·为政》)。又如,"行仁政而王,莫之能御也"(《孟子·公孙丑上》)。

汉唐两宋时期,是我国民本思想的发展完善期。西汉贾谊曾提出"闻之于政也,民无不为本也;国以为本,君以为本,吏以为本"和"自古至于今,与民为仇者,有迟有速,而民必胜之"(《新书·大政上》),是较早对民本思想所作的系统论述。在实践层面,汉唐初年的统治者采取了一些休养生息的政策,宋代程颢、程颐提出"为政之道,以顺民心为本,以厚民生为本",其民本思想更加明确。

明清时期,是我国民本思想的成熟蜕变期。明朝张居正强调,"窃闻治理之要,惟在安民,安民之道在察其疾苦而已"(《请蠲积逋以安民生疏》)。但明清时期,因国内阶级矛盾不断激化、民族矛盾日渐凸显,传统民本思想逐渐式微,反对君主专制的民主思想日渐兴起。此时,黄宗羲的主张建立符合天下人利益的"公法"思想(《明夷待访录》)和王夫之的"唯物主义天道观"最为鲜明,特别是"黄宗羲的民主思想已经达到封建时代能达到的最高峰"❶。

清末以来的近现代时期,是民本思想的转换质变期。此阶段,是中国社会转型最迅速、最激烈的时期,阶级矛盾、民族矛盾异常尖锐,新旧思想碰撞激烈,民本思想逐渐转向现代民主思想。康有为、梁启超、孙中山、陈独秀、毛泽东等是杰出代表。特别是孙中山提出的"三民主义"思想,对我国的民主革命产生了重要影响,也被中国共产党继承和发扬❷。

总的来说,中华传统文化中民本思想具有一定的积极意义,它促使封建统治者在加强公共服务、改善和保障民生方面有所作为,这"一方面保障了民众的物质利益,另一方面促进了古代社会经济发展及社会安定"❸。但必须指出的是,民本思想毕竟是为封建统治者服务的——在民本思想体系中,君王是主体和目的,民众是客体和手段;"民本思想的出发点、落脚点都是君"❹。

尽管如此,我国传统文化中的民本思想还是对我国的公共服务理论产生了深

---

❶ 周桂钿.试论中国传统民本思想的发展[J].宁波党校学报,2004(6):45–50.
❷ 孟宪霞,戴明玺.民本思想的来源及其现代转型[J].辽宁大学学报(哲学社会科学版),2010(1):24–28.
❸ 马可.从民惟邦本到以人为本:中国共产党对传统民本思想的传承与超越[J].江西社会科学,2018(6):18–24.
❹ 周宪.文化表征与文化研究[M].北京:北京大学出版社,2007:57.

远影响。中国共产党对中华传统文化中的民本思想采取了积极的扬弃态度。习近平总书记曾深刻指出,"中华文化积淀着中华民族最深沉的精神追求,是中华民族生生不息、发展壮大的丰厚滋养"❶。该阐述表明了中国共产党对我国传统民本思想的态度。

2. 马克思主义经典理论

19世纪中期前后,资产阶级革命和资本主义制度在西欧取得胜利并得以巩固,人们在争取政治自由和平等权利上有了很大进步。但是,市场经济带来的两极分化日益严重,现实社会生活种种不公正现象导致工人运动此起彼伏,学术界出现了积极寻找新的社会制度的各种社会思潮和理论。马克思主义经典理论就是在这种社会大背景下应运而生的,1848年出版的《共产党宣言》和1867年问世的《资本论》标志着马克思主义理论体系的形成。

马克思主义形成于西方古典自由主义向新自由主义转型的过程中。在批判西方古典自由主义的基础上,马克思、恩格斯从经济基础决定上层建筑的原理出发,指出国家的本质是阶级统治的政治工具;现代资本主义国家只不过"是资产者为了在国内外相互保障各自的财产和利益所必然要采取的一种组织形式",资本主义政权的本质是"管理整个资产阶级共同事务的委员会"❷。

虽然马克思、恩格斯十分强调国家和政权的阶级属性,但他们对符合人类本性要求的社会政治主张并未简单予以否定,而是在科学分析的基础上加以继承和发展。例如,马克思、恩格斯对国家制度和政府职能的阐述,集中体现在他们关于社会主义、共产主义的阐述之中。

马克思、恩格斯十分重视"人类解放"。马克思曾深刻指出,资产阶级标榜的以"自由、平等、人权"为标志的政治解放具有明显的局限性和欺骗性——资本主义国家事实上存在的社会与经济的不平等,必然导致人们在政治自由和政治权利上的不平等,因此"政治解放本身还不是人类解放"❸;人类真正的解放在于

---

❶ 中共中央宣传部.习近平总书记系列重要讲话读本[M].北京:学习出版社,人民出版社,2016:201.

❷ 马克思恩格斯.共产党宣言[M]//中共中央马克思恩格斯列宁斯大林著作编译局.马克思恩格斯选集:第1卷.北京:人民出版社,1995:132,274.

❸ 马克思.论犹太人问题[M]//中共中央马克思恩格斯列宁斯大林著作编译局.马克思恩格斯选集:第1卷.北京:人民出版社,1956:435.

"消灭国家、推翻国家"❶，其实现途径是建立以生产资料公有制为基础的社会主义和共产主义国家。

在强调国家阶级属性的基础上，马克思主义经典作家阐述了社会主义国家和政府在履行公共服务和管理方面的内涵和本质要求。马克思认为，社会主义国家才是真正的"自由人的联合体"；社会主义政府将以管理的民主、社会中的博爱、权利的平等、教育普及等基本理念为人民服务。❷

此外，马克思还认为，国家产生的根本原因就在于社会公共事务的存在，需要政府履行一定的公共职能；即使在奴隶社会与封建社会，政府也必须执行一定的公共职能，如波斯和印度的专制政府就必须管理河谷灌溉等公共事务，从而发展农业生产。在深刻揭示自由竞争市场经济存在着的"市场失灵"后，马克思以公共需要为起点分析了社会主义的国家、政府应履行的公共服务职责要求。

马克思将社会需要区分为"个人需要"和"一般的社会需要"（即社会公共需要），认为满足社会公共需要是维持一定政治经济生活秩序、维持人类社会存在和发展的基本要求。在此基础上，产生了维持公共需要的产品和服务。社会公共需要，首先表现为全体成员的福利需要、教育需要与发展需要。恩格斯指出，共产主义社会将通过新的制度安排、计划配置资源和推进科技教育发展等措施最大限度地促进生产发展，以满足全体成员的需要，使社会成员共同享受大家创造出来的福利，并努力使全体社会成员得到全面发展；要"由国家出资对一切儿童毫无例外地实行普遍教育"，认为普遍教育"是一件公平的事情，因为每一个人都无可争辩地有权全面发展自己的才能"。❸ 因此，马克思认为，国家的本质特征是公共权力，必须至少在某种程度上代表公共利益、执行公共职能。政府的基本职能有两个：一是政治统治职能，二是公共职能或公共事务管理职能。而恩格斯研究了当时资本主义的新进展，对政府公共事务管理的新发展进行了研究，如公共事业产生和国有化的基本情况，这些研究体现在《社会主义从空想到科学的发展》等文中。

马克思还认为，社会主义国家的政府要承担起一般管理、满足社会共同需

---

❶ 中共中央马克思恩格斯列宁斯大林著作编译局. 马克思恩格斯选集：第1卷[M]. 北京：人民出版社，1995：479.
❷ 唐铁汉. 马克思主义公共管理思想原论[J]. 新视野，2005(5)：4–7.
❸ 人民出版社. 马克思恩格斯列宁斯大林论共产主义社会[M]. 北京：人民出版社，1958：9–11.

要、社会保险与保障、救灾等公共职能。他在《哥达纲领批判》一书中指出，社会总产品在进行个人分配之前，必须先作六项扣除：一是用来补偿消费掉的生产资料的部分；二是用来扩大再生产的追加部分；三是用来应付不幸事故、自然灾害等的后备基金或保险基金；四是和生产没有直接关系的一般管理费用；五是用来满足共同需要的部分，如学校、保健设施等；六是为丧失劳动能力的人等设立的基金❶。此段论述构成了社会主义国家公共财政用于公共服务的理论来源。

综上可知，马克思、恩格斯等经典作家对社会主义的国家本质、政府公共管理职能的相关论述及其对社会主义和共产主义的描绘，是我国开展公共服务理论研究和实践探索的理论源泉。

3. 中国共产党的执政理念和方针政策

中华人民共和国成立后，我国公共服务的直接理论来源主要有毛泽东思想、邓小平理论、"三个代表"思想、科学发展观和习近平新时代中国特色社会主义思想。这些构成了中国共产党的基本执政理念。这些执政理念以及由其衍生的方针政策和法律法规，成为我国公共服务的行动指南，对我国的公共服务理论和实践产生了直接影响。

毛泽东"全心全意为人民服务"的思想，是中国共产党对中华传统文化中的民本思想和马克思主义基本原理的中国化概括后的产物，成为指导中国共产党争取并巩固其执政地位的一贯指导方针。1944年，毛泽东在《为人民服务》的讲演中，第一次从理论上系统阐明了为人民服务的思想。他指出，中国共产党"完全是为着解放人民的，是彻底地为人民的利益工作的……因为我们是为人民服务的……"❷1945年，毛泽东在党的七大上对"为人民服务"思想作了更系统和完整的论述，提出共产党区别于其他任何政党的显著标志是"全心全意地为人民服务"和"一切从人民的利益出发，而不是从个人或小集团的利益出发"❸。毛泽东把"全心全意为人民服务"视为共产党一切言论行为和每项政策的"最高标准"❹。

改革开放以后，邓小平在新的历史条件下继续坚持并发扬了毛泽东"全心全

---

❶ 中共中央马克思恩格斯列宁斯大林著作编译局.马克思恩格斯选集：第3卷[M].北京：人民出版社，1995：302-303.
❷ 毛泽东.毛泽东选集：第3卷[M].北京：人民出版社，1991：1004-1006.
❸ 同❷1094-1095.
❹ 同❷1096.

意为人民服务"的思想,提出了"领导就是服务"❶的论断。在"以经济建设为中心,坚持四项基本原则、坚持坚持改革开放"的前提下,邓小平提出了"三个利于"理论,即"是否有利于发展社会主义社会的生产力,是否有利于增强社会主义国家的综合国力,是否有利于提高人民的生活水平"❷,并以此作为衡量我国改革开放是否成功的标准;此外,邓小平还提出了"社会主义初级阶段"和"先富带动后富、最终实现共同富裕"的一系列论断。

2001年中国共产党成立八十周年大会上,江泽民首次全面系统地阐述了"三个代表"思想。2002年11月,该思想写入中国共产党党章,成为中国共产党的根本性指导思想。"三个代表"思想体系中关于妥善处理党群干群关系、各种利益关系的阐述与建设公共服务型政府密切相关,蕴藏着强化政府社会管理和公共服务的意涵。

党的十六大后,以胡锦涛为总书记的中共中央明确提出"科学发展观"、打造公共服务型政府和建设社会主义和谐社会。在中共第十七次全国代表大会上,"科学发展观"被写进党章,成为中国共产党的指导思想和执政理念。科学发展观第一要义是发展,核心是以人为本,基本要求是全面协调可持续性,根本方法是统筹兼顾❸。

科学发展观的提出,标志着中国共产党公共服务思想的确立和系统化。此后,党中央和国务院推出了一系列建设服务型政府、强化公共服务、改善民生的政策举措,我国的公共服务水平明显提升。党的十六大报告明确指出,要完善政府的经济调节、市场监管、社会管理和公共服务的职能,减少和规范行政审批;要加强公共服务设施建设,改善生活环境。2003年,十六届三中全会做出的《关于完善社会主义市场经济体制若干问题的决定》提出,"完善政府社会管理和公共服务职能,为全面建设小康社会提供强有力的体制保障",首次将"政府社会管理和公共服务"上升到全面建设小康社会重要体制保障的高度。2007年10月党的十七大报告,提出"建设服务型政府""完善公共服务体系""强化社会管理和公共服务"。

---

❶ 邓小平. 邓小平文选:第3卷 [M]. 北京:人民出版社,1993:121.
❷ 同❶372.
❸ 胡锦涛在中国共产党第十七次全国代表大会上的报告 [EB/OL]. (2012-11-18). http://politics.people.com.cn/n/2012/1118/c1001-19612670.html.

2012年11月召开的党的十八大，继续强调公共服务、维护社会公平正义，强调完善促进基本公共服务均等化和主体功能区建设的公共财政体系，实现城镇基本公共服务常住人口全覆盖，推动城乡发展一体化——在城乡规划、基础设施、公共服务等方面推进一体化❶。

党的十八大以来，以习近平为核心的党中央提出并践行"以人民为中心"的思想。2012年11月党的十八大闭幕后，习近平总书记明确提出，"人民对美好生活的向往就是我们的奋斗目标"。此后，习近平总书记多次提到"以人民为中心"的思想，并将其写入党的十九大报告。在公共服务方面，习近平强调基本公共服务要向农村和老少边穷等贫困地区倾斜❷，着力打通联系服务群众的"最后一公里"❸，"人民群众反对什么、痛恨什么，我们就要坚决防范和纠正什么"❹，并体现在乡村振兴、精准扶贫、脱贫攻坚等政策举措和扎实推进"五位一体""四个全面"的一系列战略布局与相关具体工作之中。

三、公共服务理论的基本内涵

1."公共服务"含义辨析

"服务"（service）一词，可作动词和名词解读。服务作为动词，强调动作的执行者，即动作或行为的主体及其目标指向，指特定的组织或个人所提供的便利和帮助；服务作为名词，强调动作的承受者、内容及产生的效果，即动作的客体、内容和效果，是从服务的性质和内容的角度上说的。

动词和名词二者存在着因果联系，本书在谈及"服务"时，并不严格区分动词或名词，而是把二者统合起来。

公共服务（public service）是相对私人服务（private service）而言的。从经济学的角度看，私人服务往往具有效用的可分性、消费的竞争性和受益的排他性等基本特征，而公共服务却与之存在本质差别。

目前，我国政界、业界和学术界对"公共服务"主要有以下五种认识：一是

---

❶ 胡锦涛.坚定不移沿着中国特色社会主义道路前进 为全面建成小康社会而奋斗——在中国共产党第十八次全国代表大会上的报告[M].北京：人民出版社，2012：23-24.
❷ 习近平：基本公共服务要更多向老少边穷地区倾斜[J].中国老区建设，2015（9）：4.
❸ 中共中央文献研究室.十八大以来重要文献选编（中）[G].北京：中央文献出版社，2016：88.
❹ 中国共产党第十九次全国代表大会文件汇编[G].北京：人民出版社，2017：49.

公共服务就是"为人民服务";二是公共服务是国家公务人员的职责和工作的基本属性;三是公共服务是包括政府弥补市场不足、促进社会公平的所有工作;四是公共服务主要指由政府和法律授权的非政府公共组织及工商企业在纯粹公共产品、混合公共产品及特殊私人产品的生产和供给中所承担的职责;五是从组织和功能意义上分别界定公共服务。"组织意义"上的公共服务,是指所有隶属于行政法人的机关和组织,即通常所说的"公共服务机构";"功能意义"上的公共服务,则是指"行政法人"和"私法人"为满足公共利益需要所从事的活动。

下面,拟对上述五种认识逐一进行简要辨析。

第一种认识,在目前我国政界、业界具有广泛的影响力,具体体现在执政党和政府的正式文献之中,体现出我国政治意识形态的主导色彩,其实质是将具有强烈政治色彩的"为人民服务"等同于具有行政职能性质的"公共服务"。

"为人民服务"源于抗日战争时期、第二次国内革命战争时期(1927—1937年)和解放战争时期(1945—1949年)。毛泽东提出"我们这个队伍是为着解放人民的,是彻底地为人民的利益工作的";"为人民利益而死,就比泰山还重;替法西斯卖力,替剥削人民和压迫人民的人去死,就比鸿毛还轻"❶。毛泽东等中国共产党笔下的"人民",是党在土地革命、抗日战争、解放战争及中华人民共和国成立之后,根据不同历史时期敌我力量的变化和斗争的需要,所作出的具有明显政治意涵指向的词汇,并未包含社会各阶级、阶层和所有普通民众。❷总体而言,中华人民共和国成立后,中国共产党对"人民"的界定历经了阶级意义、主权意义、治理意义和责任意义四个不同阶段,其内涵也不尽相同,并超越了二元主客结构。❸

之后,中国共产党对"阶级斗争"和"人民"的阐述经历了不断发展变化的过程,该变化主要体现在中共历次党章修改之中。对于"阶级斗争",改革开放前长期强调"以阶级斗争为纲",改革开放后则表述为"由于国内的因素和国际的影响,阶级斗争还在一定范围内长期存在,在某种条件下还可能激化,但已经

---

❶ 毛泽东.毛泽东选集:第3卷[M].北京:人民出版社,1991:1004.

❷ 参见毛泽东《中国社会各阶级的分析》(1925)、《怎样区分农村阶级》(1933,其在收入《毛泽东选集》时,标题改为《怎样分析农村阶级》)、《关于土地改革斗争中的一些问题的决定》(1933)、《论人民民主专政》(1949);任弼时《土地改革中的几个问题》(1948);中央人民政府政务院《关于土地改革中的一些问题的决定》(1950)、《政务院关于划分农村阶级成分的决定》(1950)。

❸ 欧树军.必须发现人民:共和国六十年来对人民的想象、界定与分类[J].学海,2012(4):85-91.

不是主要矛盾"❶。

1949年前后,党对"人民"的界定历经了阶级意义、主权意义、治理意义和责任意义四个不同阶段,其内涵也有不同。当前,"人民"的定义为"以工人、农民、知识分子等劳动者为主体,包括社会各阶层在内的最广大人民群众"❷。

公共服务不同于我国传统政治意义上的"为人民服务"。二者的区别,主要在于:"为人民服务"是一个政治意识形态很强的概念;而"公共服务"作为政府的一项职能,已经超出了阶级、阶层和居住区域的界限。由于我国公共服务与中国共产党的理论和思想之间存在密不可分的必然联系,所以,在理解我国公共服务的基本含义时,既不能把公共服务与传统政治意义上的"为人民服务"混为一谈,又不能完全割裂,而应是有机结合起来。

第二种、第三种认识,显得过于宽泛和模糊。如果照此说法进行界定,公共服务就失去了应有的边界。中共十六届三中全会通过的《中共中央关于完善社会主义市场经济体制若干问题的决定》中提出,"明确中央和地方对经济调节、市场监管、社会管理、公共服务方面的管理责权"❸。据此可知,我国是将公共服务列为中央和地方党政部门的四大基本职能之一,而未泛化。

第四种、第五种认识较科学。第四种认识,比较清楚地勾勒了公共服务的主体和职责,缺点在于未说明公共服务的本质属性。第五种认识,较完整地阐述了公共服务的主体、内容和目的,具有一定借鉴意义。

从国情出发,公共服务是国家公共权力部门(主要指执政党及其领导的政府部门)和社会公共组织,运用手中的公共权力或公共资源,在国家宪法和法律的框架内,保障全体公民平等享有基本权益、维护公共利益和社会公平正义所需承担的职责活动的总称。公共服务需通过一定载体实现,包括具体的公共产品和服务,如国防、道路、桥梁、医疗等,也包括抽象的公共产品和服务,如广播电视新闻报道等文化产品和服务。

此界定意在阐明,公共服务是执政党及其领导的政府公共权力部门和社会公共组织不可推卸的基本职责,具有强制性;提供公共服务、满足社会公共需要是

---

❶ 中国共产党党程[M].北京:人民出版社,2012:7.
❷ 张荣臣.十六大以来执政党建设经验述要[M].北京:中共中央党校出版社,2012:57.
❸ 完善社会主义市场经济体制若干问题的决定(全文)[EB/OL].(2003-10-21). http://news.xinhuanet.com/newscenter/2003-10/21/content_1135402.htm.

维系政府公共权力部门和社会公共组织合法性的重要源泉。

公共服务系统中最重要的因素是公共服务主体,包括公共服务的供给主体和消费主体,其中更受关注的是供给主体。政府被公认为是公共服务的最优供给主体,其他供给主体还包括公共部门中的公共企业、私人企业、非营利组织、社区及公民个人。❶ 本书认为,当前我国公共服务的主体仍然是国家公共权力部门和社会公共组织,其中当然包括电视等公共新闻媒体。我国公共服务的指导原则,是国家宪法、法律及执政党的相关政策文件。我国公共服务的目标价值取向,是保障全体公民平等享有基本权益、维护公共利益、促进社会公平正义;我国公共服务的载体,包括具体的公共产品和服务,也包括抽象的公共产品和服务,如新闻报道、文学艺术等文化产品和服务。

从类型上看,公共服务大致可分为三类:一是与国家传统职能相吻合的政权性公共服务,如立法、司法、行政、外交、国防等;二是直接关系到人的发展的社会性公共服务,如就业、社会保障、教育、卫生医疗、文化教育等;三是经营性公共服务,如邮电、通信、电力、煤气、自来水和道路交通等。媒介公共服务应属于第二类。

2. 公平正义:公共服务的价值追求

由英国哲学家格林于19世纪末开创的西方新自由主义哲学思想对20世纪西方国家的政府决策、制度建设和公共管理服务等各方面都产生了深远影响。新自由主义与古典自由主义思想最大的区别在于,新自由主义改变了古典自由主义重自由、轻平等的风格,首次把平等放到自由主义的核心地位,强调国家和政府对经济生活等方面的干预以维护社会公平正义、让全体社会成员受益。

20世纪以来,西方国家和哲学思想界更加强调政府在公共服务中的主体地位及其维护社会制度公平正义的终极追求。

美国哲学家约翰·杜威(John Dewey)在《哲学的改造》中总结前人的政治哲学思想,认为所有社会制度都有意义和目的,"这种目的就在于解放和发展一切个人的能力,且不管个人的种族、性别、阶级或经济地位","政治制度和工业制度的最高检验标准就是它们有助于社会成员的全面发展"❷。

---

❶ 石国亮,等.国外公共服务理论与实践[M].北京:中国言实出版社,2011:17.
❷ 列奥·斯特劳斯,约瑟夫·克罗波希.政治哲学史[M].李天然,等,译.石家庄:河北人民出版社,1993:1015.

杜威在评价边沁的"功利主义"时，曾经说过：

功利主义是关于目的和善的学说……它力图脱去暧昧的一般性……使道德的善成为自然的、仁慈的、与人生的自然善相结合。……它最大的功绩是把社会福利作为最高标准而扶植在人类的想象。但它在根本的要点上仍受着旧思考的深刻影响。它未尝思疑过固定的、终极的和最高的目的这个观念，于是把快乐的最大量放在固定目的的位置。❶

杜威强调，超出人类各种各样需要和行为的那个固定和独一的目的观念，使功利主义不能成为现代精神的代表❷；政府、实业、艺术、宗教和一切社会制度的目的应该是"解放和发展个人的能力（不问其种族、性别、阶级或经济状况如何）"❸。在阐述社会组织、制度、法律与人之间的关系时，杜威明确表示，社会组织、法律、制度是为人而设，是人类进步的手段和工具❹。

现代批判理性主义的创始人、奥地利犹太裔英籍哲学家卡尔·雷蒙德·波普尔（Karl Raimund Popper），通过批判历史决定论确立了自己的政治哲学思想，并强调国家和政府应保护公民的权利。为此，波普尔明确反对放任的经济自由主义，强烈支持国家的经济干涉主义。他在《开放社会及其敌人》(第2卷)中提出，"必须建立保护经济上的弱者不受强者侵犯的制度，并且通过国家权力对此加以巩固……必须要求经济干预主义取代资本主义"❺。另外，波普尔还在《猜想与反驳——科学知识的增长》中提出，国家的立法原则不应是古典自由主义一直所倡导的"最大幸福原则"，而应是"最小痛苦原则"，即政府应致力于消除当前最大的和最紧张的痛苦与罪恶，并且在这个过程中"决不应该试图用牺牲某些人的幸福来补偿另一些人的苦难"❻。

至此，我们可以发现西方政治哲学思想发展呈现了一条较为清晰的脉络——由重个人的自由转向重社会成员之间的平等，由重个人私利转向重社会公平正

---

❶ 约翰·杜威.哲学的改造[M].许崇清，译.北京：商务印书馆，1989：97.
❷ 同❶99.
❸ 同❶100.
❹ 同❶104.
❺ KARL R POPPER. The Open Society and Its Enemies（Vol.2）: The High Tide of Prophecy: Hegel, Marx and the Aftermath [M]. London: Routledge, 1973: 125.
❻ 卡尔·波普尔.猜想与反驳——科学知识的增长[M].傅季重，纪树立，等，译.上海：上海译文出版社，1986：516.

义。同时，强调政府及其公共组织作为公共服务提供者的主体地位。

西方哲学向公平正义方向的转变，集中体现在美国哈佛大学哲学教授约翰·罗尔斯（John Rawls）的《正义论》之中。《正义论》继承了西方社会契约论的政治哲学传统，提出了一套关于社会基本结构的正义理论，明确提出了要以"公平正义"原则取代传统的"功利主义"原则。

在《正义论》的开篇"作为公平的正义"一章中，罗尔斯将"正义"(justice)视为"社会制度的首要价值""社会体制的第一美德"，并进一步指出，"作为人类活动的首要价值，真理和正义是决不妥协的"❶。《正义论》的出版标志着哲学、伦理学由关注形式问题转到关注实质性问题，"在某种意义上标志着的哲学、伦理学一个重要转折……这种转向的趋势在美国迄今还在继续，并有加强之势"❷。罗尔斯认为，人们的不同生活前景受到政治体制和一般的经济、社会条件的限制和影响，也受到人们出生伊始所具有的不平等的社会地位和自然禀赋的深刻而持久的影响，而这种不平等却是个人无法自我选择的。社会制度作为正义的对象，其存在的原则和基础，就是从全社会的角度来调节和处理"这种出发点方面的不平等，尽量排除社会历史和自然方面的偶然任意因素对于人们生活前景的影响"❸。罗尔斯把"善"定义为人们"理性欲望的满足"❹，现实社会制度中人们所受的机会上的不公平、不平等实际上剥夺了人们的"基本善"(primary goods)，为了实现社会公平正义，所有的社会基本价值——诸如自由和机会、收入和财富、自我价值感（自尊）等，都要平等地向全体社会成员分配，除非对其中的一种或所有价值的不平等分配合乎每一个人的利益。为此，罗尔斯给出了三个正义的优先原则：自由的优先、正义对效率和福利的优先、正当对善的优先。为了维护社会公平正义，罗尔斯还提出了"补偿原则"——"出身和天赋的不平等是不应得的"，"为了平等地对待所有人，社会必须更多地注意那些天赋较低或出生于较不利的社会地位的人们"❺。

---

❶ JOHN RAWLS. A Theory of Justice [M].Cambridge, Mass：The Belknap Press of Harvard University Press, 1971：3-4.亦可见约翰·罗尔斯.正义论 [M].何怀宏，何包钢，等，译.北京：中国社会科学出版社，1988：1-2.

❷ 约翰·罗尔斯.正义论 [M].何怀宏，何包钢，等，译.北京：中国社会科学出版社，1988：4.

❸ 同❷6.

❹ 同❷25.

❺ 同❷101.

在《正义论》中，除了在伦理价值等理论层面对公平正义进行阐述外，罗尔斯还从社会制度层面对政府部门履行公共服务的职能进行了设计。他把理想的政府机构划分为供应、稳定、调拨和分配四大部门，分别履行调控市场防止垄断、保障就业、维护基本生活和调节财富分配等。罗尔斯的《正义论》对后来的政治学、伦理学、公共管理学、公共行政学等学科产生了深远影响，也为政府向全体公民提供无差别的、均衡的公共服务提供了理论支撑。

3.公共产品：公共服务载体的特征分析

特征，乃事物有别于其他事物的征象或标志。特征，有本质特征、基本特征之分。本质特征是反映事物根本属性的特征，基本特征则是本质特征的多侧面外在表现，可以从不同角度和层面进行阐述。公共服务源于市场经济发展到一定阶段后，社会公众受市场活动逐利和自身资源调配能力有限的影响，要求政府及其公共传媒组织履行"守夜人"和协调者的职责、运用社会公共资源为公众提供公共产品、满足社会公众不断增长的公共需求。因此，公共服务有着与私人服务本质的差别。

追求"公平正义"的价值取向，从哲学和伦理学角度揭示了公共服务的本质特征。另外，法国公法学者莱昂·狄骥对公共服务一词所作的最初定义，也揭示了公共服务的若干基本特征——"任何一项因其与社会团结的实现与促进不可分割，而必须由政府来加以规范和控制的活动，就是一项公共服务。只要它具有除非通过政府干预，否则便不能得到保障的特征"[1]。莱昂·狄骥对公共服务的定义表明，公共服务的基本特征在于"除非政府干预，否则便不能得到保障"，这一论述奠定了后世对公共服务研究和实践的基本框架。除了政治学、伦理学等学科对公共服务的基本特征进行阐述外，经济学、管理学等学科也对公共服务的特征进行了研究，并取得了长足进步，丰富了人们对公共服务基本特征的理解和认知。

1954年，美国经济学家保罗·萨缪尔森（Paul A. Samuelson）在《公共支出的纯理论》一文中，首次对"公共产品"（public goods）的基本特征进行了论述，其笔下的"公共产品"实际上是指"纯公共产品"（pure public goods）。萨

---

[1] 莱昂·狄骥.公法的变迁——法律与国家[M].郑戈，冷静，译.沈阳：辽海出版社，春风文艺出版社，1999：53.

缪尔森认为，公共产品的本质特征在于：任何人对该物品的消费不会导致他人对此物品消费的减少。❶ 由此，衍生出公共产品的两个基本特征：非排他性（non-exclusivity）、非竞争性（non-rivalry）。因现实中真正意义上的"纯公共产品"很少，而大量的产品是介于私人产品和纯公共产品之间的准公共产品（quasi-public goods），因此美国经济学家詹姆斯·布坎南（James M. Buchanan）1965 年发表了《俱乐部的经济理论》一文，首次提出了准公共产品理论。布坎南强调公共产品存在公共性程度的差异，"公共产品是一个外延广泛的范畴，不但可以包括萨缪尔森定义的纯公共产品，也可以包括公共性从 0 到 100% 的其他一些商品和服务"；这类公共产品或者只具有非排他性，或者只具有非竞争性。❷

公共服务是与私人服务相对而言的，私人服务具有效用的可分性、消费的竞争性和受益的排他性等特征，而公共服务则与之相反。在现实生活中，纯公共产品较少，而准公共产品较多。媒介公共服务和公共媒体（如英国的 BBC 等公共电视）就被视为准公共产品（服务）。为方便论述，本书着重阐述纯公共服务的基本特征，而对准公共服务特征的阐述从略。

（1）受益的非排他性

受益的非排他性（non-exclusivity of benefit），是指公共产品一旦被提供，任何人都不会被排除在该产品的消费和受益之外。政府提供的公共产品和服务具有提高市场效率、稳定经济、实现社会平等的重要作用。正是公共服务具有这一特征，近年来我国政府才十分重视社会保障的全民覆盖及艾滋病等传染性疾病的国家公共财政支出等。

美国著名学者文森特·奥斯特罗姆（Vincent Ostrom）也把"受益的非排他性"和"使用的共同性"作为区别私人与公共产品和服务的两个基本标准。奥斯特罗姆认为，当某产品或服务的用户能被排除、满足零售的界限和条件时就存在排他性，"私人产品必须是'可分的'，即它作为商品或服务是易于分割的，以备……那些不为私人产品付费的人能够被排除在外不能享受其收益"❸；当某项服

---

❶ SAMUELSON P A. The Pure Theory of Public Expenditure[J]. Review of Economics and Statistics, 1954, 36 (November): 387-389.

❷ JAMES M BUCHANAN. An Economic Theory of Clubs[J]. Economics, 1965, 32 (February): 1-14.

❸ V. 奥斯特罗姆，C.M. 蒂伯特，R. 瓦伦. 大城市地区的政府组织[M] // 迈克尔·麦金尼斯. 多中心体制与地方公共经济. 毛寿龙，李梅，译. 上海：上海三联书店，2000：45.

务或产品一旦被提供,任何人都可从该产品中受益,就存在非排他性。

公共服务之所在具有受益的非排他性,主要是因为,若要将那些拒绝为之付款的人排除在受益者之外,那就需要付出过高的成本或存在技术上的困难而难以实施。美国经济学家、2001年诺贝尔经济学奖得主约瑟夫·斯蒂格利茨(Joseph E. Stiglitz)也认为公共产品具有非排他性,"要排除任何人享受一种公共产品的利益要花费非常高的成本"❶。

信息资讯,是新闻媒体向社会提供公共服务的主要产品形式。信息资讯的受益具有明显的非排他性特征,这是由信息资讯自身具有的共享性特征所决定的。

(2)消费的非竞争性

消费的非竞争性(non-rivalry of consumption),是指特定数量的公共产品和服务可以由不止一个消费者享用,这种众多消费者的享受并不会影响该公共产品和服务的数量和质量。

在论述公共产品与私人产品的性质时,萨缪尔森认为,二者是通过个人消费和总消费量之间的关系方程来体现的。私人物品的总消费量等于个人消费量的总和;而对公共产品来说,这种关系方程则是个人消费量等于集体消费量。因此,"个人对某公共产品的消费不会导致他人可消费量的减少"❷。

约瑟夫·斯蒂格利茨也认为公共产品具有"消费的非竞争性",他认为"有一类被称为公共产品(public goods)的特殊商品,它是正外部性的极端情况。一个人对一种公共产品的消费或享受并不会减少其他人对这种产品的消费,因而其消费是非竞争性的"❸。

就新闻媒体而言,纸媒具有一定的消费竞争性特征,而以无线方式传输、覆盖全国城乡的广播电视节目,就具有明显的"消费的非竞争性"特征。每天播出的既定广电节目拥有大量的观众,这些观众就是广电节目信息的消费者,电视观众的增加并不会导致节目信息的消费数量、质量的减少和降低。通过有线方式传输的广电节目,则会因用户数量的增加导致传输信号的衰减,所以,有线方式传输的广电节目就具有准公共产品的基本特征——受益的非排他性、消费的竞争性。

---

❶ 约瑟夫·斯蒂格利茨.经济学[M].梁小民,黄险峰,译.北京:中国人民大学出版社,2000:141.

❷ SAMUELSON PAUL A. The Theory of Public Expenditure[J]. Review of Economics and Statistics, 1954(36):387–389.

❸ 同❶141.

（3）效用的不可分性

效用，是指某种产品和服务被使用或消费后所产生的效果或功能，包括有形的物质层面和无形的心理层面。

公共产品和服务的效用，是建立在对该类产品和服务的使用或消费基础上的。因此，效用的不可分性（indivisibility of utility）要以公共产品和服务的"受益的非排他性"和"消费的非竞争性"为前提。效用的不可分性，是指向全社会共同提供的公共产品和服务，为全体社会成员共同享受或联合消费、共同受益。公共产品和服务的效用只能在保持其完整性的前提下，由众多的消费者共同享受，而不能将其分割为可以计价的若干部分供市场销售、被个人或个别团体独占独享。

广播电视的基础设施和节目内容都具有效用的不可分性。就基础设施而言，包括发射、传输、回馈等一整套完整的系统，这些设施是节目正常播出与传输的前提，必须保证其完整性、系统性，不能被分割或独占。当然，就基地设施的物质层面而言，这些设施具有商品属性，必须支付较高的购买、维护和技术研发成本。但就基础设施和节目内容二者的关系而言，二者又是不可分的——节目内容必须借助基础设施才能实现信息的传输和覆盖，并最终产生其传播功能。这也是当前我国推进广播电视"村村工程"和"户户通工程"、强化农村广播电视基础设施建设的主要原因。

广播电视节目内容具有文化产品的基本属性，更多地体现出其效用的不可分性——其信息资讯内容能为全体社会成员平等共享共用，所产生的效用无法分割为可计价的若干部分被个人或个别团体独占。

广播电视公共服务是直接关系到人的发展的社会性公共服务，其蕴含的效用不可分性的特征，对于维护我国农民合法权益、推动"三农"事业发展、实现国家整体现代化进程等都具有十分重要的理论和实践意义。

（4）使用的不可避性

萨缪尔森在论述公共产品的基本特征时突出强调了公共产品和服务受益的非排他性，认为"公共产品就是这样一些产品，无论每个人是否愿意购买，它们带来的好处都不可分割地散布在整个社区里"[1]。萨缪尔森对公共产品和服务受益非

---

[1] 保罗·A.萨缪尔森，威廉·D.诺德豪斯.经济学[M].胡代光，等，译.北京：北京经济学院出版社，1996：571.

排他性的强调意在表明，公共服务和公共产品能让人们顺便搭车、普遍受益。但在现实生活中，也存在着公共服务和公共产品一旦提供就可能导致人们不得不消费的事实，即存在着使用的不可避性（inevitability of use）。

使用的不可避性，指的是公共产品和服务一旦提供人们就不得不接受或消费，它强调了公共产品或服务可能给人们带来的负面影响。与萨缪尔森从经济学角度分析不同的是，考察公共服务导致人们使用上的不可避性是从政治学的角度进行的。事实上，公共产品和服务确实也存在一定的负面影响。

明白公共服务可能给人们带来的负面影响，有助于促使政府及其他社会公共组织等公共服务的提供者意识到，在提供公共服务时要注意提高服务决策的科学性和严谨性，避免主观随意性。为此，国内外常见的经验做法是：实施科学严谨的事前听证制度，认真征求公众意见，打造有限的、负责任的和透明的政府；在公共产品的选择方面实行"一人一票制"，让普通民众都有平等的发言权和投票权，真正遵循公共服务"人人平等、公平正义"的基本价值追求。

（5）供给的非排除性

非排除性（in-exclusivity of supplication）是从供给的角度来考察公共产品和服务的。因大多数公共产品和服务的享用都受到地域的限制，这种限制往往以经济、政治、地理、文化程度等条件的形式将部分人群排除在公共服务的供给对象之外，从而造成了社会的不公平、不平等现象。

供给上的非排除性，一方面，要求政府及其公共组织向所有公民平等无差别地提供公共产品和服务。目前，我国特别需要强调公共产品和服务在城乡提供与享受方面的平等性，即最大限度地实现公共服务均等化。如果长期采取将部分人排除在外的公共产品或公共服务的供应方式，"将使得政府的存在对于这部分人来说显得不合法理"❶。另一方面，供给的非排除性，还要求私人或社区提供的公共产品和服务应该向所有人平等提供，使所有人不会被排除在同类公共服务的享受之外。具体到广电媒体的公共服务来说，从服务的非排除性角度来看，目前主要是消除城乡差别，使农村电视受众与城市居民享受同等的服务和权益。

---

❶ 余斌，张钟之.试析公共产品的本质属性［J］.高校理论战线，2007（1）：47–50.

第二节 话语分析理论

话语分析理论，亦称话语理论。话语分析理论以话语的生成、表达为核心，围绕"权力""话语"和"权利"三者的关系展开，揭示公民和社会组织话语表达的权利，以及隐藏在该权利背后的权力、文化和意识形态等诸种因素的作用机制。话语理论起源于语言学领域，后来在政治学、哲学、社会学和新闻传播学等领域均有研究和运用，体现出丰富多彩又互相交融之势。

一、话语理论溯源与流变

话语首先在语言学领域得以研究，后在哲学、社会学和新闻学与传播学等诸多领域被广泛论及并有不同阐释。话语理论在新闻学与传播学领域的研究应用，旨在探求新闻信息传播现象背后蕴含的精神内涵及其与权力、权利间的互动关系。

1. 社会交际：话语理论的语言学阐释

话语理论源于语言学领域。关于话语的理论研究，始于瑞士语言学家费尔迪南·德·索绪尔（Ferdinnand de Saussure）对"语言"和"言语"的区分，初成于巴赫金（Ъахтинг,МихаилМихайлович）以"超语言学"命名的话语理论，此后语言学领域不断涌现的研究成果成为话语研究的重要理论来源。

传统语言学视语言为人类信息交流的工具，因此语言学关于话语的理论研究自然就突出强调话语与社会之间的互动关系。语言学理论中，索绪尔创立的结构主义理论和巴赫金的超语言学理论对话语研究影响深远。

在 1913 年由其学生编辑出版的《普通语言学教程》中，索绪尔把人类语言分为"语言"（langue）和"言语"（parole）两个基本维度，并多方面阐述了"语言"与"言语"的对立。这种对立关系，体现了二者所具有的不同特征：语言具有社会性、潜在性和共时性，言语则具有个人性、现实性和历时性；语言具有同质性、系统性和稳定性，言语则具有异质性、非系统性和多变性。索绪尔还认为，"语言"是通过"言语实践存放在某一社会集团成员中的宝库"，是"潜存于社会个体脑子里的语法体系"❶，而"言语"则是"人们所说的话的总和"❷。因此，语言是"言语活动中的社会部分"，言语是"个人说话的行为"，具有个性化、暂时性特点❸。索绪尔反对将"言语"作为语言学研究的对象，认为"语言学唯一的、真正的对象是就语言和为语言而研究的语言"❹。索绪尔主张明确区分语言和言语的观点，对20世纪的语言学理论和话语研究产生了深刻影响。甚至有学者认为，自索绪尔之后，语言学界产生了一个普遍流行的观点，认为"语言是可以脱离使用环境独立存在的实体，要掌握语言系统中各个组成部分的性质及其相互关系，可以把句子从实际应用环境中抽象出来研究"，这导致了20世纪70年代以前，国际语言学界对话语的分析研究"淹没在崇尚机械式操作，脱离上下文对孤句进行研究的大潮之中"❺。

尽管如此，索绪尔对"言语"的论述仍是话语理论的源头。索绪尔认为，言语有口头和书面之分，并将口头的言语活动称为"话语"。他认为，"音位"只用于口说的词，"适用于内部形象在话语中的实现"❻。由此可知，索绪尔笔下的"话语"，是指有声的言语行为。这就是"话语"在学科意义上的最初含义，即口头言语为"话语"，是听者与说者在同一时空下互动的产物；书面语言为"文本"（text），是言语活动的物化和静态的存在。

巴赫金的"超语言学"理论，主张将"活的语言中超出语言学范围的那些方面"为研究对象，应该"在人们的对话交际之中，亦即在语言的真实生命之中来研究语言"❼。巴赫金的话语理论建立在将研究对象由语言置换为话语的基础之上，他主张语言哲学的研究对象只能是社会中具体的言语行为，因为语言只能存在于对话交际之中，"不论哪一种情况，'话语'都是指具体个人的言语成品……始终处于与他人话语的交往中"❽。巴赫金的话语理论，强调话语的社会性、对话性、主体性和互动性。巴赫金话语理论的核心，可归纳为"语言的生命在话语，话语

---

❶ 费尔迪南·德·索绪尔. 普通语言学教程[M]. 高名凯，译. 北京：商务印书馆，2010：35.
❷ 同❶42.
❸ 裴文. 索绪尔：本真状态及其张力[M]. 北京：商务印书馆，2003：157.
❹ 同❶323.
❺ 陈平. 话语分析说略[J]. 语言教学与研究，1987（3）：4-19.
❻ 费尔迪南·德·索绪尔. 普通语言学教程[M]. 高名凯，译. 北京：商务印书馆，1980：101.
❼ 刘富华，孙维张. 索绪尔与结构主义语言学[M]. 长春：吉林大学出版社，2003：239.
❽ 凌建侯. 话语的对话性——巴赫金研究概说[J]. 外语教学与研究，2000（3）：176.

的生命在价值,价值产生于对话,对话贯穿于文化"❶。

索绪尔将语言和言语对立起来的语言观虽屡遭批判,但其对语言和言语的区分,却为后世的语言学和话语研究开启了先河。巴赫金的话语理论,推动了20世纪中期后语言学和话语理论研究走向深入。为此,索绪尔被尊为"语言学之父",巴赫金则被尊为"话语之父"。❷

此后,还出现了美国语言学家艾弗拉姆·诺姆·乔姆斯基(Avram Noam Chomsky)的转换生成理论(transformational-generative grammar theory,TG)和英国语言学韩礼德(Halliday)的系统功能理论(systemic-functional grammar theory)等,这些语言学理论推动着话语研究进入快速发展期。时至今日,话语分析已成为"有系统、有理论、有广泛应用领域并且已经取得可观成果的语言研究方法"❸。

英国语言学家诺曼·费尔克拉夫(Norman Fairclough)对话语的阐述与巴赫金的话语理论有类似之处。费尔克拉夫强调话语与社会之间的互动关系,关注话语的历史变化。他认为,话语"根源于人们的生活方式和文化习惯,但同时也影响着人们的生活方式和文化习惯"❹;"话语不仅反映和描述社会实体与社会关系,话语还建造或'构成'社会实体与社会关系;不同的话语以不同的方式构建各种至关重要的实体,并以不同的方式将人们置于社会主体的地位";"不同话语在不同社会条件下结合起来,以建造一个新的、复杂的话语"❺。

总体来看,世界话语理论研究存在两大派别,即英美学派与法德学派。❻传统语言学特别是英美学派的话语分析,主要关注语言本身的研究,聚焦于"词汇、句法(包括言语行为)、篇章结构(包括话题、预设、暗指)、修辞格(隐喻)、叙事体、论辩形式、话轮等"❼语言现象的研究,其分析路径包括文本结构分析(含语法、语义和词汇分析等)、情境分析(含功能、心理和社会分析等),其所涉及的学科主要有语义学、语法学、语音学、语用学、符号学、认知心理学和微观

---

❶ 白春仁.边缘上的话语——巴赫金话语理论辨析[J].外语教学与研究.2000(3):162-168.
❷ 见 Podestá, Adriana. A Tribute to the Father of Discourse. 引自王永祥."语言"与"话语":两种语言哲学视角论略[J].外语学刊,2010(4):21-25.
❸ 陈平.话语分析说略[J].语言教学与研究,1987(3):4-19.
❹ 诺曼·费尔克拉夫.话语与社会变迁[M].殷晓蓉,译.北京:华夏出版社,2003:1.
❺ 同❸3.
❻ 曾庆香.试论新闻话语[D].北京:中国社会科学院研究生院,2003:3.
❼ 施旭.话语分析的文化转向:试论建立当代中国话语研究范式的动因、目标和策略[J].浙江大学学报(人文社会科学版),2008(1):131-140.

社会学等。

无论是结构主义学派还是转换生成学派的话语分析,都属于传统语言学的范畴。传统语言学的话语分析,属于非批评性话语分析(non-critical discourse analysis),究其实质基本上是传统的、封闭的语法分析。这种语法分析的不足,主要体现在四个方面:一是从以孤立的或者自造的句子,甚至是经过一番剪裁改编的实例为分析的语料;二是将注意力集中在类型(type)的异同上,对各类型实例(token)的数量一般不理会;三是把研究对象看作是一个静态的成品(static product),对成品的描述多从句子成分、句子间的关系和篇章结构层次角度进行;四是脱离具体语境分析词语句子。

话语是历史的、社会的和运动的。仅在语言内部研究话语,忽视隐藏在话语背后种种制约因素、脱离社会语境作静态式的研究,显然不能深刻揭示话语动态发展的全部图景及其内部作用机制。以法德学者为代表的欧洲学派,则走了一条与英美学派迥异的研究道路,弥补了传统语言学话语研究中的不足。

2. 解构与建构:话语理论的两次转向

20世纪50年代末60年代初,语言学界内部以美国乔姆斯基为代表的转换生成理论学派对向当时的欧美结构主义语言学派发起了挑战,且在论战中逐渐占得上风并赢得了越来越多的语言学家的青睐,实现了语言学理论的"范式革命"[1]。

受此影响,20世纪60年代末起,许多语言学者开始有意识地摒弃脱离语境的以孤立的句子为唯一分析材料的话语研究方法,转向结合语境研究"活"的话语,揭示隐藏在话语背后的意识形态、权力和其他社会因素,以及这些社会因素之间的相互影响与作用机制,等等。自此,话语分析研究进入迅速发展的快车道。

迄今为止,话语分析的理论研究大体上经历了两次转向:第一次始于20世纪70年代,以批评话语分析理论的形成为标志;第二次始于20世纪90年代,以积极话语分析的提出为标志。

(1)解构与批判:话语理论的第一次转向

一般认为,话语分析肇始于1952年泽里格·哈里斯(Zellig Harris)在 *Language* 杂志上发表的题目为 *Discourse Analysis* 的论文[2]。自哈里斯明确提出

---

[1] 陈平. 话语分析说略 [J]. 语言教学与研究, 1987 (3): 4-19.
[2] HARRIS Z. Discourse Analysis [J]. Language, 1952 (28): 1-30.

"话语分析"概念至今已有60余年,话语分析研究大致经历了萌芽期(20世纪五六十年代)、起步期(20世纪70年代)和兴盛期(20世纪80年代至今)三个主要阶段❶。

批评话语分析(critical discourse analysis,CDA),是20世纪70年代末80年代初从批评语言学(critical linguistics)❷发展而来,它形成的主要动因是对西方主流语言学和早期社会语言学的批判与反拨,也克服了上文提到的传统语言学话语分析的种种不足。

一般认为,批评话语分析是从尤尔根·哈贝马斯(Jürgen Habermas)在1973年发表的《理论与实践》一书之后开始的,哈贝马斯主张话语分析应该拿起批评的武器,把语言研究与人类的生活世界结合起来,为人类的平等而奋斗。另外,话语分析的批评转向还受到福柯的影响❸;但"批评话语分析"称谓的首次提出,却要归功于费尔克拉夫——他在《语言与权力》一书中首次使用此称谓,并于1995年出版了《批评话语分析》一书。

批评话语分析中的"批评"(critical)一词,不仅体现了西方自然科学和人文社会科学一贯提倡的怀疑精神,更凸显了批评话语分析的批判色彩。批判话语分析的基本价值取向在于,"不仅要揭示社会的不平等,更重要的是要改变这种不平等"❹。罗格·福勒(Roge Fowler)曾用十分明确的语言表明了批评话语分析的价值取向,"(批评话语分析)可理解为在特定的社会语境中,采用明显的政治立场以自我反省(self-reflective)的方式揭示社会问题,并用批评所产生的结果对社会行为、政治行为等加以改变"❺。

自20世纪70年代至今,世界范围内的批评话语研究已经形成了四大最具影

---

❶ 朱永生.话语分析五十年:回顾与展望[J].外国语,2003(3):43-50.
❷ 批评语言学是产生于20世纪80年代的一个语言学分支,重点研究语言所携带的价值系统,其主要理论依据是韩礼德的系统功能语言学理论。该理论主要从社会文化的角度研究语言,把语言视为一个社会符号系统而不仅仅是社会交际的工具,认为人们能通过这个系统实现自我社会化、交流意义,建立和维持社会机构和社会系统。批评语言学主要以语篇作为其研究的基本单位,重点研究语篇的特征与它们所属于的社会和文化结构、过程和关系之间的联系。"批评"一词在批评语言学和批评话语分析中其实并无褒贬之分,只是调查符号、意义和控制话语符号结构的社会和历史条件之间的关系的一种探索。
❸ 黄会健,等.话语分析的建设性转向——从批评话语分析到积极话语分析[J].浙江工业大学学报(社会科学版),2007(1):1-6.
❹ WODAK R, MEYER M. Methods of Critical Discourse Analysis[M]. London: Sage Publications, 2001: 9.
❺ 同❹9.

响力的学派,即福勒的批评语言学、诺曼·费尔克拉夫(Norman Fairclough)的社会文化分析、梵·迪克的社会认识分析和沃达克(Ruth Wodak)的语篇—历史分析法。❶

总的来看,批评话语分析,是用批判的视角研究话语和社会结构之间关系的相关理论和方法的总称。在哲学理论上,它吸纳了西方马克思主义理论(如葛兰西的"文化领导权和文化霸权"理论)、法国后结构主义的权力理论(如福柯的"知识权力"理论)和互文性理论(如菲斯克的"文际关系"理论)等成果;在语言学理论和分析方法上,它吸纳了"萨丕尔—沃尔夫假设"中关于语言与思维关系的假说(Sapir–Whorf hypothesis)和英国语言学家韩礼德的系统功能语法理论(systemic functional grammar theory,SFG),以达到揭示语言与意识形态相互关系的目的。

如此一来,批评话语分析就克服了传统语言学话语研究中的主要缺陷——仅将文学语篇作为研究对象,"把语言与社会割裂开来,忽视语篇及其描写的事件或过程的社会生活场景及与它们相关的历史背景"❷,而是从语言学、社会学、心理学和传播学的角度探寻权力、权利、意识形态和社会结构之间复杂的互动关系和作用机制,权力、权利、意识形态和社会结构成为批评话语理论分析的几个基本问题。

澳大利亚语言学家詹姆斯·马丁(James Martin)认为,批评话语分析"旨在探索社会中不平等现象在话语中的反映,并通过文本分析来探寻洞悉权力和意识形态的方法"❸。荷兰学者梵·迪克也认为话语与意识形态的关系是批评话语分析理论关注最多的内容,"尤其是文本(text)在灌输、保持和改变意识形态等方面的重要作用"❹。

(2)建构与和解:话语理论的第二次转向

批评性话语分析突破了传统话语分析仅限于语言学领域的局限,揭示了话语背后隐藏着的意识形态、权力及社会其他诸因素之间的作用机制,但也存在着分析过程失之主观、研究对象仅限于书面语显得狭窄、在研究的价值取向上解

---

❶ 纪卫宁.话语分析——批判学派的多维视角评析[J].外语学刊,2008(6):76–79.

❷ 辛斌.语言、权力与意识形态:批评语言学[J].现代外语,1996(1):21–26.

❸ MARTIN J R. Close Reading: Functional Linguistics as Tool for Critical Analysis[C]// In Unsworth(ed.). Researching Language in Schools and Communities: Functional Linguistics Approaches. London: Cassel, 2000:87.

❹ VAN DIJK T A. Ideology: A Multidisciplinary Approach[M].London: Sage Publications, 1998:39.

构有余而建构不足、研究结论消极多于积极等不足。在此背景下，20世纪90年代末，以多模态话语分析（multimodal discourse analysis）为代表的积极话语分析（positive discourse analysis，PDA）在西方率先应运而生。

"积极话语分析"一词，始现于1999年伯明翰批评话语分析（critical discourse analysis，CDA）国际研讨会上，澳大利亚悉尼大学语言学家马丁教授（James R.Martin）提交的 *Positive Discourse Analysis*：*solidarity/union and change* 一文中。

针对批评话语分析理论的种种不足，马丁认为语言分析不但要集中精力去解读那些含有不平等的现象的"坏新闻（bad news）"，还应该以积极的态度和视野去观察那些主张和平平等的"好新闻（good news）"。马丁等认为，仅仅满足于揭露和批判是不能解决实际问题的。因此，他们主张话语分析应该采取积极友好的态度❶。这个积极友好，不仅适用于自己和自己一方的人，而且适用于自己的对立一方，其目标在于通过这样的分析，朝着"和平语言学"（peace linguistics）的远大目标努力，最终建成一个宽松、和解、共处的人类社会❷。

在哲学基础理论方面，积极话语分析与批评话语分析是基本一致的，即都受西方马克思主义的解构理论的影响，却有着完全不同的研究出发点和动机。以马丁为代表的积极话语分析学家们和批评话语分析家们一样都受到了西方马克思主义的解构理论的影响，把语言看作是社会基础，而非上层建筑。

解构理论的两大代表性人物福柯和雅克·德里达（Jacques Derrida）的思想对批评性话语分析的影响极大。福柯认为，话语关系和话语意志与权力密切相关；在话语中，权力扮演了"真理意志"和"知识意志"的角色，权力使有些话语上升为权威话语，进而又使权威话语体制化。而德里达则指出，任何文本都存在内在矛盾，解释者的任务就是要揭露这种内在矛盾，这就是所谓的"解构"（deconstruction）。虽然积极话语分析与批评话语分析都深受西方马克思主义解构理论的影响，但二者的动机和基本出发点却是完全不同的——后者重在批评和解构，是批判性的和否定性的；前者则主张以积极向上的态度解决社会冲突，力求用积极的话语分析推动建设一个和谐美好的社会。从这个角度上看，后者是积极

---

❶ MARTIN J R. Positive Discourse Analysis：Solidarity and Change[J]. 英语研究，2006（4）：21-35.
❷ 朱永生. 积极话语分析：对批评话语分析的反拨与补充[J]. 英语研究，2006（4）：36-42.

的、建构性的。❶ 这些都表明，话语分析已经开始了由批评性向建设性的转向。

积极话语分析的基本立场是，主张话语分析采取积极友好的态度——不仅对自己和自己一方的人友好，而且对与自己的对立一方也友好，其目标在于通过这样的分析，朝着"和平语言学"的远大目标努力，最终建成一个宽松、和解、共处的人类社会。积极话语分析家们既要研究权力因素对话语的影响，更要注重社团精神。因此，"和解、一致和设计"成为积极话语分析的论述中出现频率极高的词汇。

"和解"之所以成为马丁积极话语分析的主导思想，原因是马丁本人十分推崇南非黑人解放运动领袖纳尔逊·曼德拉（Nelson Mandela）的精神境界——"既要解放被压迫者，又要解放压迫者"❷。

在分析的语料方面，积极话语分析特别重视选择"地域"（site）——不是指某个事件发生的地点，而是语篇所涉及的领域（locale of discourse）。除了社会冲突外，积极话语分析还关心外交、斡旋、谈判、会议和咨询等语篇。其中，最受重视的是那些政治性强、涉及重大社会问题的语篇，如由种族矛盾引起的人权危机等；也开始关注包含弱势群体声音的语篇。在分析方法上，积极话语分析体现出"三多"的特点：一是多模态（multimodal），即重视语言与非语言两大符号系统的意义对意识形态的作用；二是多层次（multistratal），即对语言系统的语音、词汇语法和语义等层面进行分析；三是多功能（multifunctional），即运用韩礼德的系统功能语法理论，从话语的概念、人际和语篇等功能方面展开分析。

目前，积极话语分析的研究处于初始阶段，相关研究理论和方法还有待丰富和完善。但就现有研究理论和方法来说，马丁的评价理论是其主要理论来源和分析框架。马丁的评价理论，是马丁等语言学家于20世纪90年代在系统功能语言学人际意义研究基础上创立的理论框架，是对韩礼德系统功能语言学的新发展——重点对人际意义范围中具有评价意义的态度性评价系统进行了精细的系统化分类，弥补了韩礼德系统功能语言学理论中的不足。

马丁的评价理论，将人际评价系统视为由若干个次级系统组成的宏大系统：

---

❶ 朱永生．积极话语分析：对批评话语分析的反拨与补充［J］．英语研究，2006（4）：36-42；黄会健，等．话语分析的建设性转向——从批评话语分析到积极话语分析［J］．浙江工业大学学报（社会科学版），2007，1（16）：1-6.

❷ 朱永生．积极话语分析：对批评话语分析的反拨与补充［J］．英语研究，2006（4）：36-42.

评价系统包括三大次系统，即"介入"（engagement）、"态度"（attitude）和"级差"（graduation）；这三个次系统又分别再次系统化——态度次系统化为情感、判断和鉴赏；介入次系统化为自言和借言；级差次系统化为语势和聚焦；另外，语势和聚焦又可再次系统化——语势次系统化为强势和弱势；聚焦次系统化为明显和模糊。其中，态度系统在整个系统中居于核心地位，而情感又是态度系统的核心。❶

马丁评价理论的独特之处，在于从词汇而不是从语法角度来研究评价性话语。另外，评价理论中态度系统的三个子系统——判断（judgemeint）、情感（affeont）和鉴赏（apperciation）都有积极和消极的方面，这也正是评价理论能成为指导积极话语分析的原因之所在❷。

当然，积极话语分析的理论发展还处在起步阶段，对话语意义起重要作用的许多领域尚未涉及，如隐喻作用、抽象形象作用、礼节和仪式作用等。❸另外，评价理论上的弱点还表现为，"积极话语分析的本义应该是积极批评话语分析，但马丁在提出自己的理论中没有'批评'二字"。因此，有学者指出，积极话语分析中批评的精神仍应坚持，并有必要对积极话语分析的评价标准作适当补充。在这一点上，哈贝马斯在交往行为理论中提出的话语评价标准值得借鉴。❹

到目前为止，积极话语分析主要以系统功能语言学，特别是马丁的评价理论为研究方法，同时也重视多模式（也称多模态）话语分析（multimodal discourse analysis，MDA）❺。

3. 意识形态、权力和语境：话语理论的关键词

（1）意识形态：话语的核心概念

意识形态在批评话语分析中是一个很核心的概念，很多持批评话语分析立场的学者都认同话语所具有的意识形态属性，荷兰学者梵·迪克更直言"话语是语

---

❶ MARTIN J R. Beyond Exchange：Appraisal Systems in English[C]//S HUNSTON, G THOMPSON. Evaluation in Text：authorial stance and the construction of discourse. Oxford：OUP, 2000. 转引自王振华. 评价系统及其运作——系统功能语言学的新发展[J]. 外国语，2001（6）：13-20.

❷ 丁爱兰. 浅谈积极话语分析的产生、发展及其研究状况[J]. 绥化学院学报，2009（3）：124-126.

❸ 朱永生. 积极话语分析：对批评话语分析的反拨与补充[J]. 英语研究，2006（4）：36-42.

❹ 黄会健，等. 话语分析的建设性转向——从批评话语分析到积极话语分析[J]. 浙江工业大学学报（社会科学版），2007（1）：1-6.

❺ 唐青叶. 电视民生新闻的多模式积极话语分析[J]. 外语研究，2008（4）：15-20.

言的物质性在意识形态范围的存在"[1]。而英国交际语言学家亨利·威多森（Henry Widdowson）则将批评话语分析的目的概括为"揭开掩盖着的意识形态动机"[2]。尽管意识形态是批评话语分析中的一个核心概念，但批评话语分析的不同流派对于意识形态所持的立场却不尽相同。

马克思、恩格斯和法兰克福学派把意识形态视为一个否定的概念，马克思、恩格斯指出，"意识形态是由物质生产决定的思想产物，是统治阶级有意无意用以巩固其权利和统治地位的东西"[3]。法兰克福学派沿承了这一立场，认为意识形态是为巩固和强化现存秩序服务的，具有欺骗性。路易·皮埃尔·阿尔杜塞（Louis Pierre Althusser）曾提出："在意识形态中，真实关系不可避免地被虚构关系所后掩盖。"[4]梵·迪克似乎认可这种观点，他认为话语与权势紧密相连，是阶级、群体、机构权势的直接体现，也是阶级、群体、机构成员地位的直接体现，权势控制话语的途径主要有控制话语体裁、内容和文体。

费尔克拉夫和葛兰西等则主张"意识形态"是个中性概念，是指人们安排和证明自己生活的方式。[5]费尔克拉夫认为，社会制度是由"意识形态活动的辩证组合"（ideological-discursive formations，IDF）所组成的。每个IDF与社会制度中的不同群体相联系构成了一个个"语言社区"（speech community），在这个"社区"中都有自己的话语和意识形态规范。社会制度通过强加意识形态和话语限制的方式构建意识形态和话语的双重主体。费尔克拉夫认为，IDF中的社会成员表面上是话语的主体（subject），但是在这个主体实施控制的却是社会制度及其意识形态，IDF实质上是主体（subject）之上、占据主导地位的主体。IDF利用意识形态控制话语主体的基本路径是将意识形态自然化（naturalize），使意识形态化为无形的、人们习以为常的常识之中——这样，人们就根本不会意识到自己话语中包含的意识形态属性。费尔克拉夫还分析了语言中意识形态的具体表达方式，如

---

[1] 托伊恩·A.梵·迪克.作为话语的新闻[M].曾庆香，译.北京：华夏出版社，2003：30.
[2] WIDDOWSON H. Critical practices: On representation and the interpretation of text [C]// S.Sarangi, M.Coulthard. Discourse and Social Life. Harlow: Pearson Education, 2000: 185.
[3] 辛斌.批评语言学：理论与应用[M].上海：上海外语教育出版社，2005：8.
[4] ALLEN LANNE. For Marx [M].London: The Penguin Press, 1969: 233-234.
[5] 丁建新，廖益清.批评话语分析述评[J].当代语言学，2001（4）：305-310.国内较早研究批评语言学的学者辛斌也指出，在批评话语分析者眼中"意识形态是一个中性的定义，与人们安排和证明自己的生活方式相关"。(辛斌.批评语言学：理论与应用[M].上海：上海外语教育出版社，2005：10.)

借助语言的表意功能（性别）、人际关系功能（师生）、及物性（施动者和受动者）、情态（情态动词）、语态（主动、被动语态）和分类（形容词），等等。

西方马克思主义的重要人物葛兰西也认为意识形态是中性的，是"一种在艺术、法律、经济行为和所有个体和集体的生活中含蓄地显露出来的世界观"❶。

葛兰西的文化"霸权"理论（hegemony theory，又译为"领导权"理论）对批评性话语产生了较大影响。葛兰西认为，统治阶级为了维护自己的统治，除了运用传统的国家暴力手段之外，更多地还会运用文化的力量来消除被统治阶级的抵抗，达到缓和阶级矛盾和社会冲突、巩固其统治地位的目的。葛兰西认为："一个社会集团的至尊地位以两种方式展现自身，其一是'支配'，其二是'知识和道德领导权'。"❷在葛兰西看来，这二者是有机结合在一起的，前者通过国家机器等暴力机构实现，后者则是通过文化上的霸权（领导权）得以实现，而且后者对于社会制度和秩序的存继更具影响力。文化霸权的实现，是通过精心营造将"支配集团"的阶级利益表现为自然而然、势所必然且无可争辩、人人所欲的大众利益。

葛兰西的文化"霸权"理论揭示出：大众文化和大众传媒，本质上是一种文化生产和消费机制，其实质是"霸权"的生产、再生产和转化。"霸权"得以实现的关键，不在于强迫大众违背自己的意愿和良知屈从统治阶级的权力压迫，而是让人们"心甘情愿"、积极参与，并最终被同化到统治集团的世界观中来❸。

（2）权力：话语的决定因素

最早将话语与权力联系起来的学者，是法国后现代主义哲学家福柯。在福柯的笔下，知识即话语。在此基础上，福柯提出了"话语（知识）即权力"的命题。而费尔克拉夫则在1989年最早明确地将"话语"与"权力"联系起来，并首先提出了"话语是一个行使和实现权力关系的场所"的论断❹。

福柯认为，一切事物都可归纳为权力和话语（知识），权力并不只是一种否定力量而是一种生产性的力量，是贯穿整个社会机体的生产网络，它生产快乐、知识和

---

❶ 安东尼奥·葛兰西.狱中札记[M].曹雷雨，等，译.北京：中国社会科学出版社，2000：214.
❷ ANTONI GRAMSCI. Selections From the Prison Notebooks [M].London：Lawrence and Wishart, 1971：57-58.
❸ 陆扬，王毅.大众文化与传媒[M].上海：上海三联书店，2000：37-47.
❹ 韩礼德.篇章、语篇、信息——系统功能语言学视角[J].北京大学学报（哲学社会科学版），2011（1）：137-146.

话语[1]；而且，权力和知识是在话语中发生联系的，权力和知识是直接相互连带。[2]

在福柯看来，"权力"是一个非主体化的生产性过程——把个体不断构成和塑造为符合一定社会规范的主体的过程。福柯认为，权力发生作用的奥秘在话语，即权力是通过话语发生作用的——"话语传递着、产生着权力；它强化了权力，但也削弱了其基础并暴露了它，使它变得脆弱并有可能遭到挫折"[3]。

通过对性话语（sexual discourse）的研究，福柯揭示出隐藏在人类社会深处的权力关系和知识与权力之间的依存关系。福柯指出，"如果没有话语的生产、积累、流通和发挥功能的话，这些权力关系自身就不能建立起来和得到巩固。我们受权力对真理的生产的支配，如果不是通过对真理的生产，我们就不能实施权力。换句话说，我们受真理支配，因为真理制订法律，真理生产真实的话语，这种话语至少是部分地在权力的效应的基础上裁决、发送和扩展"[4]。福柯还认为，话语是权力得以实现的条件，"通过话语和话语结构是我们把握现实的唯一途径。在此把握过程中，我们根据适用于我们的结构对经验和事件进行分类和阐释，并且在阐释过程中，我们赋予这些结构以统一性和规范性；如果置身其外，我们就难以思考"[5]。

福柯的话语权力理论所要阐明的是，权力已渗透到整个社会生活的各个领域，通过制造和生产话语和知识权力，权力使人人都受到形式不同但规范性高的"规训"，从而产生出极具浸润性和影响性的控制力——这种权力不是外露的强制手段，不禁锢人的肉体，而是借助话语和知识实现了人对自己的改造——人们按照权力提供的模式把个体塑造成主体，同时构建出各种知识和快乐；知识和快乐又规范和驯服人们的身体，使其服从并被整合到社会秩序之中。

关于话语权力与管理权力的关系，批判学派的第二代旗手哈贝马斯从公共领域的角度进行了分析。哈贝马斯认为，"话语并不具有统治功能，话语产生一种交往权力，并不取代管理权力，只是对其施加影响。影响局限于创造和取缔合法

---

[1] FOUCAULT M. Power and Knowledge[M].Brighton：Harvester，1980：216.

[2] 米歇尔·福柯.规训与惩罚[M].刘北成，杨远婴，译.北京：生活·读书·新知三联书店，1999：29.

[3] 米歇尔·福柯.性史[M].张廷深，等，译.上海：上海科学技术出版社，1999：99.

[4] 匡亚明.权力的眼睛——福柯访谈录[M].上海：上海人民出版社，1997：228.

[5] MILLS S. Discourse：The New Critical Idiom[M].London & New York：Routledge，1997.转引自贺建平.检视西方媒介权力研究——兼论布尔迪厄权力论[J].西南政法大学学报，2002(3)：65.

性。交往权力不能取缔公共官僚体系的独特性,而是'以围攻的方式'对其施加影响"❶。

此外,批评话语分析理论还阐述了语言与控制、权势之间的关系。克瑞斯和霍奇(Kress & Hodge)阐述了语言具有的社会控制功能,"(语言)不仅是交际的工具,而且是控制的工具"❷;福勒则强调了语言对权势的赋予功能,"(语言结构被用于)调节人的思想和行为,把人物、事件和物体分成类和等级以便证明某一制度和个人的地位"❸。

(3)语境:话语的社会依托

批评话语分析理论关于话语与社会二者之间关系的论述,主要体现为布尔迪厄的"场域"和社会资本的相关论述及费尔克拉夫的社会文化变迁分析之中。

布尔迪厄在其"场域"理论❹基础上,1980年提出了"社会资本"(social capital)的概念。布尔迪厄把资源视为资本,与马克思更看重资本(capital)的物质形式(material)不同的是,布尔迪厄更重视资本的非物质形式——在布尔迪厄的三大资本分类中,物质形式的经济资本仅占一席,而非物质形式的资本则包括文化资本和社会资本两类。布尔迪厄把社会资本视为一种体现体制化关系的社会网络,强调场域是个动态变化的过程,其变化的动力是社会资本。社会资本不仅是资源更是权利,行动者凭借这种权利占据场域中的某个位置进而支配场域中的资源。因此,他强调"话语是一种实践,人在实践中逐步形成话语技能,而话语并非单纯的'能说',更意味着有权利说,即有权利通过语言来运用自己的权力"❺。

梵·迪克重视个人和社会知识信仰在文本阅读理解中的作用,认为人们在研究话语时通常关注形式、意义而忽略听者或读者认知图式(structure)❻的重要性。

---

❶ 哈贝马斯.公共领域的结构转型[M].曹卫东,等,译.上海:学林出版社,1999:28.
❷ KRESS G, HODGE R. Language as Ideology[M].London: Routledge and Kegan Paul, 1979: 6.
❸ FOWLER R, HODGE R, KRESS G, TREW T. Language and Control [M].London: Routledge and Kegan Paul, 1979: 2.
❹ 场域(field),是指把各种社会关系连接起来、形式多样的社会场合或领域。场域理论认为,场域是人的活动相互作用结成的关系网络,它因人的活动而存在,有多种形式和分类,不同的场域有各自的特殊利益和作用;场域一旦形成就具有一定的相对独立性,具有社会形塑作用,能对人的心理、行为及地位等产生制约作用;场域是动态变化的,其变化的动力是社会资本。
❺ 杨善华.当代西方社会学理论[M].北京:北京大学出版社,1999:76.
❻ 梵·迪克用"超结构"(superstructure)这一术语来说明话语图式,认为"超结构"是"话语的综合性、全局性结构",受到具体的超结构范畴和规则的制约,并通过语义宏观结构(主题)和其他话语结构建立起必要的联系。(见托伊恩·A.梵·迪克.作为话语的新闻[M].曾庆香,译.北京:华夏出版社,2003:52.)

他把社会认知看作连接话语结构和社会结构的中介物,强调从认知的角度阐释话语所具有的社会性,认为"话语分析不应该只注意语法、叙事、修辞、文体或其他结构,也不应该只实验研究话语结构在记忆中的生成和理解,它还必须分析话语的社会、文化、政治功能(即语境)"❶。梵·迪克以报纸新闻为研究对象重点,提出了对话语进行宏观和微观结构分析的图式,把话语文本结构与社会实践、文本生产的意识形态相联系,把文本与文本的结构环境、宏观社会环境联系在一起,从而在实践上丰富了话语分析的内容和范围。梵·迪克新闻话语分析的最大贡献在于将外部研究转向媒介内部,即研究新闻话语本身,但也存在不足——主要表现在"分析的是话语本身的语言特点,即语音、词语、语法、语义及其整体结构特点,忽略了对话语生成过程、话语后面的意识形态和话语生成的社会、政治、文化环境等宏观方面进行分析。也就是说,它注重的只是话语微观的表层结构和表层意义"❷。为此,国内有学者提出从宏观和微观两个层面对新闻话语进行分析❸、从"结构—行动关系、国家—社会关系"两个方面赋予话语分析以宏观、动态和整体的视野❹。

费尔克拉夫对话语的社会文化分析(social-culture analysis)继承了韩礼德系统功能语言学(system-functional linguistics)的基本观点,即"语言是一种社会符号系统,语言的使用及其意义的产生都蕴含于社会语境之中"❺,又借鉴社会学理论,强调动态考察语言变化与社会文化变迁之间的互动关系。他认为,话语根源于人们的生活方式和文化习惯,又影响着人们的生活方式和文化习惯;话语不仅反映和描述社会实体与社会关系,还建造或"构成"社会实体与社会关系❻。费尔克拉夫以互文性分析为基础,提出从文本、话语实践和社会实践三个维度进行话语分析的路径(图2-1):一是文本向度,是对文本的内容和形式作语言学分析,主要涉及词汇、语法及语篇;二是话语实践向度,注重分析话

---

❶ 冯·戴伊克.中译本序[M]//冯·戴伊克.话语·心理·社会.施旭,冯冰,译.北京:中华书局,1993:3.

❷ 曾庆香.新闻叙事学[M].北京:中国广播电视出版社,2005:17.

❸ 丁和根.大众传媒话语分析的理论、对象与方法[J].新闻与传播研究,2004(1):37-42,95.

❹ 邹建达.多维视野下的新闻话语分析——兼论话语分析在中国新闻理论研究中的运用与拓展[J].云南民族大学学报(哲学社会科学版),2008(3):135.

❺ 丁建华,廖益清.批评话语分析述评[J].当代语言学,2003(4):308.

❻ 诺曼·费尔克拉夫.话语与社会变迁[M].殷晓蓉,译.中译本序.北京:华夏出版社,2003:1.

语的生产和解释过程,此向度是文本向度和社会实践向度的过渡地带;三是社会实践向度,是将话语置于具体的语境和意识形态关系之中,意在揭示话语和意识形态、社会语境三者之间的互动关系❶。这三个向度相互关联,但在分析实践中并没有固定的操作顺序之分,具体从哪个向度着手研究者可视自己的目的而定。

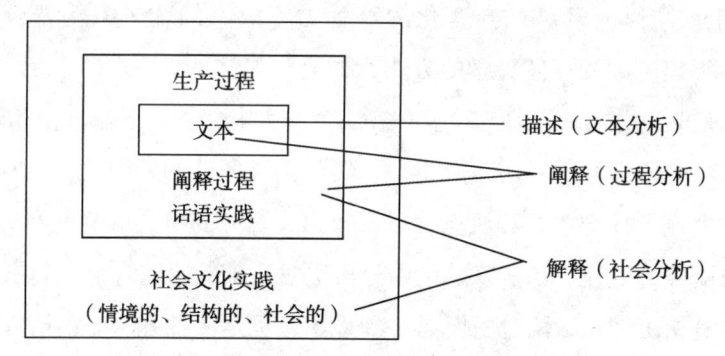

图 2-1 费尔克拉夫批评话语分析三维示意图

虽然 2003 年费尔克拉夫发展了上述的三维话语分析模式,并从关系的视角(relation approach)提出从 7 个层次进行话语分析的新模式。这 7 个层次分别是社会结构、社会实践、社会事件、抽象话语、语义、语法和词汇,以及音位和记录学❷。其中前三个层次属外部关系,语义、语法和词汇及音位和记录形式则属内部关系,抽象话语则是连接内外部关系的中介。但总的来看,费尔克拉夫的社会语境分析框架,主要是从横向层面分析话语与社会关系的,几乎没有对社会实践作纵向或历史的分析,而沃达克的话语—历史分析恰好弥补了这一缺陷。

沃达克对话语的界定与费尔克拉夫有相似之处,并把口语和书面语都定义为一种社会实践。沃达克认为,话语实践与其所处的场域之间存在着建构与被建构的关系,语境是这个建构过程中的重要因素;沃达克笔下的语境有四个层次,除包括传统的语言学意义上的两个语境之外,还存在着社会—历史意义上的语境内容——"语言外在的社会/社会学变量及其语境所涉的机构框架和更为宽泛的社

---

❶ 诺曼·费尔克拉夫 1992 年在其著作《话语与社会变迁》中首次提出了"话语"概念的三个方位——"文本、话语实践(生产、分配和消费)、社会实践"的示意图。该图可参阅诺曼·费尔克拉夫. 话语与社会变迁[M]. 殷晓蓉,译. 北京:华夏出版社,2003:68.

❷ FAIRCLOUGH N. Analyzing Discourse: Textual Analysis for Social Research [M]. London: Routledge, 2003:36.

会历史语境"❶。

沃达克强调非语言因素在话语生产与分析过程中的作用,如说话的时空情境,说话者的地位、年龄、职业,说话者心理决定因素(如文化习俗、社会阅历),等等——这些构成了话语的基本社会语境。

沃达克的话语—历史法运用了人类学和社会心理学的研究成果来解释文本生产和理解的过程,但对社会变化的解释力不够,约翰·B.汤普森(John B. Thompson)提出的"深度阐释学的方法论框架"弥补了沃达克的不足。深度阐释学方法,主张话语分析应包括三个阶段:社会—历史分析、语篇分析和阐释分析。尤其是在第一阶段即社会—历史分析中,要从话语所处的特定社会结构领域中包含的规则和惯例、社会关系和机构,以及权力、资源和机会的分配和分布等层面来考察话语语境的变迁。汤普森的话语分析法对后来的研究有很大启示。

从上述分析可知,话语分析既是一种理论,也是一种方法。话语分析自1952年诞生至今的60多年时光里,世界各地的话语分析家作出了很大努力,取得了一系列研究成果,形成了几个有代表性的学术研究群体,通过他们的努力"基本廓清了话语分析的定义、任务和对象……使话语分析从一开始就成为一门交叉学科……扩大了话语分析在全世界的影响"❷,特别是"提出了各种各样的话语分析理论和方法,通过大量实例分析,解剖了话语活动的内在规律及话语活动与意识形态和认识模式之间的关系"❸。当然,话语分析的发展也显现出自身的种种不足,主要体现在"缺乏自成一体的理论体系、缺乏明确的奋斗目标、缺乏系统的研究方法和应用的广度深度有待进一步加强"❹等方面。

就世界范围内的话语分析而言,以法德为代表的欧洲学派与英美学派在话语分析的理论与方法上存在着一定差异——法德学派的话语研究将话语视为一种社会交际事件或意义交流活动,完全避开了对话语的句法等具体语言特性的细微描述,转向集中关注话语背后的意识形态、权力和深层次的社会历史文化等因素,以及对话语的动态生成、话语的功能与效果、话语在当代社会和历史进程中的斗争等宏观层面的研究与把握。这一话语分析的理论和方法,对于揭开一向以"自

---

❶ WODAK R, MEYER M. Methods of Critical Discourse Analysis [M]. Sage Publications,2001:69.
❷ 朱永生.话语分析五十年:回顾与展望[J].外国语,2003(3):43-50.
❸ 朱永生.多模态话语分析的理论基础与研究方法[J].外语学刊,2007(5):82.
❹ 同❷43-50.

由、客观、中立"自许的西方新闻话语的真实面目，无疑十分深刻而有力。

但是，批评性话语分析也遭到了批评与非议。有学者认为，批评性话语分析过于侧重政治，过于重视批评与解构，以消极的态度影响社会；在批评过程中存在较大的主观性和随意性，等等。美国著名会话分析大师谢格洛夫（Schegloff）指出，把权力和控制关系与话语中的某些材料结合，需要某种程度的相关；只有这种相关存在，相应分析才有意义。而在批评话语分析的具体运作中，总是假定一种话语与某些语境因素相关，并把分析者的主观偏见投射到分析的语料中，分析者总是勾画出某些稳定的权力关系模式，并在一点点社会和政治常识的基础上把它们投射到话语中[1]。美国语言学家威多森则更是直截了当地指出，批评话语分析只是一种带有偏见的解释而不是一种分析。他认为，"批评话语分析没有考虑文本的多种解读方式，也没有考虑文本产生和消费的具体社会环境"[2]；"这种分析过程只是侧重某些特定的语言特征，并赋予它们一定的意识形态意义，而没有顾及它在正常的阅读过程中是如何被解读的"[3]。荷兰语言学家、荷兰蒂尔堡大学扬·布鲁马特（Jan Blommaert）教授指出批评话语分析存在着社会、时间、语言学三大维度的偏见——社会偏见，指过多关注发达国家的话语；时间偏见，指过多关注当前话语，缺乏对话语的历史批评研究；语言学偏见，则指批评话语分析过多借鉴系统功能语言学的观点[4]。

另外，传统的话语分析在研究对象上也存在一定不足，即"基本上都是以语言为研究对象，只注意到语言系统和语义结构本身及其与社会文化和心理认知之间的关系，忽视了图像、声音、颜色、动漫等其他意义表现形式"[5]。

（4）折中：话语分析的多模态整合

多模态话语分析（multimodal discourse analysis）于20世纪90年代在西方兴起，并成为积极话语分析中影响较大的话语分析方法。其兴起的原因主要是，以

---

[1] SCHEGLOFF E. Whose Text? Whose Context? [J]. Discourse and Society, 1997（8）：165–187. SCHEGLOFF E. Text and Context Paper [J]. Discourse and Society, 1998（3）：4–37.

[2] WIDDOWSON H G. Discourse Analysis: A Critical View [J]. Language and Literature, 1995（4）：169.

[3] WIDDOWSON H G. Critical Practices: On Representation and the Interpretation of the Text [C] // S SARANGI, M COULTHARD. Discourse and Social Life. London: Longman, 2000：166.

[4] BLOMMAERT J. Discourse: A Critical Introduction [M]. Cambridge: Cambridge University Press, 2005：34–38.

[5] 朱永生. 多模态话语分析的理论基础与研究方法 [J]. 外语学刊, 2007（5）：82.

往话语分析基本上以书面语言为研究对象,"只注意语言系统和语义结构本身及其与社会文化和心理认知之间的关系,忽视了诸如图像、声音、颜色、动漫等其他意义表现形式,使得话语分析带有较大的局限性"❶。"模态",是指交流的渠道和媒介,包括语言、技术、图像、颜色、音乐等符号系统。多模态话语,是指"运用听觉、视觉、触觉等多种感觉,通过语言、图像、声音、动作等多种手段和符号资源进行交际的现象"❷。

多模态话语的产生,得益于人类生命机体所含有的不同感知模态。生命和生物科学的研究表明,人类的生命有 5 种不同的感知通道(sensory channel),即视觉、听觉、嗅觉、味觉和触觉通道。与这 5 种感知通道相对应,人体产生了 5 种不同的交际模态。其中,与话语分析关系最密切的是视觉和听觉 2 个模态。

多模态话语,其实质是人类感知通道在话语交际中的综合运用。由此,也产生了判断多模态话语的两个基本标准:一是看话语涉及的模态类别,即话语的载体种类;二是看话语涉及的传播符号系统类别。

从理论基础来看,多模态话语的主要理论基础仍是韩礼德的系统功能语言学理论。细而言之,主要是吸收了系统功能语言理论中的以下几方面的理论内涵:一是社会符号和意义潜势观的观点,认为语言以外的其他符号系统也是意义的源泉;二是系统论的观点,认为多模态话语具有系统性;三是纯理功能假说,认为多模态话语具有多功能性,即概念、人际和语篇功能;四是语域理论,认为多模态话语的意义解读与语境之间存在紧密联系。❸

历史地看,罗兰·巴特(Roland Barthes)在 1977 年发表的论文《图像的修辞》算是多模态话语研究最早的研究成果之一,后来冈萨·克雷斯(Gunther Kress)等对多模态话语开展了诸多层面的研究。目前,国际上形成了社会符号学流派、交互社会学流派和认知学流派三大较活跃的流派。

多模态话语研究在很大程度上带有折中主义的色彩❹。马丁曾以系统功能语言学理论框架为蓝本,分析了构成多模态话语研究框架的五大层面的内容:文化层

---

❶ 朱永生. 多模态话语分析的理论基础与研究方法[J]. 外语学刊,2007(5):82-86.

❷ 张德禄. 多模态话语分析综合理论框架探索[J]. 中国外语,2009(1):24-30.

❸ 同❶82-86.

❹ 辛志英. 话语分析的新发展——多模态话语分析[J]. 社会科学辑刊,2008(5):208-211.

面、语境层面、意义层面、形式层面和媒体层面❶。

我国学者张德禄则根据韩礼德的系统功能语言学理论及相关研究成果，提出了多模态话语分析的综合理论框架（图2-2）❷。张德禄认为，在框架所提到的四大层面中，文化层面被认为是使多模态交际成为可能的关键。而目前多模态话语研究的重点仍然是不同模态的形式特征和它们之间的关系。

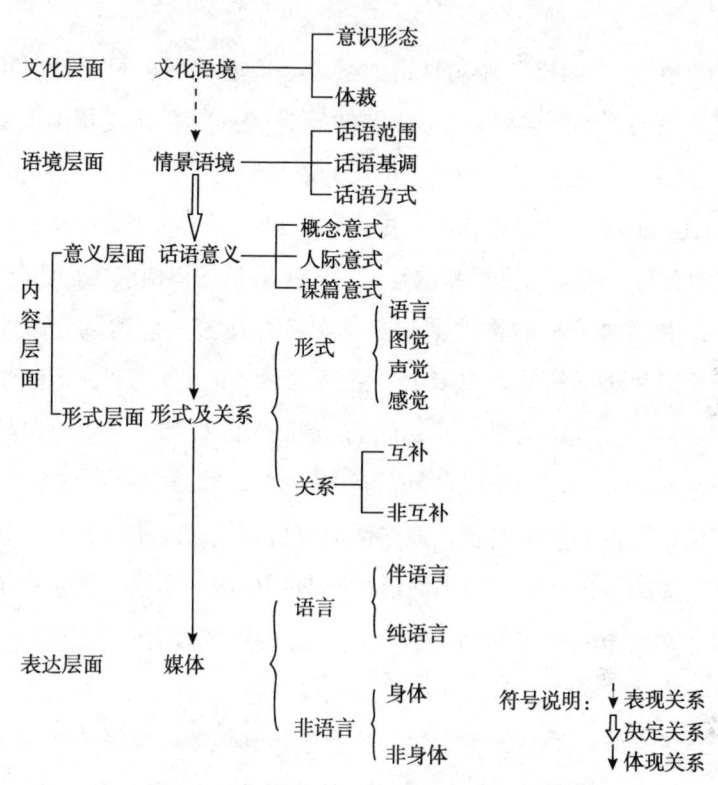

```
文化层面 —— 文化语境 ┬ 意识形态
                    └ 体裁
语境层面 —— 情景语境 ┬ 话语范围
                    ├ 话语基调
                    └ 话语方式
内容层面
  意义层面 —— 话语意义 ┬ 概念意式
                      ├ 人际意式
                      └ 谋篇意式
  形式层面 —— 形式及关系 ┬ 形式 ┬ 语言
                              ├ 图觉
                              ├ 声觉
                              └ 感觉
                       └ 关系 ┬ 互补
                              └ 非互补
表达层面 —— 媒体 ┬ 语言 ┬ 伴语言
                       └ 纯语言
                └ 非语言 ┬ 身体
                         └ 非身体

符号说明：↓表现关系
         ⇓决定关系
         ▼体现关系
```

图 2-2　多模态话语分析综合框架示意图

二、话语理论的基本内涵

1. 话语的含义辨析

从词源上看，"话语"（discourse）源于拉丁语"discursus"，而"discursus"又来源于动词"discurrere"，有"到处跑""前后运动或往返运动"之意；一个"话语"就是一个非规定的闲谈或表达（utterance）。

---

❶ MARTIN J R. English Text：System and Structure[M].Amsterdam：John Benjamins，1992.
❷ 张德禄. 多模态话语分析综合理论框架探索[J]. 中国外语，2009（1）：24-30.

通过对话语分析理论基础的梳理，我们可以知道，话语学者对"话语"一词的概念有着十分多元又不无道理的解读，以至于费尔克拉夫都坦言，"话语是一个棘手的概念，这在很大程度上是因为存在着如此之多的相互冲突和重叠的定义，它们来自各种理论的和学科的立场"❶。也有学者认为，"话语"概念是现代批评理论中"用法变化最大、使用范围最广、定义繁复多样、意义至关重要的一个术语"❷。

在语言学领域，"话语"最初是指"听者和说者共现于同一时空并存在着互动的口语"❸，而书面语则被称为"文本（语篇）"（text），后来受德国接受美学的影响，"话语"被视为"是以口语和文本出现的语言形式"❹。因此，语言学研究中的"话语"（Discourse），通常是指比语言更小、比句子更大的语言结构，它具体指实际语言运用中具有一定交际目的和内容及形式上完整的口语或书面语句单位。❺

在对话语和话语分析的称谓上，西方学者存在着一些地域分布的色彩。例如，英国、美国和法国的学者大多用"话语"和"话语分析"，德国学者则习惯使用"文本"和"文本语言学"（text linguistics）的称呼，主要原因是"德语中没有话语（Discourse）这个词语"❻。值得注意的是，德语中的"文本"虽与英文、法文中的"话语"指同一个内容，但在话语分析理论研究中，文本与话语的区别仍然是十分明显的，即文本仅指书面语而不包括口语；话语，则包括了书面语和口语。所以，在语言学领域的话语研究中，文本只是话语的一个组成部分而已，只有当话语仅指文本时，二者的外延才是一致的。

除了语言学家外，哲学、政治学、社会学等其他学科领域的诸多学者也纷纷给出了自己的界定。后者的界定受法国后现代主义哲学家福柯的影响较大，主张将权力、意识形态和语境等社会实践结合起来界定话语内涵，形成了分支众多的批判话语分析学派。他们对话语的界定已经从语言的表层触及其内核，即权力、利益、权利和意识形态等。

---

❶ 费尔克拉夫.话语与社会变迁［M］.殷晓蓉，译.北京：华夏出版社，2003：3.
❷ 陈永国.话语［J］.外国文学，2002（3）：28-33.
❸ 李幼蒸.理论符号学导论［M］.北京：社会科学文献出版社，1999：120.
❹ HARTLEY JOHN. Understanding News［M］.NewYork：Methuen & Co.，1982：4.
❺ 刘学义.话语权转移——转型期媒体言论话语权实践的社会路径分析［M］.北京：中国传媒大学出版社，2008：13.
❻ 同❸360-361.

福柯于 1970 年在法兰西学院的就职演讲（即后来出版的《话语的秩序》）中首次将权力引入话语，讨论了话语（知识）与权力的关系。在福柯看来，"话语意味着一个社会团队依据某些成规将其意义传播于社会之中，以此确立其社会地位，并为其他团队所认识的过程"❶。梵·迪克在 1988 年出版的《作为话语的新闻》一书中明确提出，话语是"基于意识形态的一种表述，是语言的物质性在意识形态范围的存在"❷；1990 年他又在《话语·心理·社会》一书中提出，"话语与权势紧密相连，是阶级、群体、机构权势的直接体现，也是阶级、群体、机构成员地位的直接体现。权势通过话语体裁、内容、文体的不同控制程度而直接行使、表达出来"❸。费尔克拉夫则在 1989 年出版的《语言与权力》一书中首先提出了"话语是一个行使和实现权力关系的场所"的论断。而政治学家们则认为，"话语"已经演绎为"一种权力秩序的表达"❹，"因为行动而非事实才能对决策最终发挥作用，因此话语天然是政治的"❺。

总的来看，社会学家和批评话语学派认为，话语是特定历史阶段产生的与社会实践关系密切的陈述，是社会生活的重要组成部分——社会实践是社会生活中的一种构型（configuration）❻；话语是社会实践中的一个重要元素，并与其他社会元素之间存在着辩证的互动关系。对于话语的外延，也经历了一个发展延伸的过程。传统的语言学和批评话语分析将语言符号作为研究重点，而多模态话语分析则将影像、声音、色彩等非语言符号也纳入话语研究的范围内。

本书中的"话语"，主要是指电视新闻节目某个特定主题或目标所表现的文本内容与呈现方式，包括口头、文字及画面等表现其他方式。本书认为，话语体现在权利与权力两个层面，与社会意识形态、人们的社会地位、利益诉求、生活方式、文化习惯及社会变迁的关系密切相关。

---

❶ 王治河.福柯[M].长沙：湖南教育出版社，1999：159.
❷ 托伊恩·A.梵·迪克.作为话语的新闻[M].曾庆香，译.北京：华夏出版社，2003：30.
❸ 冯·戴伊克.话语·心理·社会[M].施旭，冯冰，编译.北京：中华书局，1993：170-171.
❹ 张凤.政治哲学关键词[M].南京：江苏人民出版社，2006：343.
❺ 查尔斯·福克斯，休·T.米勒.后现代公共行政——话语指向[M].北京：中国人民大学出版社，2002：11.
❻ "构型"（configuration），本是个科技术语，指物质内部分子中原子的排列方式，或物体内部的结构、形状、配置和布局等；运用到社会学中，则强调社会各组成要素在整个社会体系中的结构布局、作用功能及相互间存在的辩证关系。

2. 话语的基本属性

属性，是指事物本身固有的、有别于其他事物的性质。话语分析的相关理论虽十分繁杂，对话语的界定也莫衷一是，但依据话语活动的基本要素我们仍可梳理出自成一家的5种不同取向的话语观：一是文本取向的话语观，侧重话语文本的语言学分析；二是心理取向的话语观，侧重话语主体认知和理解的心理学分析；三是本源取向的话语观，侧重话语纵向历史发展及其结构性规律的人类学话语分析；四是权力取向的话语观，侧重话语的社会语境、意识形态、文化等深层次权力话语分析；五是综合取向的话语观，主要综合了文本取向和权力取向话语分析的框架与方法，侧重于话语展开横向的分析研究。

对新闻传播领域影响较大的主要是文本取向、权力取向和综合取向的话语观和话语分析方法，特别是综合取向的话语分析"正方兴未艾，并对新闻传播的话语分析产生了直接而重大的影响"[1]。由于不同取向的话语研究对话语属性的阐述体现出"横看成岭侧成峰"的多样性，立足新闻学与传播学的学科特点，本书认为话语的基本属性有：信息符号的表意属性、意识形态的权力与权利属性和社会实践的时代语境属性。

（1）话语具有信息符号的表意属性

新闻传播中的话语，首先表现为各种形式的信息符号，承载着传递信息的表意属性，具备符号的能指和所指两大基本功能。信息符号具有语言符号，如书面文字和口语等，也有非语言符号，如音色、音调、颜色、图片、漫画、配乐及电视画面中的景别、影调、光线等的运用与处理等。另外，新闻传播中的信息符号还有人造符号与自然符号之分，人类的语言及经过人工行为改造后的符号都是人造符号，而自然界原本就有且未被人工改造过的符号则是自然符号。新闻传播中的话语表达，是语言符号和非语言符号、人造符号和自然符号的有机组合——这种组合具有明显的表意性。在新闻学中，这种表意性往往被阐述为"发布新闻、引导舆论、服务社会、刊登广告"等；在传播学中，这种表意性则被阐述为"监视环境、赋予地位、传承文化、提供娱乐"等。

（2）话语具有意识形态的权力与权利属性

虽然不同的学者对意识形态有着截然不同的理解，如有的学派视之为否定性

---

[1] 赵为学. 论新闻传播学话语分析理论的建构[D]. 上海：上海大学，2007：29.

概念，有的学者则视之为中性概念[1]，但自从批评语言学派诞生之后，话语的意识形态属性已经成为话语理论与分析的核心概念之一。

英国哲学家伯特兰·罗素（Bertrand Russell）认为，权力是社会科学中的基本概念；社会动力学的规律，只能用权力来说明。罗素把权力界定为"若干预期结果的产生"，并认为"权力是一个量的概念"，权力存在多种形态和划分方法。他高度重视舆论宣传的重要性，指出"舆论是万能的，其他一切权力形态皆导源于舆论……可以说在一切社会事务中，舆论是最终的权力"[2]。

福柯将"权力"概念引入"话语"（知识）及葛兰西的"文化领导权和霸权"理论提出之后，隐藏在话语背后的意识形态的权力属性被揭露出来，甚至连一度十分纯粹的语言学家也自觉地吸纳了这一观点，从而形成了综合取向话语分析观，其中费尔克拉夫和梵·迪克的成就最为突出。在福柯看来，权力并不只是一种否定力量，而是一种生产性的力量，是贯穿整个社会机体的生产网络[3]。此外，权力还是一个非主体化的生产性过程——把个体不断构成和塑造成为符合一定社会规范的主体的过程，而且权力发生作用的奥秘就在话语——"话语传递着、产生着权力，强化了权力……"[4] 在现代话语理论中，"话语"已经演绎为"一种权力秩序的表达"[5]。

英国社会学家安东尼·吉登斯（Anthony Giddens）认为，意识形态是统治结构合法化的工具，是行使权力保障和掩饰局部利益的媒介。吉登斯还深入阐述了意识形态和权力的互动机制——意识形态和权力是通过含义结构产生和再现的[6]。这种含义结构，就是统治者用来维护自己利益的符号体系、符号结构和符号秩

---

[1] 与马克思、恩格斯认为意识形态"是统治阶级有意无意用以巩固其权利和统治地位的东西"的否定性观点不同，以葛兰西和费尔克拉夫等为代表的学派则认为，意识形态是个中性的概念。葛兰西认为，意识形态是"一种在艺术、法律、经济行为和所有个体和集体的生活中含蓄地显露出来的世界观"。（安东尼奥·葛兰西.狱中札记[M].曹雷雨，等，译.北京：中国社会科学出版社，2000：214.）费尔克拉提出，"我将意识形态理解为现实（物理世界、社会关系、社会身份）的意义/建构，这被建构话语实践的形式/意义的各种向度之中，它也致力于统治关系的生产、再生产或改变"。（费尔克拉夫.话语与社会变迁[M].殷晓蓉，译.北京：华夏出版社，2003：81.）

[2] 伯特兰·罗素.权力论：新社会分析[M].吴友三，译.北京：商务印书馆，1991：4, 23, 97.
[3] FOUCAULT M. Power and Knowledge[M].Brighton：Harvester，1980：216.
[4] 米歇尔·福柯.性史[M].张廷深，等，译.上海：上海科学技术出版社，1999：99.
[5] 张凤.政治哲学关键词[M].南京：江苏人民出版社，2006：343.
[6] 丹尼斯·K.姆贝.组织中的传播和权力：话语、意识形态和统治[M].陈德民，等，译.北京：中国社会科学出版社，2000：93.

序，这种符号体系又反过来产生、再现和维护某些利益群体的统治地位。吉登斯认为，"分析符号秩序中的意识形态……就要考察含义的结构是如何调动，从而使统治集团的局部利益合法化"；"考察意识形态就要反映符号秩序是如何在日常生活的'活生生的经验'中维持统治形式的……从这一角度考察意识形态就要识别将含义同合法性联系起来以巩固统治者的利益的最基本的结构要素"❶。

与意识形态的权力属性紧密相连的，是话语的权利属性（即话语权）。这是由"话语"与"意识形态""权力"和"权利"四者的必然联系所决定的。法国社会学家布尔迪厄强调话语的权力与权利属性的统一，认为"话语并非单纯的'能说'，更意味着有权利说，即有权利通过语言来运用自己的权力"❷。因此，话语的"权利"和"权力"属性都是话语的意识形态的表现方式，二者互为表里——前者是后者的具体体现，后者则从深层次制约着前者。研究新闻传播中的话语，"实际上是研究传播活动中的权力关于意识形态的背景"❸。新闻话语，是新闻传媒报道新闻事实的意化性语句，从本质上看既是媒介意识社会化了的语言，又是某种意识形态、思想范式的特定表现，往往和人们的政治、经济、文化等各种利益交织在一起。因此，新闻话语绝不只是传递信息的符号工具，更是各种社会力量争夺权力和权利的意识形态角斗场。巴赫金曾明确提出，"话语永远都充满着意识形态或生活的内容和意义"❹。

（3）话语具有社会实践的时代语境属性

强调话语具有社会实践的时代变迁性，实质是强调话语的社会语境属性。语境就是话语赖以存在的背景或环境。梵·迪克认为，话语的语境应从广义上进行理解，即语境应该指话语互动赖以发生、语言表达得以理解的整个社会环境❺。沃达克把语境划分为历史和社会两大部分，前者指对当下所用语言作历史梳理，后者则是对特定文本作宏观社会环境分析。

新闻媒体中的话语最能体现社会现实的时代变迁性，具有强烈的语境性，这

---

❶ GIDDENS A. Central Problems in Social Theory [M]. Berkeley: University of California Press, 1979: 188, 191–192.
❷ 杨善华. 当代西方社会学理论 [M]. 北京：北京大学出版社，1999: 76.
❸ 斯蒂芬·李特约翰. 人类传播理论 [M]. 史安斌，译. 北京：清华大学出版社，2004: 15.
❹ 巴赫金. 巴赫金全集：第5卷 [M]. 石家庄：河北教育出版社，1998: 416.
❺ VAN DIJK. Text and Context: Explorations in the Semantics and Pragmatics of Discourse [M]. London: Longman, 1977: 138.

是由新闻媒体传播信息资讯的时效性要求所决定的。话语与社会实践的时代变迁之间存在着双向互构（inter-construction）的关系，一方面，话语是社会实践和社会时代变迁的产物，它反映和折射着社会实践的时代变迁；另一方面，当特定的话语成为流行趋势并为社会普遍接受形成一个新的社会习俗之后，新的话语又能构建新的社会现实与实践，形成新的话语秩序和社会习俗。话语的社会实践和时代变迁性，也催生了话语的历史文化性。

巴赫金的话语理论较早地强调话语的社会实践性。巴赫金认为，一切表述都具有对话性[1]，也就是说，一切话语都是对他人而发的交流过程，具有社会性。巴赫金还从话语的互动性、语境性等方面进一步说明了话语的社会实践性。

例如，巴赫金认为，"意义是说话者与听话者凭借语音综合体相互作用的结果"，"话语的含义完全是由它的上下文语境所决定的"[2]。布尔迪厄强调话语是一种实践，人在实践中逐步形成话语技能[3]。梵·迪克重视个人和社会知识信仰在文本阅读理解中的作用，他把社会认知看作连接话语结构和社会结构的中介物，强调从认知的角度阐释话语所具有的社会性，认为"话语分析不应该只注意语法、叙事、修辞、文体或其他结构，也不应该只实验研究话语结构在记忆中的生成和理解，它还必须分析话语的社会、文化、政治功能"[4]。

费尔克拉夫十分强调话语具有的社会实践性和时代变迁性。在其代表作《话语与社会变迁》中，费尔克拉夫集中展示了自己的核心思想——"我的意图是把语言作用当作社会实践的一种形式……首先，话语既是一种表现形式，也是一个行为形式——以这种形式，人们有可能对这个世界产生作用，特别是与这个世界彼此产生作用……第二，在话语和社会结构之间存在一种辩证的关系……话语实践在传统方式和创造性方式两方面都是建构性的：它有助于再造社会本身……它也有助于改变社会"[5]。

据此可知，费尔克拉夫的核心观点是，话语不仅具有建构性而且是随着社会时代变迁的，话语与社会的时代变迁之间存在着互构关系。此外，沃达克也强调

---

[1] 巴赫金.巴赫金全集：第4卷[M].石家庄：河北教育出版社，1998：195.
[2] 巴赫金.巴赫金全集：第2卷[M].石家庄：河北教育出版社，1998：456，428.
[3] 杨善华.当代西方社会学理论[M].北京：北京大学出版社，1999：76.
[4] 冯·戴伊克.中译本序[M]//冯·戴伊克.话语·心理·社会.施旭，冯冰，译.北京：中华书局，1993：3.
[5] 诺曼·费尔克拉夫.话语与社会变迁[M].殷晓蓉，译.北京：华夏出版社，2003：58-60.

话语的社会实践性，认为话语实践与其所处场域之间存在着互构关系，而语境是这个建构过程中的重要因素。

3. 新闻话语的基本特征与分析路径

特征，是指某事物可供识别的有别于其他事物的特殊的征象或标志。事物的属性与特征之间存在着互为表里的关系，即事物的属性是内在的、本质的；特征则是外在的、表面的；事物的特征服从并体现着事物的属性。新闻有广义与狭义之分，狭义的新闻是指以纯消息体裁形式呈现出来的新闻；而广义的新闻，则包括了体现明显观点倾向的评论。本书在谈及新闻话语时，以狭义的新闻（消息）为主，不包括评论类的内容（节目、栏目）。

梵·迪克根据新闻中常见的倒金字塔式写作模式绘制出新闻话语的假设性结构图式，并认为"这些新闻图式确实存在……广泛的实证研究已经证明新闻话语一般具有这些图式范畴"❶。该结构图（图 2-3）❷ 能较好地反映新闻话语的外部结构特征，也成为对新闻报道进行批判性话语分析的常用路径。

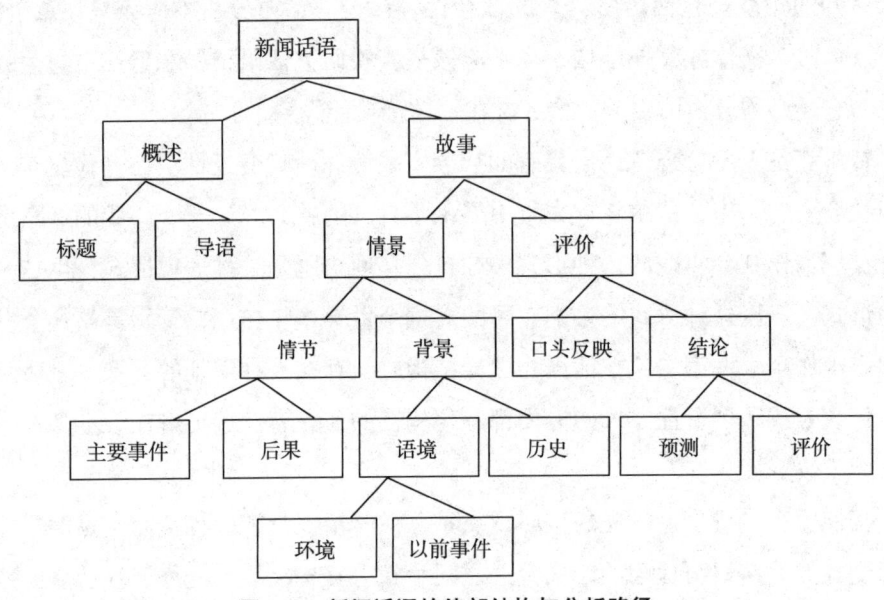

图 2-3 新闻话语的外部结构与分析路径

梵·迪克绘制新闻结构图意在表明，新闻话语在叙事和制作上存在着排序策

---

❶ 托伊恩·A.梵·迪克.作为话语的新闻[M].曾庆香,译.北京：华夏出版社,2003：57-58.
❷ 同❶57.

略——不连贯地实现其整体范畴,其基本策略是先从左自右地叙述每一范畴的高层次信息,然后才表述各范畴更低层次的信息[1];而在结构图式背后却深含着话语的意识形态属性。根据梵·迪克的研究,新闻话语除明示表达之外,还存在着隐含、预设、暗示和联想等几种隐讳表达;隐讳表达中隐含的意义和事先假定相当隐讳,对它们进行分析需要大量的社会和政治知识。新闻话语中的隐讳表达具有两方面的作用:一是可以表达思想倾向;二是需要分析人员具备指出这种思想倾向的能力。这样就达到使新闻话语中的思想倾向更不为人察觉的、隐藏得更深的目的。另外,隐讳表达中存在着正面、中立和反面三种不同的意义,这三种不同意义的隐讳表达通常与不同的对象相联系——反面意义的隐讳表达通常和社会、政治上的他者联系,而中立或正面意义的暗示常用来形容和描绘己方的行为[2]。

在阐述新闻话语的风格时,梵·迪克强调了新闻话语的风格是语境的标示,是新闻事实的非个人化表达。梵·迪克将"风格"定义为"说话人的社会特征和说话场合中社会文化的具体特征的显现形式或标志",认为"新闻报道的风格受到其传播语境的限制",新闻话语只是记者根据其日常工作和隐含的思想意识发出的其"所属机构的声音,而非个人的声音"[3]。此外,梵·迪克还从理论和实践层面探讨了新闻话语的加工与制作,这些都有助于我们更好地把握新闻话语的基本特征。

第三节 公共服务理论与话语理论的关联和运用

话语理论与公共服务理论虽然有着完全不同的学科理论来源和分析路径,但二者有着共同的价值取向,即追求公正和正义。具体而言,公共服务理论,在本书中居于主导地位,目的在于构建起有利于我国农民群体平等享有话语表达权、维护自身权益的公平电视制度;话语理论,为本书提供了理论依据和具体可行的分析路径。

---

[1] 托伊恩·A.梵·迪克.作为话语的新闻[M].曾庆香,译.北京:华夏出版社,2003:58.
[2] 同[1]73.
[3] 同[1]74,76–77.

一、公共服务与话语分析理论的关联

本书将公共服务和话语理论作为指导性理论和分析方法的主要原因在于，二者具有共同的价值取向，即维护社会平等、追求社会公正。

公共服务理论强调政府及其公共组织等服务主体向区域内全体社会成员提供无差别的、均等的公共服务。20世纪以后，强调政府及社会公共组织在公共服务中的主体地位、强调社会制度设计中的公平正义、让全体社会成员平等共享社会发展成果，已经成为当前世界政治哲学和政府决策与管理的终极追求。公民的话语权是公民各项合法权益中的一项基本权益，让公民在电视新闻话语中平等享受话语权、维护社会公平正义，是电视新闻媒体提供公共服务的基本内容和职责。

话语理论中的批评话语分析和积极话语分析，虽然两大流派有着不同的理论和分析路径，其哲学基础和基本任务却具有共同之处，即都以西方马克思主义作为其哲学基础，认为话语背后隐藏着权力、权利和利益等意识形态属性，都以"追求社会公正与交际自由"[1]作为话语分析共同的目标任务。两大流派最大的区别在于，从解构和建构两个不同的维度分析大众新闻媒体中的日常话语呈现与表达。本书认为，二者之间存在着殊途同归之妙——积极话语分析意在正面建构，是为"立"；而批评话语分析则重在关注社会现实中的不平等和不公正现象，表面看来是在"破"，而其实质则是在"立"——通过发现社会现实中的不平等、不公正，并致力于发现改进这种不平等不公正的方法。

二、公共服务与话语分析理论在本书中的运用

1. 公共服务理论：国内新闻话语创新的指导

与私人产品和服务相比较，公共服务的本质在追求"公平正义"，具有受益的非排他性、消费的非竞争性、效用的不可分性、使用的不可避性和供给的非排除性等基本特征。公共服务需要国家和相关社组织具有哲理层面认同和实践层面的理论建构与制度安排。

我国的电视新闻话语的基础理论是"喉舌论"，基本内涵是视电视等新闻媒体为党和政府的"耳目喉舌"、群众的"宣传者与组织者"，十分强调电视新闻

---

[1] 刘立华. 批评话语分析概览 [J]. 外语学刊, 2008 (3): 102–109.

的舆论导向。在这一理论的指导下，我国电视新闻话语呈现出十分明显的意识形态宣传色彩。我国对新闻媒体的认识与管理经历了不断改革完善的过程。改革开放以来，特别是20世纪90年代中期之后，在坚持新闻媒体舆论导向正确的前提下，我国新闻媒体品种不断丰富，中国共产党领导下的传统主流媒体、市场化运作的都市类媒体及互联网、手机等新兴媒体都得到了迅速发展，各类媒体公共服务与话语创新实践呈现出明显的多样化、小众化、专业化和品牌化的发展态势，但基本处于自发状态，急需理论的指导，以便使国内新闻媒体的公共服务与话语创新尽快由自发阶段走向自觉阶段。英国的BBC和美国的公共电视网（PBS）等国外新闻媒体在公共服务与话语创新方面的有益探索，可为我国新闻媒体提供启示和借鉴。

"喉舌论"，是中国共产党在夺取政权和执政初期基于当时社会现实和社会管理的产物。进入21世纪后，随着国内外形势的发展变化，2002年党的十六大之后明确提出了"完善政府的公共服务职能"、打造"服务型政府"等全新的论断，标志着党的执政思维和理念的转型。在此背景下，2004年起我国广电总局也提出了建设广播电视公共服务体系的奋斗目标，并开展了一系列研究与实践。所有这些都表明，公共服务已经成为当前我国电视理论和制度创新的目标。

本书运用公共服务理论指导关于媒介新闻话语创新，意在强调国内新闻理论和制度创新中的公共服务，特别是新闻报道在日常话语的呈现中，应尊重包括农民在内的社会群体的话语权，维护他们的合法权益，并且在国家宏观管理体制和媒体内部管理机制上给予必要的制度性安排。

2. 话语分析：媒介话语分析与重构的路径

话语分析，既可视作理论，也视作分析路径。话语分析理论中的批评话语分析重在"破"，积极话语分析则重在"立"，其目的都是维护公平正义，二者犹如硬币之两面。运用话语分析理论，采取定量和定性研究方法，有助于探讨电视理论和制度创新的现实路径。

对新闻报道中农民等群体的话语表达现状进行分析时，运用批评性话语分析的理论，能深刻揭示电视新闻中的话语主体、话语内容、话语方式、新闻话语与农民利益诉求之间的吻合度、这些电视新闻话语背后的社会历史、文化、制度等语境因素，以及这些因素对电视新闻话语的生产、传播、反馈等诸环节产生的影响。

我国新闻话语表达的现状，是特定历史时期国家媒介宏观管理现实需要的产物，有其生成与存在的合理性，也有必要随着社会进步进行适当改革以利于新闻媒体履行公共服务职责、促进和维护社会公平正义。为此，应以公共服务理论为基础，借鉴积极性话语分析的理论和方法，克服现有体制机制中的弊端，构建起以政府和电视媒体为责任主体、以公平正义为价值取向、在信息内容和表达渠道等层面都有利于农民等群体的电视话语表达机制，推动社会和谐与稳定发展。

第三章

国内农业新闻公共服务与话语特征

当前国内主流媒体中农业新闻具有怎样的话语特征、改进空间与路径何在，这是本章拟重点解答的问题。本章遵循"由个别到一般"的研究思路，通过对《聚焦三农》和《农民日报》等典型个案的研究（内容分析与话语分析），达到以点带面地分析并解答上述问题的目的。

第一节 农业新闻研究的开展与实施

个案研究是以某一特定的人物、事件或组织为研究对象，通过广泛搜集各种资料、综合运用各种方法（包括质的方法和量的方法）和分析技术，对复杂情境中的现象进行深入探究的研究方法，具有整体性、经验理解和自然类推等特点并要求个案选择具有典型性和代表性。

内容分析是基于定性基础上的量化分析，话语分析是基于文本基础上的质化分析，二者均对相关研究的素材和实施操作有明确要求。因此，本节主要涉及个案研究的步骤、方法与路径，以利于后期研究的开展。

一、样本的选择与确定

个案样本的选取在个案研究法中具有重要意义。关于个案样本的选择，斯特克指出，首要标准是能从样本中获得最大的信息[1]，罗伯特·殷建议坚持"关键

---

[1] EARL BABBIE. The Practice of Social Research [M]. Fifth Edition. Belmont, CA: Wadsworth, Inc, 1989: 254.

性、独特性和启示性"[1]的原则来确定个案研究的样本。据此，本书选择中央电视台七套《聚焦三农》栏目和《农民日报》作为研究个案。

1. 样本的选择

《聚焦三农》栏目是中央电视台目前唯一的"三农"新闻类节目，由农业部农业影视中心主办，于2003年10月开播，是国内连续播出历史较长的农业电视新闻栏目。该节目定位明确——紧跟"三农"领域热点话题，聚焦社会关注、农民关心、群众爱看的"三农"重点、难点和焦点。

《农民日报》，原名《中国农民报》，最初创刊于1980年4月6日，是我国历史上第一份面向全国农村发行的中央级综合性日报，由中共中央农村政策研究室和国务院农村发展研究中心主办。1985年，《中国农民报》更名为《农民日报》。

1989年，农民日报社建制划归农业部，《农民日报》作为全国性、综合性的中央级报纸，原有的定位与功能不变。经过近40年的发展，《农民日报》在农业和农村工作系统广大干部职工和县乡领导及农民中的知名度较高。

之所以选择《聚焦三农》与《农民日报》，主要出于以下四个理由：①从主办单位看，二者的主办单位平台较高，为其新闻话语的全局性和权威性提供了必要保证。②从覆盖范围看，二者均可通过传统或新兴媒介做到全国性覆盖和传播。③从内容来看，二者均具有创办时间较长、定位明确、表现形态较稳定等特点，适合用作个案分析的案例。④从获取渠道来看，二者均可以通过各自官网获取丰富的研究样本。综上所述，《聚焦三农》和《农民日报》具有代表性、关键性、独特性和启示性，选其为研究案例符合学术研究的要求，且具有可行性。

2. 样本的确定

鉴于上述两个研究个案的创办时间较长且属于日播（报）性的媒体，相关新闻内容十分丰富，但由于笔者的时间、精力有限，特别是二者均是农业农村部主管的媒体，在媒介定位上具有相似性，因此，在保证研究的科学性和严谨性前提下，本书采取了错时选择研究样本的办法以节省时间和精力，具体确定办法如下。

（1）《聚焦三农》的样本确定

以中国网络电视台（CNTV）《聚焦三农》官方网站"精彩节目点播"栏中的视频为总体研究样本。截至2012年8月，该网站提供了2010年4月1日至2012

---

[1] 风笑天.方法论背景中的问卷调查法[J].社会学研究，1994（3）：13–18.

年 8 月 16 日共 810 个节目视频❶。本书采取等距离抽样的办法：以这些节目视频在网页上的位置顺序为依据，采取系统抽样的方法，从 2010 年 4 月 1 日起至 2012 年 8 月 16 日止以自然时间为标准，共抽取 74 期节目视频作为本文的具体研究样本。样本确定之后，从报道的宏观和微观结构等方面，对研究样本与总体样本进行抽检后发现，研究样本较好体现了总体样本的内容特征。

（2）对《农民日报》的样本确定

以 2012 年党的十八大之后《农民日报》发布的新闻报道为研究对象，主要运用复合构建周和等距抽样法，确定研究样本。具体方法如下：①将样本起止日期定为 2012 年 11 月 14 日至 2018 年 7 月 20 日，运用复合构建周和等距抽样法最终确定 50 天《农民日报》为样本框。②《农民日报》有"综合新闻""要闻""国际农业""专刊"等多个版面，出于研究重点需要，选取"综合新闻"版作为样本来源。③因《农民日报》部分日期的版面有调整，排除无效抽样日期后共获取《农民日报》38 期的综合新闻版面，共 396 篇新闻报道作为研究样本。

二、研究的开展与实施

1. 素材收集整理与文稿转换

在研究样本确定之后，对相应素材进行收集与整理是开展后续研究的第一步。

《农民日报》研究素材的收集整理，主要从《农民日报》官网中下载获取。

《聚焦三农》研究素材的收集整理，工作量巨大，主要体现在对视频的文稿转换环节。因无现成的视频数据库和文字稿可供利用，要对节目视频进行内容分析，首先要对研究样本进行视频文稿的转换工作。根据后续研究的需要，本书对文稿转换的项目包括呈现方式、画面内容、声音（解说）内容、起止时间和时长。

呈现方式，主要是指新闻中的信息呈现方式，具体包括文字、图片、节目导视、主持人导语、主持人演播室解说、记者现场解说、人物同期声、画面＋解说、画面＋音乐、文字字幕，等等。

---

❶ 在这一时期，该网站还提供 2010 年 2 月 8 日至 3 月 19 日的 7 个节目视频，考虑到这些视频节目存在播出时间不连续、内容不完整等不足，故将这 7 个节目视频排除在样本之外。

画面内容，主要是指电视新闻中以画面形式呈现的主要信息，如村庄、道路等。

声音内容，主要是指电视新闻中以声音形式呈现的主要信息，包括各种解说词、人物和现场同期声、新闻节目中所配的音乐等。

起止时间和时长，主要是指各类信息呈现方式在某期电视节目中所占的时间，以秒为计时单位。

2. 类目构建与编码规则

笔者将新闻话语分析类目（category）确定为主题、地域、态度倾向、呈现方式、时长和篇幅（时长）、话语主体等。量化统计标准主要有两个：一是频次统计，主要用于新闻话语主题、地域和态度倾向；二是时长统计，主要用于新闻话语中不同话语呈现方式和人物同期声所用的时间。

主题，主要指样本内容所涉主要领域或范畴。本书将主题分为政治、经济、教育、文化、社会、生态、科技、娱乐、突发事件和其他。

地域，主要指样本涉及的地理位置。本书以我国现有行政区域的划分为依据，主要划分到省级行政区域；然后，再根据国家有关部门对东部、中部和西部省区市的认定，将相应数据进行二次归类。

态度倾向，是指样本内容中体现出来的对相关事件的总体态度和评价。本书将态度倾向细分为"肯定""批评监督""警示"和"中性"四种。"肯定"，是指对报道内容体现出较明显的"赞扬、认可"态度；"批评监督"，是指对报道内容明显持"揭露、批评、促使其改进"态度；"警示"，是指通过相关报道起到"提醒"人们注意或重视的作用；"中性"，是指对报道内容持较客观中立的态度，能较好地采用平衡的报道手法（如既报道优点也指出不足，既报道不足又指出采取的改进举措等）。

呈现方式，主要是指新闻话语中的信息表现方式。本书将"呈现方式"细分为文字、图片、主持人口导（口播）、画面＋解说、记者出镜、人物同期声，等等。

篇幅（时长），主要用来考察新闻话语主体的地位、媒体对相关话语主体的重视程度。因电视新闻话语具有时间性限制的特征，本书将不同话语主体在电视新闻中的时长（duration）作为衡量不同话语主体地位的标准。

话语主体，根据社会分层理论，将话语主体细分为新闻媒体（含主持人、记者）和不同社会阶层人士两大类。在结果统计时，将"主持人、记者"和"画面+解说"所用时间纳入"媒体话语"时间中。对于不同社会阶层，根据社会学理论将样本中主要涉及的社会阶层细分为农民、村干部、其他干部、致富能手、基层专业技术人员、专家学者和其他人员，共七类人群。

农民，主要是指拥有农村户籍的居民，具体包括两类人：一是直接从事农业生产，并以此作为主要经济来源的农村居民；二是以在城市务工为主要经济来源，但户籍仍在农村的农村居民。村干部，主要指农村地区的党支部书记、村委会主任、村两委委员、农村合作社（协会）领导。其他干部，主要指乡镇以上党政工团、专业（行业）协会、企事业单位的负责人和干部，以及具有领导职务的专业技术人员。致富能手，主要是指从事与农业生产有关的各类大户，如种植大户、养殖大户、运输大户，等等。基层专业技术人员，主要指县级以下（含县级）无领导职务的专业技术人员，主要指与农业有关的专业技术人员。专家学者，主要指地市级（含）以上无领导职务的专业技术人员。其他人员，主要指从事非农业生产的相关人员，如教师、医生、军人、个体工商户、私营企业主等。

将相关数据收集汇总并进行效度与信度检测后，本书用 SPSS 16.0 和 Excel 等软件进行数据分析和处理，并绘制出相关图表。

第二节 主流媒体中农业新闻的内容特征

根据对《聚焦三农》和《农民日报》的内容分析发现，国内主流媒体中的农业新闻与党和国家各阶段工作重心同步。本节主要对《聚焦三农》的内容分析结果展开阐述。

一、主题：重经济，与国家工作重心同步

1978 年，党的十一届三中全会果断做出了停止"以阶级斗争为纲"、将全党全国的工作重心转移到经济建设上来的战略部署。此后，经济建设成全党和全国的中心工作，国内经济建设和社会发展取得了举世瞩目的伟大进步。1987 年，党

的十三大报告将党的十一届三中全会以后党和国家工作的基本路线概括为"以经济建设为中心，坚持四项基本原则、坚持改革开放"（以下简称为"一个中心，两个基本点"）。

此后，"一个中心，两个基本点""市场经济"等先后载入《中国共产党党章》和《中华人民共和国宪法》。以经济建设为中心，特别是包产到户生产责任制的实施，极大地推动了我国"三农"事业的发展，农业生产能力得到了迅速提升，农村建设发生了喜人的变化，农民的物质生活水平和精神面貌显著改善，为我国全面实现现代化和城市化改革提供了坚实物质基础。由此，全国主流媒体积极配合党和国家各个阶段的工作重心，开展相关新闻报道。

在《聚焦三农》的报道主题中，经济类选材占41.9%，居第一位并遥遥领先于其他各类主题。其他方面的主题比例分别为：社会、突发事件，各占13.5%；生态占8.1%；科技占6.8%；教育、娱乐，各占5.4%；文化占2.6%；政治、其他各占1.4%。

二、地域：重东部，与区域发展状况相符

受国家政策、自然环境、人文传统等多方面因素的影响，改革开放以来我国经济社会发展呈现出明显的区域性特征，主要表现为东部地区经济发展速度较快、中西部地区经济发展速度较慢。国内主流媒体的新闻报道，必然反映国家经济社会发展的实际状况。

通过对《农民日报》的内容分析，发现在该报的新闻报道中，东部地区报道占总数的46.2%，西部和中部各占30.8%和23.0%[1]。

通过对《聚焦三农》的内容分析，发现该栏目在报道地域方面，具有重视报道东部地区、与国内各区域发展状况基本相符的特点。以新闻报道中主要涉及的地域为标准，具体数据是：山东13.5%，广东12.2%，河北9.5%，河南6.8%，北京、江苏、四川各5.4%，云南、贵州、陕西、湖南各4.1%，湖北、浙江、重庆各2.7%，上海、福建、甘肃、海南、吉林、辽宁、内蒙古各1.4%；同时涉及"北京、黑龙江、新疆、河南、云南"，"河南、江苏、湖北"，"长三角、珠三角、内地"，

---

[1] 毕邺. 当前国内农业媒体中农民话语表达的现状与重构——以《农民日报》为例 [D]. 南昌：江西师范大学，2019：20.

"湖北、山东","山东、安徽、湖北、河南"和"不明"地域的报道各一则,本书将此归入"其他"地域,共占报道总数的7.5%。具体数据如图3-1所示。

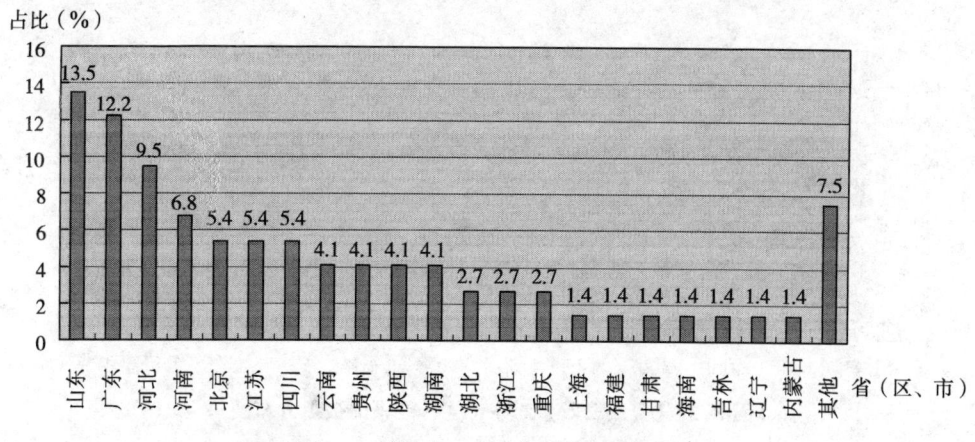

图3-1 《聚焦三农》报道省区分布图

因我国幅员辽阔,经济和社会发展呈现明显的区域不平衡性。根据经济和社会发展水平,划分为东部、中部和西部三大经济地带。从数据分析可知,该栏目新闻报道形成了"东部凸出,西部翘尾,中部垫底"的态势。东部省区报道占总数的54.3%,西部占23.2%,中部占15%,具体数据如图3-2所示。

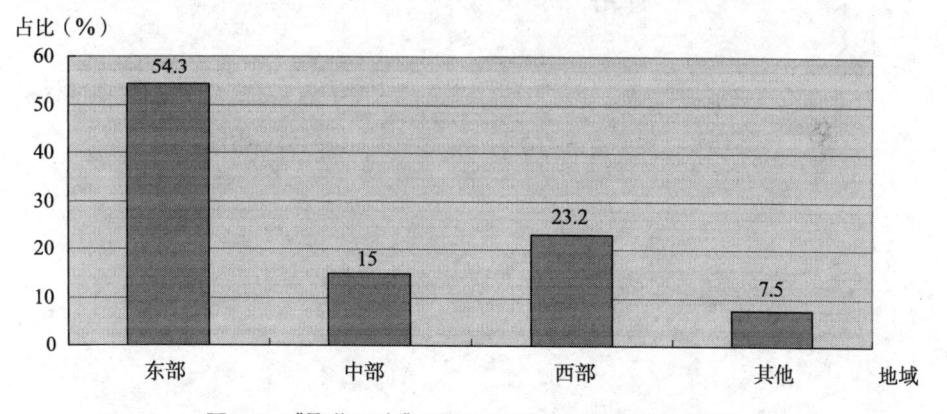

图3-2 《聚焦三农》对不同经济地域的报道数量图

根据我国对东中西三大经济区域相关省区的划分,本书对相关数据进一步细分后发现,《聚焦三农》对各经济区域内不同省份的关注也有不同:东部省份,主要关注山东、广东两个经济较发达的省份;中部省份,主要关注河南、湖南；西部省份，主要关注四川、云南、贵州和陕西。具体如图3-3、图3-4和图3-5所示。

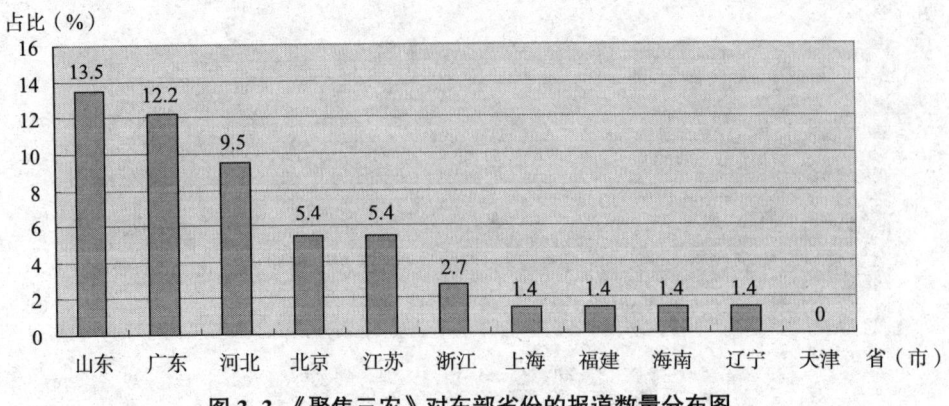

图3-3 《聚焦三农》对东部省份的报道数量分布图

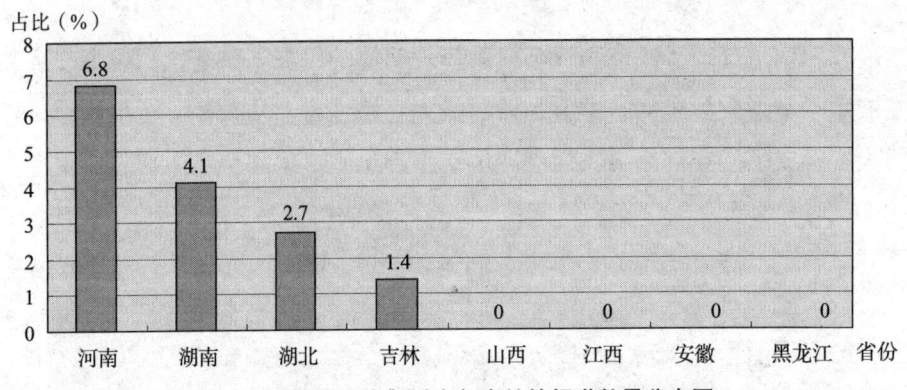

省（市）	山东	广东	河北	北京	江苏	浙江	上海	福建	海南	辽宁	天津
占比（%）	13.5	12.2	9.5	5.4	5.4	2.7	1.4	1.4	1.4	1.4	0

图3-4 《聚焦三农》对中部省份的报道数量分布图

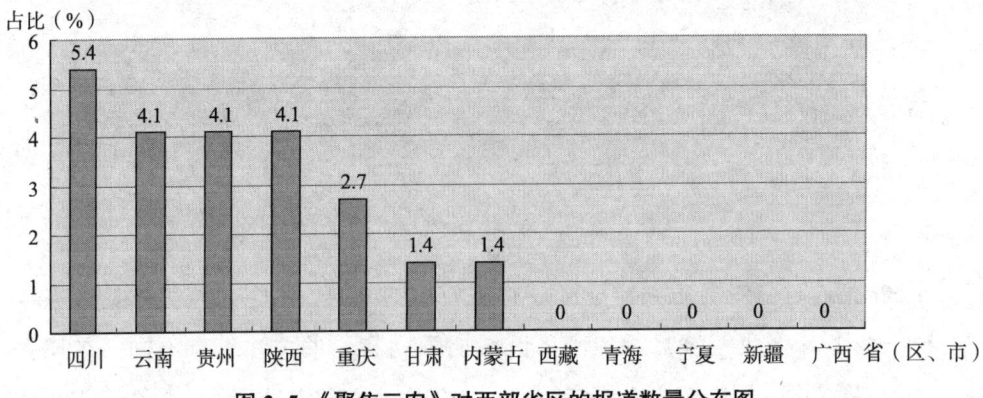

省份	河南	湖南	湖北	吉林	山西	江西	安徽	黑龙江
占比（%）	6.8	4.1	2.7	1.4	0	0	0	0

图3-5 《聚焦三农》对西部省区的报道数量分布图

省（区、市）	四川	云南	贵州	陕西	重庆	甘肃	内蒙古	西藏	青海	宁夏	新疆	广西
占比（%）	5.4	4.1	4.1	4.1	2.7	1.4	1.4	0	0	0	0	0

从图 3-3、图 3-4、图 3-5 数据可知，该栏目所关注的省份集中在经济区域中农业经济和农村社会发展状况相对较好的省份，如东部省份的山东和广东，中部省份的湖南，西部省份中的四川、陕西。

三、主体：多样化，农民与非农群体兼顾

由于电视新闻具有线性传播的特点，时长成为评估不同话语主体在电视新闻话语中的地位与作用的常用量化标准。本书以不同话语主体在农业电视新闻中的时长（单位：秒，下同）作为衡量不同话语主体地位的标准，具体分为两个维度，即时长的总值和均值。均值能表示某变量所有值的集中趋势或平均水平❶，相关数据如表 3-1 所示。

表 3-1 《聚焦三农》不同话语主体时长统计表　　　　　　单位：秒

类目	主持人	画面+解说	记者出镜	普通农民	村干部	其他干部	致富能手	基层专业技术人员	专家学者	其他人员
总量	8736	26771	1869	6886	320	6537	582	891	2312	4102
均值	118.05	361.77	25.26	93.05	4.32	88.34	7.86	12.04	31.24	55.43

研究结果表明，国内农业新闻报道中，话语主体呈现明显的多样化态势，主要表现为兼顾农民与非农民两大社会群体，但会根据报道主题的需要而有所侧重。

将表 3-1 中的总量和均值作第二次归类分析，即根据我国农村的大部分村干部仍是农民的现实，将"普通农民""村干部"和"致富能手"三者归为"农民"；将"主持人""画面+解说"和"记者出镜"三者归为"电视新闻媒体"；将"其他干部、基层专业技术人员、专家学者、其他人员"四者归为"非农民"。

根据表 3-1 的数据进行第二次归类统计，结果显示，"电视新闻媒体"居第一且远超其他二者的总和。具体数据分别是："电视新闻媒体"总值为 37376 秒，"非农民"居第二，总值为 13842 秒；"农民"居最后，总值为 7788 秒。"电视新闻媒体""非农民"和"农民"三者的话语时长均值，如图 3-6 所示。

---

❶ 宋志刚，等 .SPSS 16 实用教程［M］.北京：人民邮电出版社，2008：49.

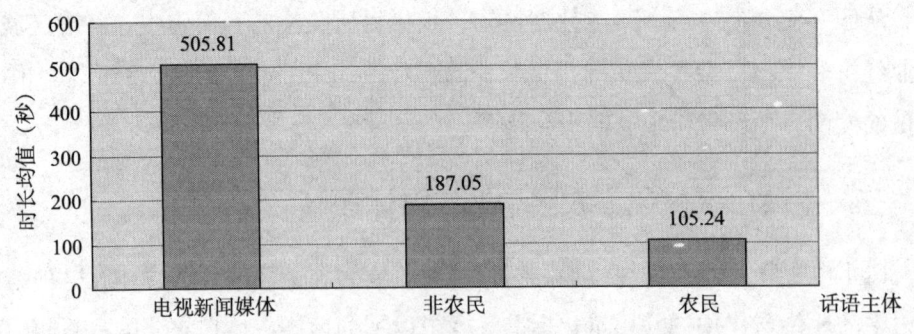

图 3-6 《聚焦三农》不同话语主体时长均值图

根据社会学关于当前中国农村社会分层的相关理论,将电视新闻话语中的不同主体再次进行二次归类,即分为"电视媒体""社会精英""农民(工)"和"其他"四类,其中"电视媒体"的内涵与上文相同,"社会精英"则包括"村干部、农村致富能手与其他干部、基层专业技术人员、专家学者","农民(工)"指未担任任何职务的农民或农民工,"其他"则指无领导职务的普通非农人员。统计数据如表 3-2 所示。

表 3-2 《聚焦三农》不同话语主体二次归类时长统计表   单位:秒

类目		电视媒体	社会精英	农民(工)	其他
样本	有效数(个)	76	76	76	76
	缺失(个)	0	0	0	0
均值		501.84	143.84	90.93	56.28
中位数		476.00	121.50	57.00	23.50
总量		38140	10932	6911	4277

从时长的均值、中位数和总值的二次归类统计结果看,电视媒体、社会精英都成了农业电视新闻的话语主体,《农民日报》新闻中的话语主体统计情况,如表 3-3 所示。

表 3-3 《农民日报》报道主体对象频次分析[1]

类目	党政干部	记者编辑	普通农民	专业种养户	专业技术人员	务工人员	企业老板	其他
频次	175	97	60	15	27	4	10	49
占比(%)	40.05	22.20	13.73	3.43	6.18	0.92	2.29	11.21

---

[1] 毕邺. 当前国内农业媒体中农民话语表达的现状与重构——以《农民日报》为例[D]. 南昌:江西师范大学, 2019:23.

从表 3-3 可知,《农民日报》中的话语主体也以"非农"社会阶层为主。国内主流媒体中的新闻话语主体以"非农"社会阶层为主有多方面的原因:一是受新闻采制环节中的客观因素制约;二是农民的话语表达意识和能力不够;三是新闻采编人员方面的主观或客观因素。

四、倾向:重正面,宣传国家主流价值观

新闻话语兼具传递信息、舆论监督、文化传承及社会规范等功能,这些都是新闻话语公共服务的题中之意。我国的新闻报道也具有上述功能,同时又特别重视舆论导向。研究发现,《聚焦三农》和《农民日报》等国内主流媒体在新闻报道的倾向方面,均十分注重正面报道,符合国家新闻宣传要求,对于维护国家意识形态安全、引导社会公众形成积极向上的精神面貌具有重要作用。

统计显示,《聚焦三农》的新闻报道在总体话语倾向方面,呈现"正面肯定为主、中性客观报道为辅,批评监督和警示性报道相对少"的基本特征。其中,带有明显"正面肯定"报道占 44.6%,"中性客观"报道占 36.5%,"批评监督"和"警示"报道各占 10.8% 和 8.1%。

通过交叉列联分析发现,正面的"肯定"态度在《聚焦三农》不同话语主题中普遍较高,具体数据如表 3-4 所示。

表 3-4 《聚焦三农》报道主题与态度倾向交叉列联分析　　单位:频次

主题	警示	肯定	批评监督	中性	总计(期数)
教育	0	3	1	0	4
经济	2	9	3	17	31
科技	0	4	0	1	5
社会	1	4	2	3	10
生态	1	1	1	3	6
突发	2	5	1	2	10
文化	0	1	0	1	2
娱乐	0	4	0	0	4
政治	0	1	0	0	1
资讯	0	1	0	0	1
总计(期数)	6	33	8	27	74

从表 3-4 可知，各种态度倾向在经济主题中出现的频率较高，这与经济在所有主题中所占的总体分量有关。从不同态度倾向在同类主题中的比例可知，《聚焦三农》在不同主题的报道中也呈现"正面报道为主"的态度倾向：政治、娱乐类报道均为"肯定"；教育、科技、社会、突发事件、文化类报道中的"肯定"比例也很高（各占同类报道的 75%、80%、40%、50%、50%）；在生态类报道中的倾向最平衡；其次是经济类报道。

新闻传播学研究表明，除提供客观性的实用信息外，舆论监督是新闻媒体监视环境、履行媒体公共服务职能、维护公共利益的基本途径与表征。环境监视的目的，是帮助公众及时了解、把握并适应外部环境变化，以利于公众生存和发展；新闻媒体的环境监视功能，要求新闻媒体对社会公众履行"瞭望者"的职责[1]。新闻媒体的环境监视功能，主要通过客观平衡的新闻报道和一定数量的批评监督报道予以实现。换言之，新闻话语的态度倾向是否客观平衡，是否具有批判性，是否敢于、善于开展舆论监督，是衡量电视新闻媒体是否履行公共服务和环境监视职责的重要标准。将该标准转换成可量化的标准就是：新闻报道应以客观中立的报道为主，正面肯定与负面批评的报道比例大致相当，以此实现整个新闻话语倾向的客观平衡。根据上述分析，国内新闻媒体的公共服务职责尚待强化。当然，这也有待国内新闻规制和社会环境的改善，相关内容将在后续章节中展开。

第三节　主流媒体中农业新闻的话语特征

内容分析有助于掌握农业新闻公共服务与话语实践表面上的宏观特征，却无法揭示其内在的深层关联。本节通过对《聚焦三农》若干新闻报道篇目的话语分析，剖析了国内主流媒体农业新闻与主流价值观的形塑与互构关系。

一、理论依据与分析路径

福柯认为，话语不仅仅是说话者表达意图或情感的反映，更是权力和意识形态的反映。从这个意义上讲，并不是所有社会主体都能自然而然地成为话语主

---

[1] H LASSWELL. The Structure and Function of Communication in Society [C]// LYMAN BRYSON. The Communication of Ideas. New York, Copper Square, 1964: 38.

体。所谓话语主体，是指拥有独立话语权的个人和社会组织（包括国家、政党、企事业单位和民间团体等）。

新闻报道中的话语主体，决定着新闻话语的框架和内容、意义生成与传播效果；电视新闻话语主体的选择，折射出传播者（不单纯是记者，更多的是传播机构及其背后的政权力量）在权力、利益和意识形态等方面的意图。因此，对新闻报道进行话语分析，必须分析话语主体、话语内容、话语方式（策略）及其背后隐藏的意识形态。

综合梵·迪克关于新闻话语格局分层和新闻结构图式的相关论述及新闻话语风格，笔者对新闻话语的分析主要通过"总结或概述"和"新闻故事的叙述"两大部分来分析其意识形态属性和态度倾向。

就一般的新闻而言，总结或概述部分包括标题、导语和结语，新闻故事部分则包括新闻背景和新闻主体；就电视新闻来说，总结或概述部分的组成与前文相同，但新闻故事部分则主要由画面、解说词和同期声等组成。

大体来说，新闻故事的叙述主要包括故事情节和相关评论，故事情节由事件及相关后果（反应）组成。事件则包含了主要事件与背景，主要事件又包含了事件的起因、成分和后果；后果（反应）则分为事件（行为）和言语反应，评价包括口头反应和结论。

结合电视新闻的特点及本书的研究需要，本节将电视新闻话语文本分析的路径确定为：标题、导语与结语、解说词（新闻故事）的宏观结构和话语内容、同期声中的人物话语重点与时长等。

二、样本选择与分析

对样本的选择与确定，从报道的主题和态度倾向两个基本维度进行。主题包括时政、经济、社会、生态等；态度倾向包括正面肯定、批评监督和客观中性。据此，分析样本如表3-5所示。

表3-5 《聚焦三农》话语分析样本

序号	主题	总体态度	标题	播出时间
1	时政	正面肯定	两会特别报道：关爱农民工	2011年3月9日
2	经济	正面肯定	CCTV 2011年度三农人物面对面：走进泗洪	2011年12月14日

续表

序号	主题	总体态度	标题	播出时间
3	经济	正面肯定	粮食增产背后的故事	2012年6月15日
4	经济	客观中性	农村贷款难在何方	2012年3月19日
5	经济	客观中性	如何让蔬菜价格更合理	2012年4月23日
6	经济	批评监督	广东惠州黑砖窑跟踪调查	2011年5月26日
7	社会	批评监督	迷失的风俗	2012年2月14日
8	生态	客观中性	围剿红火蚁	2012年5月5日
9	文化	正面肯定	又是一年春来到：聚焦农村文化	2012年3月8日
10	娱乐	正面肯定	"豆芽哥"的梦想	2012年8月13日
11	教育	正面肯定	大山深处的拐杖教师	2011年11月23日
12	教育	批评监督	谁动了我的编制	2010年7月14日
13	突发	正面肯定	直击浙江长兴西苕决堤	2012年8月13日

三、主要研究发现

1. 话语风格：主流意识形态形塑的文本

话语风格是彰显新闻媒体个性的重要途径。新闻的话语风格，必然通过一定的新闻文本建构方能得以实现。

新闻的文本建构，指通过新闻的主题、标题、导语及主体事件的取舍最终形成完整新闻文本的过程。不同媒体的新闻文本，往往受到所在媒体的传播介质和技术、媒体定位等方面影响。例如，在符号方面，纸媒新闻话语主要运用文字、图片及版式编辑语言等来形成自己的话语风格；电视新闻的话语，除运用纸媒和广播媒体中的新闻符号外，还会充分运用画面和同期声来展示自己的话语风格。

电视新闻的文本有广义和狭义之分。广义的文本，包括电视新闻中呈现出来的所有符号和信息内容，包括语言符号和非语言符号；狭义的文本，则主要指以主持人导语和结语、画面解说词和人物同期声等符号呈现出来的信息内容。本书采用以狭义话语文本为主、适当兼顾镜头语言的分析路径。经研究发现，《聚焦三农》栏目与国内其他农业新闻拥有基本一致的话语风格与功能，即通过对相关事实的文本化建构后，实现并完成主流意识形态的宣教功能。具体表现为：虽有一定数量的批评监督报道，但仍以正面宣传框架为主，重视正面典型的示范引导功能；即使在客观中性和批评监督的报道中，也有较明显的正面宣传导向。

为形塑和实现主流意识形态的宣传教育功能,我国农业电视新闻的话语文本,主要在宏观和微观两个层面进行了努力和尝试。首先,在宏观方面,主要通过有意识地选择话语主题、态度倾向来凸显主流意识形态。例如,正面宣传党和国家促进"三农"事业发展的政策举措、取得的成就,热情讴歌"三农"事业发展中涌现的先进典型、好人好事、新风新貌,等等;其目的在于营造出社会各界共同重视"三农"、主动为"三农"出谋划策、推动"三农"全面发展并取得显著进步的"拟态环境"。其次,在微观方面,通过有意识地选择话语角度、主体、时长等凸显主流意识形态。例如,通过具体的话语策略,以及对话语角度、同期声、画面和解说词的选择,实现正面宣传党和政府及社会各界对"三农"的重视,讴歌"三农"事业发展中涌现的先进典型、好人好事、新风新貌。

主流意识形态形塑的我国农业新闻话语,在文本建构方面有三个主要特征:一为话语主题涉及"三农";二为话语总结与故事讲述重点展现了党、政府和社会各界对"三农"的重视和关爱;三为干部、专家学者和新闻媒体成了农业电视新闻话语的主体,主要表现为话语时长和话语功能两个层面。

(1)不同话语主体的话语时长

本章第一节以时长(单位:秒)为衡量标准对《聚焦三农》栏目统计样本中新闻话语主体进行了量化统计。

从图 3-7 可知,以时长为标准,电视媒体和社会精英成为农业电视新闻话语的主体(在总体样本和分析样本中,二者所占时长分别为 508 秒、476 秒和 147 秒、121.5 秒),而农民(工)的话语时长仅为 80 秒、57 秒。

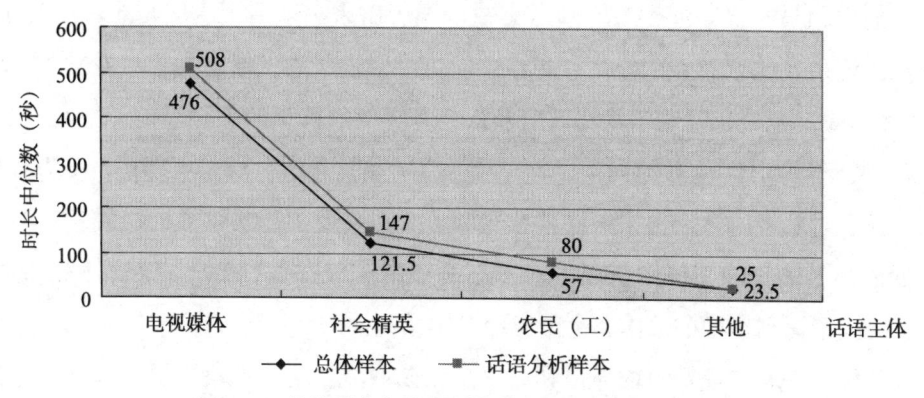

图 3-7 总体样本与分析样本的话语主体时长对照图

（2）不同话语主体的角色和功能

社会精英和电视媒体本身，在农业电视新闻中处于话语主导地位，承担着话语导入、阐释、深化、概括等功能；农民（工），则在农业电视新闻中承担着话语辅助或验证功能。

2. 话语策略：主流意识形态的建构路径

新闻话语的总体风格、意识形态和利益诉求需通过特定的话语策略来实现。新闻话语分解为总结（概述）和新闻故事两大部分，并借此传达出新闻报道的态度倾向和利益诉求。电视新闻的话语策略主要有两大种：一是通过标题、导语和结语集中揭示话语主题，体现话语倾向；二是通过新闻故事的展开全面呈现话语倾向，实现宣传目标。

（1）标题、导语和结语：集中揭示话语主题、体现话语倾向

根据梵·迪克的论述和电视新闻实际情况，电视新闻与报纸新闻在结构布局上并无本质差别——大多数仍以"倒金字塔"结构为主。"这种结构的安排意图非常明显：它们一起表达了这个新闻文本的中心主题。标题和导语一起概括了新闻文本的内容，表达了它的语义宏观结构。"[1]《聚焦三农》有两种基本电视节目形态——消息类和专题类，但以专题类为主。通过对该栏目的个案分析发现，标题、导语、结语起着集中话语主题、体现话语倾向的作用。

下面以2011年《两会特别报道：关爱农民工》（2011年3月9日播出）为例，扼要分析我国农业电视新闻的文本建构路径。

首先，来看该期节目的标题。《两会特别报道：关爱农民工》，此标题将该期报道的主题与时空语境、态度倾向集中呈现了出来，即话语主题与农民工有关；时空语境是在北京召开的全国"两会"；态度倾向（意识形态）是"关爱"而非"关注"农民工——强调了党和政府及社会各界对农民工的关心爱护和帮助。"关注"是个更具中性色彩的词汇，而"关爱"一词往往是上级对下级、长辈对晚辈、强者对弱者所体现出来的同情、怜悯、关心和爱护，并赋予了"关爱者"以一种道德上的势能。该则新闻的基本态度倾向——强调社会各界对农民工的关爱，决定了该则新闻的总体文本内容和基本结构。

其次，来看该期节目的导语和结语。在该期节目主体板块的导语部分，主持

---

[1] 托伊恩·A.梵·迪克.作为话语的新闻[M].曾庆香，译.北京：华夏出版社，2003：54.

人引入农民家庭外出务工与招工难、用工荒愈演愈烈的矛盾,以探询其原因等话语进入主题。

现在很多的农民家庭,外出务工是他们的主要收入来源。但是这些年招工难,用工荒现象愈演愈烈。那么到底是什么样的原因制约了农民工外出打工,他们又会选择什么样的企业,对企业有什么样的期待呢?一起来看,记者从前方发回的报道。

在这段导语中,主持人话语实现了两个不同客体、责任主体与归因之间的巧妙置换,从而奠定了本期节目的基本态度倾向。例如,"现在很多的农民家庭,外出务工是他们的主要收入来源。"——此话的主体"农民家庭"其责任主体当然是"农民",也是主持人话语的客体。"但是这些年招工难,用工荒现象愈演愈烈。"——此话语的主体应该是"企业",但在主持人的话语中却是隐藏着的。那么,是什么原因导致企业"招工难、用工荒"的呢?对此,主持人显然采用了转换的话语策略——避谈企业或其他方面的原因,而是将话语客体和责任主体转换到农民工身上——"到底是什么样的原因制约了农民工外出打工",意在挖掘农民工自身与现代企业要求不适应的原因;"他们又会选择什么样的企业,对企业有什么样的期待呢?"意在表明企业"招工难、用工荒"是由农民工的选择与期待造成的。

主持人这种单一的归因框架构成了整期节目的主要叙事框架,也奠定了该期节目的总体话语倾向。整期节目采用了三个农民工的同期声说——

"不是不愿意出去打工,而是没什么技术挣得太少。"(时长:3秒)

"孩子在城里上学很难,放在老家也不放心。"(时长:1秒)

"在城里打工没有归属感,希望政府多关心农民工的生活。"(时长:5秒)

在接下来的内容中,主持人主要通过请时任山东省青岛市人大常委会主任张若飞,原青岛港(集团)有限公司董事局主席、总裁常德传等全国人大代表介绍青岛市"帮助、关爱、留住"农民工的经验和做法,并请有关专业学者点评。

最后,在结语中主持人通过总结已经讨论的主要话题、"祝农民工幸福快乐,过上有尊严的生活"、感谢嘉宾的惯常话语结束。至此,标题、导语、主体和结语共同完成了本期节目的话语倾向和宣传目标——农民工要过得有尊严,离不开社会各界的关爱和自身努力。

（2）新闻故事：全面呈现话语倾向、实现宣传目标

电视新闻的标题、主持人导语和结语，以及新闻故事，是电视新闻体现其意识形态和利益诉求的三大组成部分，也成为话语分析的三个基本维度。

新闻故事是新闻话语的主体，内含"起、承、转、合"，包括画面解说词、记者出镜、嘉宾或人物同期声等多种表现符号，信息内容十分丰富，承载着全面呈现话语倾向、完成意识形态宣传目标的功能。

新闻故事的宏观结构、不同社会人士的话语用词、话语重点和话语时长等则成为新闻故事完成其意识形态宣传目标的主要途径。

本节结合《聚焦三农》的节目形态，分析消息类和专题类农业电视新闻的话语策略。

首先，来看消息类农业电视新闻的话语策略，以2011年《两会特别报道：关爱农民工》（2011年3月9日播出）中的"三农快报"（时长：约2分6秒）为例进行分析。本则消息采取了"画面+解说、记者出镜、人物同期声"三种话语表现策略。其中，有3段画面解说词（时长：40秒）、1个记者出镜（时长：11秒）、4个人物同期声（时长：67秒），详细文本结构如表3-6所示。

表3-6 《两会特别报道：关爱农民工》"三农快报"详细文本

类目	场景	内容	起止时间	时长（秒）
画面+解说1	十一届全国人大四次会议现场、发言人与参会人员 全景 中景 近景 特写	民政部负责人在昨天召开的十一届全国人大四次会议记者会议上表示，我国将建立以居家为基础，社区为依托，养老机构为支撑，资金保障与服务保障相匹配，基本服务与选择性服务相结合的养老社会服务体系。"十二五"期间，基本实现人人享有养老服务，2.15亿老年人将享受到更加完善的养老服务，日间照料中心等社区养老在农村要达到半数以上覆盖。	00：38— 01：05	27
记者出镜：苏威	记者现场报道 近景	2011年政府工作报告提出要健全政策性农业保险制度，建立农业再保险和巨灾风险分散机制，为此参加两会的代表委员也谈起了自己的真知灼见。	01：06— 01：17	11

续表

类目	场景	内容	起止时间	时长（秒）
同期声人物1：全国政协委员吴焰	面对镜头谈话 近景	所以，我是认为农业保险作为2007年以来国务院扶持农业一个非常重要的举措，我认为它的确起到了事半功倍的效益。	01：18—01：34	16
画面+解说2	稻田 近景 农民用收割机收割 全景	针对当前我国农业保险覆盖面窄、保费补贴品种少的现状，代表们建议应尽快改进农业保险补贴的方式。	01：35—01：42	7
同期声人物2：全国人大代表任建国	面对镜头谈话 近景	我希望，国家能够成立一个政策性农业保险公司，来专门经营政策性农业保险。	01：43—01：52	9
同期声人物3：全国人大代表张有会	面对镜头谈话 近景	我觉得，农业保险可以先从规模经营入手，对那些农业产业化的企业，只要是搞农业，养殖业的，种植业的，或者是设施农业的，可以给他一定的保险系数。	01：53—02：13	20
画面+解说3	稻田，农民铲粮食，农用车推谷堆 全景、中景	除此之外，代表们建议应做好农业保险的宣传工作，减少保险理赔环节和层级。	02：14—02：20	6
同期声人物4：全国人大代表杜吉明	面对镜头坐着谈话 近景	再一个，我就觉得，认证的权威部门要有法律效率，要有权威性；再一个，就是认证程序能不能简化一些、简单明了，让老百姓看得见摸得着。	02：20—02：42	22

表3-6体现了我国消息类农业电视新闻常见的话语策略：①站在党政主管部门的角度，重视正面宣讲现有政策。例如，本则消息的目的，是宣传我国将要建立养老社会服务体系。②赋予社会精英以某种话语优势。在本则消息中，出镜记者用"真知灼见"赋予了人大代表、政协委员等社会精英人士以话语"势能"。

其次，来看专题类新闻故事的话语策略。由于《聚焦三农》是以专题报道为主的新闻类节目，专题报道时长一般约16分钟。为方便行文，在分析专题类新闻故事的主体板块时，本节重点分析话语呈现方式（主体）、话语时长、话语重点及话语宏观结构。下面，继续以 2011 年 3 月 9 日播出的《两会特别报道：关爱农民工》专题报道为例分析其文本框架。具体内容，如表 3-7 所示。

表 3-7 《两会特别报道：关爱农民工》专题报道文本框架 ❶

呈现方式（主体）	画面内容	话语内容（重点）	起止时间	时长（秒）
主持人导语	观众鼓掌 主持人出镜	（概述，引出话题）外出务工是农民家庭的主要收入来源；近年招工难、用工荒愈演愈烈。 （引出中心，延伸主题）制约农民工外出打工的原因、农民工的预期与要求。	02：43—03：06	23
同期声人物 1：农民工甲	面对镜头 外景	（呈现农民话语）不是不愿意出去打工，而是没什么技术挣得太少。	03：07—03：10	3
同期声人物 2：农民工乙	面对镜头 外景	（呈现农民话语）孩子在城里上学难，放在老家不放心。	03：11—03：12	1
同期声人物 3：农民工丙	面对镜头 外景	（呈现农民话语）在城里打工没有归属感，希望政府多关心农民工的生活。	03：13—03：18	5
主持人	主持人	（概述）制约农民工外出打工的因素 （提出问题）应为农民工提供怎样的环境？ （突出本期主题）关爱农民工 介绍嘉宾 1 （提出问题）青岛有无出现招工难、用工荒？	03：19—04：05	46
同期声人物 4：（嘉宾 1）	主持人 嘉宾 1	（正面宣传） 嘉宾：青岛用工相对平稳，并介绍青岛用工存在阶段性、区域性、行业性。 主持人：政府怎样帮企业解决用工难？ 嘉宾：正面介绍青岛港雇用农民工的情况，强调农民工在青岛港有尊严、待遇好、很幸福。	04：06—05：29	83

❶ 注：话语内容（重点）栏中的下画线及括号中的内容，均为笔者所加。

续表

呈现方式（主体）	画面内容	话语内容（重点）	起止时间	时长（秒）
画面+解说1	播放短片 正面介绍青岛港发展概况；评奖大会现场，农民工工作、农民工获奖的场景	（正面宣传）青岛港的地理位置、重要地位、发展成就、农民工在其中发挥的作用及其数量和从事的职业等。	05：30—06：40	70
主持人 嘉宾2	主持人 嘉宾2 观众鼓掌	主持人：介绍嘉宾2上场 （话题延伸，责任转换）问嘉宾2：希望招怎样的农民工？	06：41—06：55	15
同期声人物5：（嘉宾2） 主持人 农民工	主持人 嘉宾2 青岛港农民工参加培训的录像 农民工表演绝活 主持人现场采访农民工绝活短片	（阐述用工要求） 常德传：希望德才兼备、又红又专，有真才实学、干事创业的农民工。具体谈"德"和"才"；重点介绍青岛港通过对农民工的培训机制提高农民工的积极性成功经验。 主持人：介绍嘉宾2的助阵员工，强调有些员工身怀绝活、岗位成才，并让他们展示绝活、赞美农民工的绝活。 （正面宣传青岛经验） 主持人：询问如何留住农民工？ 常德传：把港口办成一个大家庭，让他们有归宿感，和城市工人同工同酬，缴纳五项保险。有归属感才有发展，个人价值能有体现，也就算有尊严。	06：56—11：21	265
主持人	主持人 嘉宾1	（正面宣传青岛经验） 主持人问嘉宾1：青岛市解决农民工后顾之忧的措施？	11：21—11：33	12
同期声人物6	嘉宾1	（正面宣传青岛经验）阐述对农民工后顾之忧的理解——很重要的一个是农民工子女的就学问题。 （正面阐述）青岛市解决农民工子女就学所下的功夫和达到的效果——真正实现了农民工子女的就学和市民子女就学同等待遇。	11：34—12：25	51

续表

呈现方式（主体）	画面内容	话语内容（重点）	起止时间	时长（秒）
画面+音乐	农民工表演 农民工唱歌	农民工的歌声	12：26—14：12	107
主持人	主持人 嘉宾 现场观众 互动	主持人引入互动：现场很多观众还有网友对今天的话题有提问，强调提问可能有点麻、有点辣，请嘉宾做好准备（预控）。现场观众提问：国家对农民工职业技能培训有补贴，但是一些地方弄虚作假骗取培训费。是否需要出台些政策来预防、避免国家的培训费不合理使用？主持人：有点辣这个问题（预控）嘉宾：国家应该出台相关的规定。首先，要对培训机构的资质进行严格的审查，从源头上把住国家提供培训经费；其次，地方政府应给予适当的配套、保证培训的质量。	14：13—15：40	87
主持人	主持人	主持人：网友对节目非常关注。（概述一位网友的问题）要想让农民工过得更有尊严，首先就是让他们不再讨薪。于是人大代表，如何做才能够彻底避免欠薪的问题？	15：41—15：59	18
同期声 人物7	嘉宾2	应当从法律上来制定措施，欠农民工兄弟工资是一种犯罪行为，应从法律上制定严格的法律法规，确保不拖欠农民工兄弟的工资，这是最根本的一条。从法律上保护，欠的话就是犯罪、是犯法。	16：00—16：24	24
主持人	主持人	（突出主题）今天探讨的农民工的话题很多，两会的代表委员他们也非常关注，我们一起来倾听他们的声音。	16：25—16：32	7
同期声 人物8	面对镜头	（突出主题）用工荒可以促使企业去反思这个问题：为什么会出现用工荒、企业应该怎么去善待农民工？	16：33—16：49	16

续表

呈现方式（主体）	画面内容	话语内容（重点）	起止时间	时长（秒）
同期声人物9	面对镜头	（突出主题）社会应该更加关注农民工的收入、待遇和医疗、教育等各方面问题。	16：50—17：00	10
同期声人物10	面对镜头	（突出主题）要让农民工在城里面生活得更幸福、更有尊严，最实在的措施就是要帮助农民工就业。要帮助农民工就业，最关键的是国家要提供更多培训的机会，要让农民工有一技之长。	17：01—17：20	19
主持人	主持人	（突出主题）介绍本期节目的点评嘉宾并请其点评。	17：21—17：30	9
同期声人物11	坐在观众席点评	（概述）农民工身上反映的问题，是我们整个国家工农差别和城乡差别的一个集中的反映。他们这个问题最后的解决，有赖于我们整个国家城乡差距的不断缩小。在这种背景条件下，我想每一个地区的政府、每一个企业还是可以有所作为的。刚才青岛市，还有青岛港他们的一些做法，我觉得都给我们提供了非常有意义的<u>启示</u>，相信我们会看到越来越多的地方政府和企业会像<u>青岛市和青岛港</u>这样在地方经济的发展和企业经济发展的过程中，使农民工的目标得到好的实现。	17：31—18：24	54
主持人结语	主持人	（概述，结束话题） <u>致谢</u>。 <u>总结</u>：今天我们共同探讨了关于农民工的话题。 <u>祝福农民工</u>：让我们共同祝所有的农民工朋友能够幸福快乐、过上有尊严的生活；祝他们身体健康、工作顺利、日子越过越红火。 <u>感谢嘉宾</u>：再次感谢所有的嘉宾参与我们的节目，谢谢大家。	18：25—18：45	20

通过上述分析，对于专题类农业电视新闻的话语策略，我们可以得出以下三个基本结论。

第一，农民并非一定是专题类农业电视新闻中的话语主体。第二，专题类农业电视新闻的话语策略，包括对话语主题内涵和故事主体内容的框定，对嘉宾有意识的选择，对话语内容的删节、概括和预控。第三，在专题类农业电视新闻中，新闻话语的总体目标、态度倾向与话语策略的运用之间存在着辩证关系——话语的总体目标、态度倾向决定了话语策略的运用，具体策略生产的话语文本则体现出新闻话语的目标和态度。

表3-7的内容可简化成以下新闻话语脉络图（图3-8）。可以看出，新闻话语的展开是按从左到右、自上而下的顺序进行的。

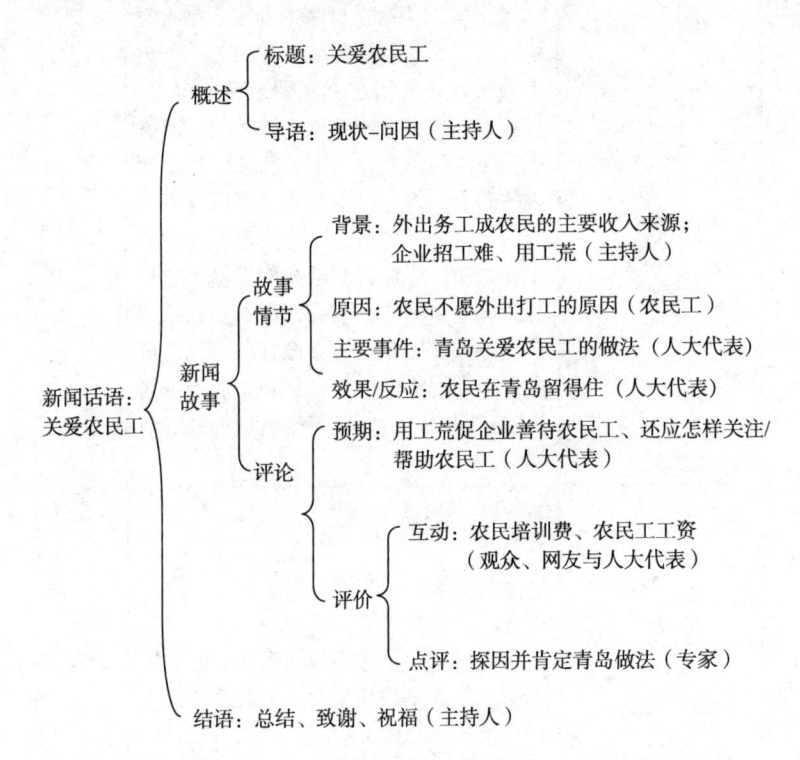

```
                  ┌ 概述 ┬ 标题：关爱农民工
                  │      └ 导语：现状-问因（主持人）
                  │
                  │        ┌ 背景：外出务工成农民的主要收入来源；
                  │        │       企业招工难、用工荒（主持人）
                  │   故事 │ 原因：农民不愿外出打工的原因（农民工）
                  │   情节 │ 主要事件：青岛关爱农民工的做法（人大代表）
新闻话语：├ 新闻 ┤        └ 效果/反应：农民在青岛留得住（人大代表）
关爱农民工│ 故事 │
                  │   评论 ── 预期：用工荒促企业善待农民工、还应怎样关注/
                  │               帮助农民工（人大代表）
                  │
                  │        ┌ 互动：农民培训费、农民工工资
                  │   评价 │       （观众、网友与人大代表）
                  │        └ 点评：探因并肯定青岛做法（专家）
                  │
                  └ 结语：总结、致谢、祝福（主持人）
```

图 3-8　新闻话语脉络图（括号中文字标明该段话语主体）

从新闻话语的脉络图可知，本则新闻专题的主题是"关爱农民工"。主持人导语，包括对节目语境的"概述"——外出务工成为农民家庭的主要收入来源，这些年招工难、用工荒愈演愈烈；还包括对"关爱农民工"主题具体内容的框

定——制约农民外出务工的原因、农民工怎样选择企业及对企业的期待。

三位农民工的同期声，表达了农民工的心声，反映了农民工的现实处境和利益诉求——无一技之长、挣钱少；孩子上学问题难解决；在城里打工没有归属感，希望政府关心。该期节目的主角和话语主体是人大代表和专家学者等精英人士，节目的真正意图在于正面介绍青岛市委、市政府和青岛港口的相关做法，其他三位代表委员的简短话语是拓展和延伸。这样，本期节目就实现了其承载的正面宣传、示范引导的功能：通过建立培训机制，提高农民工的劳动技能；给予农民工以岗位保证、农民工与城市工人同工同酬、为农民工缴纳"五险"，让农民工有归属感；解决农民工孩子就学问题，让农民工无后顾之忧——目的是为了让农民工过得有尊严、幸福，这些构成了"关爱农民工"基本内涵和本期节目的主体内容。

在节目互动环节，对现场观众和场外网友的提问，主持人进行了预控，数次提到"有点辣"，并提醒嘉宾"做好准备"，表明了我国电视新闻媒体、政府官员在正面宣传框架下，敢于直面民众可能提出的问题。

点评嘉宾的评语，虽然道出了农民工问题的实质和根源——我国长期存在的工农差别、城乡差别，但并未结合自己的知识就"关爱农民工"这一主题提出实质性意见，也未对本期节目中未涉及的内容进行必要的深化和拓展。

3. 话语功能：主流意识形态的隐匿表达

话语功能，主要是指新闻媒体希望新闻话语达到的社会功能，如信息传递、意识形态宣传教育等。话语功能有宏观与微观两个基本层面：前者，主要是探讨其宏观社会功能，如党中央对新闻媒体赋予的"舆论导向、耳目喉舌"功能；后者，则是从语法、句法等文本角度考察新闻话语的意义与功能，如镜头语言、声画组合和不同话语的表意功能等。新闻话语的宏观与微观功能之间存在着辩证、依存关系，即宏观的意识形态和利益诉求功能决定了其微观层面的文本表意功能并隐匿于微观层面的话语文本之中，而微观层面的文本则折射出宏观层面的意识形态和利益诉求。

（1）宏观层面：紧扣主流意识形态

意识形态、话语、利益三者之间存在着共生共存的关系。马克思曾深刻指出，在阶段社会里，新闻话语与社会权势、意识形态紧密相连。社会权势，是指在社会生活中能对其他社会成员实施控制的人员群体，即所谓的统治群体（阶级、阶层）。意识形态，是指一种群体或阶级的"意识"——该意识具有制约群体成员的社会、经济、政治、文化行为并使其利益得到满足的功能。

因此，仅对新闻话语的结构形式进行分析，难免具有明显的局限性，有必要从社会权势和意识形态层面分析新闻话语的控制与生产。

在阶级社会里，统治阶级往往利用各种官方和非官方的机构，通过对新闻话语的生产与流通等诸环节的控制，使被统治群体（阶级、阶层）认可并接受统治阶级的意识形态，使之成为"普遍的、自然的价值系统、规约和目标"；在此过程中，统治群体则往往掩盖自己的意识形态和利益❶，这样新闻话语就具有了意识形态的基本属性。

在意识形态形成和转变过程中新闻话语起着主导作用，从中派生出来的社会权势群体则占据了新闻话语的霸权地位。因此，社会权势天生就具有施行和维护预设意识形态框架的特征——他们通过体裁、内容、文体、传播和表达方式实现对新闻话语的控制、推广和维护现有意识形态。话语领域的社会权势，以党政官员、新闻工作者、专家学者等"符号名流"的形式存在——他们把持着言语表达的方式，"是大众知识、信念、态度、规约、价值观、伦理、意识形态的生产者"❷；他们通过自己的话语控制着新闻话语的类型、话题、信息类型、信息量、论点及话语修辞的性质，从根本上决定着普通大众的知识内容、知识结构、信念的层次和舆论的普遍性。

电视新闻媒体处于话语领域的社会权势地位，在电视新闻话语中，电视新闻媒体往往通过对新闻报道的话题、主要事件、嘉宾、画面与解说框架的选择等方面来赋予电视新闻的宏观话语功能，实现其意识形态和利益诉求。例如，在《两会特别报道：关爱农民工》中，农民的利益诉求主要通过三个农民的同期声来表现，即无一技之长、挣钱少；孩子上学问题难解决；在城里打工没有归属感，希望政府关心。

通过对话语主体、内容、时长分布等话语策略的运用，该期节目完成了其意识形态的宣导职责——通过正面宣传青岛市留住农民工、善待农民工的成功经

---

❶ 冯·戴伊克.话语·心理·社会[M].施旭，冯冰，译.北京：中华书局，1993：173.
❷ 同❶171.

验，意在帮助企业解决"招工难、用工荒"的问题，并对全国其他地方解决同类问题起到示范、引导作用。

（2）微观层面：多样化的隐匿表达

在微观层面，电视新闻话语的意识形态和利益诉求，主要通过电视新闻的声画组合、镜头语言等多渠道隐匿呈现。

首先，电视新闻话语的意识形态通过声画组合得以实现。画面，包括摄像机拍摄到的画面和后期制作的字幕、图表、绘画、动漫等；声音，包括主持人的导语和结语、解说词、人物同期声、环境音响和配乐等。画面兼具直观形象的优势与意义模糊的劣势，因此，电视新闻必须依靠抽象的语言（主要是解说词、同期声和字幕），通过画面与声音的组合关系，才能实现其话语意义和意识形态功能的传播。

电视新闻话语的声画组合过程，是主流意识形态和利益诉求在电视新闻中实现其"转喻"和"隐喻"的过程。"转喻"的实质，是以部分代表整体，即以经过电视媒体取舍、包含特定立场和价值取向的"媒介事实"指代整个"社会现实"，达到构建"拟态环境"的目的；"隐喻"的实质是类比，即电视新闻利用不同符号之间和不同事物之间存在的相似性，通过对画面、声音、文字等信息符号的选择性运用，使人们对相关事物形成大致相同的认知结果、思维方式和行为习惯，从而实现其意识形态的规训功能。此外，利用影视产品强大的再现、联想和象征功能，电视新闻实现了将个别的、特定的、私密的图像或场景普遍化、公开化、大众化，实现了社会现实与虚拟现实、真实环境与拟态环境的生成与转化，从而完成了电视新闻话语承载的意识形态和利益表达功能。

其次，镜头语言是电视新闻意识形态和利益表达的重要载体。电视新闻的画面在表达环境、范围和距离等符号本身具有的含义之外，还能体现电视新闻生产者的情感和主观意图。例如，远景，能创造出高远的意境，并赋以某种象征意义；全景，能表达某种社会关系；中景，则体现个人关怀；近景，能凸显人物形象、刻画人物性格，易使观众产生参与和交流感，并形成共鸣；特写，则具有强调和突出的功能，能产生极强的亲近感和排他性。

镜头的拍摄角度、后期编辑特技的运用也具有意识形态话语功能。例如，仰拍，表达"权力、威严、宏伟、敬仰"等意义；平拍，表示"和平、公正、平等、和蔼"等;俯拍,表明"渺小、微弱、低矮、蔑视"等。而编辑特技中的"溶入"则有"注意、集中"之义;"淡入"表明"开始"、"淡出"表明"结束";"切入"表明"及时、兴奋";"拭消"则有"强行终止"之意,等等。

最后,电视新闻话语的意识形态以赋予话语不同的语法功能而实现。新闻媒体让不同社会群体在新闻话语中承担着引入、反衬、映证、延伸、总结等功能,体现出新闻媒体的意识形态属性和利益诉求,《聚焦三农》栏目也同样存在这种情况。研究发现,农民在该栏目的新闻话语中,主要充当着正面验证的话语功能,而党政官员、媒体人士、专家学者等承担着话语的引入、延伸、总结和提升等功能。

现以该栏目2012年6月15日播出的《粮食增产前后的故事》为例进行分析。该则新闻的主题是正面宣传河南省邓州市在小麦生产中推行的"六统一"(即从"机耕、施肥、种子供应、灌溉、病虫害防治"到"收获"六环节的统一)。

节目开始时,主持人在导语中引入了该市村民房荣畔作例证,说"记者在河南省邓州市腰店乡房营镇遇到村民房荣畔特别高兴,因为眼看他们家麦子今年又要获得高产了";并设问"老房家麦子获得高产的秘诀到底是什么呢?"

接着,该节目用3个"画面+解说"和河南省邓州市种子公司研究员冯俊荣的2个同期声来证明"今年房大爷家的麦子确属高产"。在解说词中,主持人运用了对比的修辞手法,强调"年近六十的老房种了一辈子地,是远近闻名的种粮老把式……房大爷种了40亩的麦子……三年前,他的小麦亩产只有现在产量的一半,那么,今年房大爷家的小麦为什么产量那么高呢?"

紧接着,该新闻选用了河南省邓州市腰电乡房营村村民房荣畔的一段同期声来证明"六统一"是自己家小麦高产的原因:"俺这地今年是深翻过的,大农机来犁过的,种的麦子都是统一给你的,施肥也是统一的。"

也许房荣畔的话语并未完全表达出该则新闻的意图,为此该则新闻采取问答的方式,用"画面+解说"和专家同期声将"六统一"的具体内容和做法进行了完整阐述,起到"延伸、总结"的功能。至此,该则新闻报道力图宣传的意识形态"农业科技推动农业发展,科学管理带动农民致富"得以初步呈现。

为了进一步实现该意识形态的宣传,该报道以河南省邓州市小麦生产中推行的"六统一"为主要事件之一。在这一主要事件讲述过程中,该报道多次在解说词中运用"对比、反衬"的手法,并运用人物同期声来验证"六统一"为农业和农民带来的好处。

例如,在河南省邓州市种子公司研究员冯俊荣对"六统一"进行解释后,该报道在解说词中紧接着说:"别看老房现在对'六统一'满口称赞,当初,他也和许多村民一样,对农业局这项措施持怀疑态度,甚至根本接受不了。"

在后面的解说词中,该报道还特别强调:"在赤霉病较重的年份里,视麦子如生命的房大爷从麦子种下地就每天蹲在地里看,凭着自己多年种田的经验,给麦子治病,结果令他十分失望,幸亏农业局的技术人员上门指导,才让他避免了损失。原来只相信自己的老房和村民们如今对科学种田有了深刻的认识,因为统一管理,让他们连续多年增产又增收,这让他们种粮更起劲了。"

该报道还选用了种子公司研究员冯俊荣和村民房荣畔、房松森3个不同人物的同期声,但冯俊荣和两位村民的同期声在新闻话语中却起着不同的意识形态宣传作用。前者的话语主要是阐述农民对"六统一"由不接受到接受的过程及原因,强调"才开始的时候,群众不愿意统一",只有"增产、见效益了"农民才比较信;冯俊荣还对解说词中提到的赤霉病进行"延伸和深化",重点讲述了该病的危害性;而两位农民的话语,则重点从正面证明农业局实行的"六统一"给农民带来的好处,如房荣畔说"要比每年自己管理多收一二百斤一亩",房松森说"自己打那个药不好用","六统一"后种子、打药、治赤霉病等都是农业局,"今年的灭草剂都是国家来打的……一说有这个虫子,当时就治"。

在本期节目另一个主要事件的讲述过程中,该报道也采用了基本相同的话语策略,宣传江苏省睢宁县落实"四个统一"(品种布局、播种方式、测土配方施肥和病虫害防治的四统一)实现小麦高产,湖北省南漳县推广水稻机械插秧技术实现水稻增产的成功经验。

特别是在介绍湖北省南漳县的经验时,该报道选用了该县农机局局长的同期声进行总结——强调机械插秧技术"既插秧又能省秧地,省工,省时……还能提高粮食产量"。在紧随其后的解说词中,该报道还以间接引语的形式,用农机局局长的话语进行了顺向拓展与延伸——强调该县"对老陈那样的机械插秧大户是大力扶持的,专门免费送了他一台价值几万元的机械插秧播种机"。

第四节　农业新闻公共服务的实践分析

国内主流媒体的农业新闻以服务"三农"为自身主要定位，并依据自身定位开展新闻实践。本节拟运用公共服务和多模态话语分析理论，分析此类新闻在公共服务实践方面的尝试，以期对国内同类新闻实践提供有益启示。

一、理论依据与阐释

公共服务是相对于私人服务而言的。根据萨缪尔森的纯公共产品理论，公共产品具有受益的非排他性、消费的非竞争性、效用的不可分性、使用的不可避性和供给的非排除性等重要特征。

农业、农村和农民，从其产业基础、地域范围和人员数量来看，在我国都具有重要地位。无论从历史传统还是发展现状来看，"三农"在我国均具有重要地位。因此，以服务"三农"为主要定位的国内主流媒体的农业新闻报道，天然地就具有了公共服务的基本属性。另外，从新闻报道的载体来看，新闻信息资讯是包括农业新闻在内的所有新闻报道的主要载体。新闻信息具有明显的共享性特征——信息的传播并不会导致信息的损耗。新闻信息的共享性特征，也使农业新闻报道具有了公共产品的特征。

当然，现实生活中的新闻服务绝大部分属于准公共服务的产品之列，这主要是由农业新闻传播必须依托特定的物质载体而决定的。例如，电子新闻传播必须依托特定传输和接收终端才能实现，纸质新闻传播必须依托特定的发行网络才能实现，等等。在信息传输过程中所需要的物质和成本消耗，新闻媒体自然会通过特定方式向新闻消费者收取相应费用。这就使农业新闻具有了准公共产品的属性。

但必须指出的是，我国的主流新闻媒体在机构属性、人员编制、经费保障等方面均与纯商业性质的媒体不同，国内主流新闻媒体的农业新闻频道、栏目、版面具有履行公共服务的必然性。

农业新闻履行公共服务的职责，主要在于通过提供新闻和相关信息资讯，实现其传递信息、监测环境（舆论监督）、文化传承、社会规范、保障权益等功能。其中，传递信息是首要功能，监测环境、传承文化、规范社会成员的言行，以及保障社会成员权益等功能，都必须以及时全面的信息传递为依托；保障社会成员的合法权益、维护社会公平正义，则是新闻公共服务的基本价值追求和归宿。

二、样本来源与分析

本节样本来源于《聚焦三农》和《农民日报》在党的十八大后的相关报道。为方便研究，本书采取了立意抽样的方法，即抽取了2015—2018年《聚焦三农》和《农民日报》的部分报道作为分析样本。

在分析路径上，本节主要采用国内学者张德禄提出的多模态话语分析综合框架理论进行分析，具体包括文化层面、语境层面、内容层面和表达层面。其中，文化层面对应的是文化语境（包含意识形态和体裁），语境层面对应的是情景语境（包含话语的范围、基调和方式），内容层面包括意义和形式两个层面（话语意义包含概念意义、人际意义和谋篇意义；形式层面包含形式与关系，形式包括语言、图觉、声觉和感觉，关系包括互补与非互补），表达层面对应的是媒体（包括语言和非语言）❶。

三、主要研究发现❷

1. 文化语境决定农业新闻公共服务的特征

文化语境是使多模态交际成为可能的关键层面，包括意识形态和体裁。我国的具体国情，特别是中国共产党身体力行的"全心全意为人民服务"的宗旨和其"正面宣传为主"的报道方针，决定了我国农业新闻公共服务与西方公共电视不完全相同，也不可同日而语。

对于意识形态，中外政界和学界有不尽相同的理解和界定。例如，马克思、恩格斯和法兰克福学派把"意识形态"视为一个否定性概念，认为意识形态是

---

❶ 张德禄.话语分析综合理论框架探索[J].中国外语，2009（1）：24-30.
❷ 部分内容见陈旭鑫.城镇化进程中国内电视新闻涉农群体事件的多模态话语分析——以广东"普宁高铁事件"为例[J].南昌工程学院学报，2016（5）：44-49，在本节中有删改。

"由物质生产决定的思想产物,是统治阶级用以巩固其权力和统治地位的东西"❶。

本书将"意识形态"视作中性词,认为意识形态是社会生活中不同社会群体的利益和价值观在特定语境下博弈的折射或反映;意识形态,具体包括人的思维模式、处世哲学、生活习惯及一切社会潜规则等诸多内容;意识形态会通过社会管理制度、日常行为和具体话语体现出来;意识形态有主流与支流之分,兼具有恒常性、变动性和互动性等特征。

当前,我国的主流意识形态主要体现为新闻媒体是党和政府的"喉舌",坚持"正面宣传为主"的方针,自觉维护现行制度的正当性和合法性。该主流意识形态对国内主流媒体农业新闻报道的话语生产具有决定性的影响。

话语是新闻报道履行其公共服务职责的基本载体和途径,是"语言的物质性在意识形态范围的存在"❷。

当前,我国农业新闻中的主流意识形态,主要是通过对典型(特别是先进典型)的报道来实现的,而且这种典型具有明显的时间性特征,并与党和国家的阶段性工作重心高度吻合。例如,党的十八大以来,党和国家强调在经济方面的结构转型,发展现代化程度高、附加值高、环境污染低的产业;在社会发展方面,推动"城乡一体化"、"五位一体"、大力改善民生等。

国内主流媒体的农业新闻,时政类、经济类、社会民生类、文教体卫类和环保类的新闻,其主流意识形态宣传与公共服务存在着内在的有机统一关系,这是由中国共产党提出并一直身体力行的"全心全意为人民服务"的宗旨决定的,具体体现在国内农业新闻日常生产之中常见的"正面宣传"与"批评监督"有机结合、"典型示范""以点带面"和"因果叙事框架"有机结合等方面。

在2016—2018年《农民日报》综合新闻中,该报积极响应党和国家在各个时期的中心工作,在突出经济新闻报道的同时,也注重时政、社会民生、文教体卫和环境保护方面的报道,有力地宣传了党和国家推动"五位一体"和"城乡一体化"发展的主流意识形态,对于统一全国"三农"相关部门的工作思路和工作进度、帮助农民及时获取相关信息指导生产、规避风险等均有积极的意义,如2016年3月8日该报刊发的《农业部对违规渔具清理整治工作进行督查》《农业部紧急

---

❶ 辛斌.批评语言学:理论与应用[M].上海:上海外语教育出版社,2005:8.
❷ 托伊恩·A.梵·迪克.作为话语的新闻[M].曾庆香,译.北京:华夏出版社,2003:30.

部署防范强降温和寒潮雨雪天气》《国家防总部署防御近期南方地区强降雨》等。

为了有效推动工作，服务"三农"，助推"三农"现代化，《农民日报》主要采取了"典型示范"的话语策略。例如，为引导全国深化农村改革、打造现代农业、实现"城乡一体化"，该报刊发了《杨陵：深耕农村改革的"发力点"》❶一文。该报道以全国著名的农业高新技术产业示范区——杨陵为例，通过对该示范区村民和干部的深入采访，重点展示了该区在打造全域城乡一体化范例、实施"一村一镇"现代农业综合改革、创新农村产权流转交易模式等方面的有益尝试和取得的成效。该新闻采取正面宣传、典型示范、点面结合和因果呈现的叙事框架，既让读者了解了当地深耕农村改革"发力点"的具体做法，又让读者体会到改革的积极成效，实现了该报指导工作、推动工作的服务定位——对于领导干部决策者来说，通过阅读该报道可以明确改革的着力点、工作经验和方法；对于普通农民来说，通过阅读该报道，可以了解改革的积极成效、增强他们支持和配合改革的主动性。

体裁，是话语主体在传递信息过程中所采用的相对稳定的话语形态和表现形式。在新闻话语生产中，新闻生产者往往会根据时效性要求和新闻文本的信息量采取适当的体裁；同时，新闻体裁又对新闻话语的生产与传播效果产生制约作用。由此，多模态话语理论认为，体裁是实现该意识形态引导功能的表现形式，具有交际潜势和结构潜势，并对新闻话语生产具有明显的制约性。例如，《农民日报》根据相关新闻信息的重要性决定相关报道的体裁——有的采取普通短消息，有的则采用长篇报道或通信形式展示；而《聚焦三农》则将每天的节目时间划分为若干板块，其中包含简短消息式的《三农快讯》，但更多的则是采取专题报道的形式呈现出来，使相关报道更具深度和力量。

2. 情景语境建构农业新闻公共服务的框架

特定的价值取向是意识形态的核心。文化语境要通过情景语境才能得以具体实现——在文化语境中特定主流意识形态价值取向的支配下，传播者往往会根据具体的情景语境和传播目的，选择所要表达的意义，并用适当的模态和体裁结构表现出来。情景语境，是通过话语内容形构（shape）出来的具体情境，主要通过话语范围、话语基调和话语方式体现出来。

---

❶ 肖力伟，胡明宝．杨陵：深耕农村改革的"发力点"[N]．农民日报，2016-03-08（2）．

一般情况下，文化语境对情景语境存在着潜隐而非显在的制约关系，这主要是由主流意识形态的隐蔽性所决定的。而在特别强调新闻媒体舆论导向的时空环境下，文化语境对情景语境的制约又是无处不在的。

与文化语境的隐蔽性完全不同的是，情景语境对农业新闻内容与话语生产的制约是直接且明显的。甚至可以说，情景语境直接决定着我国新闻媒体公共服务在内容与话语方面生产与创新的目标与方向。在我国，大力推进产业结构转型升级、推进"新四化"和"城乡一体化"建设，已成为党的十八大以来党和国家的中心工作。为此，党和政府推出了一系列具体的政策举措。这些中心工作和政策举措，构成了近年来我国农业新闻公共服务和话语创新实践的基本情景语境。该情景语境，对我国农业新闻媒体在公共服务的内容与话语生产创新上具有直接的影响力和决定力。

就《农民日报》而言，除一般的政策性信息报道之外，对先进典型的宣传报道与实现典型示范推进工作，是其农业新闻公共服务实践的一大特色。这种典型示范引领模式，在该报时政、经济、社会、文化和环保类报道中均有较多体现，如表3-8所示。

表3-8 《农民日报》典型示范式新闻报道案例

类别	ID编号与标题
时事政治	198 杨陵：深耕农村改革的"发力点" 202 农业部对违规渔具清理整治工作进行督查 206 贯彻落实五大发展理念强化农业科技成果有效供给 212 农业部关于进一步加强转基因作物监管工作的通知 302 医改"立柱架梁"迈出重要一步 303 农机购置补贴政策落地见效 359 我国农作物种子监管实现省市县三级全覆盖 395 陇南：万名人大代表投身脱贫攻坚
经济	191 宁夏：蔬菜产业成增收支柱 2016-1-27 192 达川："财政因素分配法"激发乡镇活力 2016 196 山西：组建协会助力沙棘产业发展 197 河南：供销系统经营服务网络年内覆盖98%的村 204 调结构，向供需新平衡跃升 211 农村集体产权制度改革新范本 　　——贵州六盘水市实施"三变"改革促进农村发展调查

续表

类别	ID 编号与标题
经济	213 吉林省农发行全面加大信贷支农力度 214（山西定襄县）丘陵山区推广杂交谷 219 昭通：将优质土豆送出国门 224 河北财政安排 1.9 亿元推进中药材园区建设 225 甘肃西和县脱贫攻坚打好"巧"字牌 229 金河生物正式进入动物疫苗行业 236 以绿色发展理念引领果茶转型升级 237 股改破题"三变"生金（因果、对比，农民集体经济改革） 246 "互联网 +" 激荡潇湘源头 264 山沟种出"金小米" 266 生态草莓卖断货 268 加快推进农业信息化助推农业供给侧结构性改革 270 湖南 3 年内实现贫困村光伏工程全覆盖 271 茶乡里有个"农民讲师团" 272 加快建设一批现代农业产业科技创新中心 279 告别"提篮小卖"，走向"现代棚膜经济" 287 特色乡村游带富青海湖畔小城 292 向产业结构优化要效益 296（内蒙古）乌海与葡萄的甜蜜情缘 309 叶城：小核桃撑起脱贫梦 310 一滴水的科技之旅 357 冰雪资源也是金山银山 370 陕西政策性鸡蛋"保险 + 期货"首单行权 379 箬帽产业"触网"走俏 384 甘肃拓展丝路旅游积极融入"一带一路" 385 百色芒果进京"叫卖" 387 山东临清：引导资本下乡助力产业兴旺 389 孟津县：袖珍西瓜俏销并非偶然
社会民生	194 从江县："水陆"并进奔同步小康 2016 200 农业部紧急部署防范强降温和寒潮雨雪天气 201 国家防总部署防御近期南方地区强降雨 207 苏宁易购：解开果农滞销之困 221 灾后重建要严把规划设计关（读者来信） 230 直面农民工"讨薪难" 235 福建集中销毁 27 吨假劣农资 265（河南省信阳市黄久生）二十一年敬老情 372 尼玛石曲：村民交口称赞"亚古都"

续表

类别	ID 编号与标题
文教 体卫	215 海南推广冬季瓜菜新技术 232 我国将实施"科技助力精准扶贫工程" 233 首个国家信息经济示范区建设在浙江乌镇启动 234 超级稻走上绿色高产高效发展之路 252 "文化进城"好戏连台贺新春 253 连湾村皮影戏班进城演出送年味 254 吉首农民文化进城"幸福逆袭" 255 余杭开启"农民送戏进城"模式 256 农民送"文化进城"有深意 257 永安：城乡文化互动惠民 258（北京）北石槽镇举办"二月新春"文艺汇演 259 新疆海楼镇举办"民族团结一家亲"文艺汇演 260 宜昌："我到乡村过大年"感受乡村民俗新景 261（山东）嘉祥墨香溢满小乡村 262（四川）书屋过年"不打烊" 273 全国农业系统新闻发言人培训班在京举办
生态 环保	276（陕西省黄龙县）生态点睛新"黄龙" 294 山水贵州走出生态扶贫新路 371 北京：生态公厕开满花 380 宁夏加大农作物病虫害绿色防控

从表 3-8 可以看出，除时政类新闻报道较强调国家部委等权威话语外，其农业新闻在公共服务和话语创新方面倾向于发挥典型的示范引导作用。例如，经济类新闻报道中，该报紧密围绕党和国家推动农业现代化和农业产业结构调整转型升级的工作重心，专门报道了宁夏、贵州、吉林、河北、湖南、山东、陕西等地的经验做法。在社会民生、科教文化和生态环保等类别的新闻中，也存在类似做法，在此不一一赘述。

根据多模态话语理论，与话语的范围、基调和方式三者相对应的，分别是情景语境所包含的三个变项，即语场（field）、语旨（tenor）和语式（mode）。三个变项存在着密切联系——语旨是核心与灵魂，但须依托语场而生成，语式则是语旨和语场的外在表现和传播介质。下面，将以《农民时报》的《农村集体产权制度改革新范本——贵州六盘水市实施"三变"改革促进农村发展调查》❶（以下简称《农村集体产权制度改革》）为例进行分析。

(1) 语场和话语范围

语场即语篇涉及的事件、活动，语场限定话语范围。改革开放以来，我国农村实施的分田到户、联产承包责任制极大地激发了农民的生产积极性，特别是在20世纪80年代，我国"三农"面貌发生了翻天覆地的巨变。但是，20世纪90年代之后至今，受城市"打工潮"的影响，分田到户、分散式小农生产模式的弊端不断显现，特别是农村土地撂荒问题日益突出。为此，近年来党和国家提出在尊重农民意愿的前提下，积极进行农村集体产权制度改革，意在推动农业向规模化、集约化和现代化方向发展。这构成了国内农业新闻的文化语境和情景语境，并由此决定了国内农业新闻报道的话语范围、基调和方式。

鉴于推动农村集体产权制度改革是党和国家确定的改革方向，属于主流意识形态，《农村集体产权制度改革》的话语范围必然符合党和国家既定的改革方向。基于此，该文以贵州省水城县米箩乡俄戛村51岁村民周祖珍肯定性的话语开篇，重点围绕"为什么进行'三变'改革""'三变'改革怎么变"和"'三变'改革给农村带来了什么"三个主要问题展开。通过点面结合的叙事框架，该文较好地回答了国家进行农村集体产权制度改革原因、路径和成效，及时回应了社会关切，对指导全国同类改革具有积极的示范意义。

(2) 话语基调和语旨

话语基调，即话语的基本态度倾向；语旨，即传受双方的社会角色与关系。话语基调包括全篇话语的宏观基调和个体话语的微观基调。在情景语境中，宏观基调受文化语境的制约；宏观话语基调与微观话语基调之间则存在着决定与反映的关系，即宏观话语基调决定着微观话语基调，而后者又反映并服务于前者。此外，语旨还对微观话语基调有限定作用。

《农村集体产权制度改革》一文，先后通过直接引语和间接引语，引用了贵州省水城县米箩乡俄戛村村民周祖珍、时任六盘水市委书记李再勇、时任六盘水市副市长付昭祥、当时入驻该村启动建设万亩猕猴桃园的润永恒公司总经理胡君等的话语来阐述农村集体产权制度改革的成效、原因与做法。上述人员的话语，

---

❶ 刘久锋. 农村集体产权制度改革新范本——贵州六盘水市实施"三变"改革促进农村发展调查[N]. 农民日报，2016-04-18（1）.

都从正面角度肯定了当地实施农村集体产权制度改革给当地"三农"发展带来的积极成效——这也是该文的宏观话语基调。在此宏观基调的指引下，该文赋予了上述四个话语主体不尽相同的角色定位，在报道的不同位置引用不同主体的话语形成了各自的微观话语基调。

就语旨而言，村民周祖珍以制度改革受益者的角色出现，李再勇和付昭祥以制度改革决策者和执行者的角色出现，胡君则是制度改革的受益者和施助者——上述关系和角色，决定了不同主体在该文中的话语不尽相同。

囿于篇幅，本节仅以该文开篇部分为例进行简要分析。该报道开篇之处，记者写道：

"地是我的，股份我也有，每个月还有两三千块钱的收入，这样的好事，以前想都不敢想呀！"近日，在贵州省水城县米箩乡俄戛村的猕猴桃基地，51岁的周祖珍一边给猕猴桃授粉，一边乐呵呵地对记者说。

当了半辈子农民的周祖珍，现在有了两个新身份——"新股民"和"职业农民"。

她把家里的1亩多土地"入股"贵州润永恒农业发展有限公司种植猕猴桃，除每年固定领到1000多元的保底土地入股红利，猕猴桃达产后，还可以与其他入股农民一道，按照30%的比例参与分红。

像周祖珍这样成为"股民"的农民，在六盘水越来越多。

2014年，六盘水市开始实施"农村资源变股权、资金变股金、农民变股民"的农村集体产权制度改革，短短的两年里，这个典型的喀斯特山区由此发生了令人耳目一新的变化。

在第一自然段中，记者就用直接引语的方式将村民周祖珍的部分原话引出，作为当地实施农村集体产权制度改革后积极成效的支撑性材料和验证性话语。该话语很契合话语主体的社会地位与角色，通过今昔对比的叙事框架凸显改革的合法性和必要性。

在第二、第三自然段中，记者突出了周祖珍身份的转变及改革使其获得的诸多好处——身份的转变，由"半辈子的农民"转变成了"新股民"和"职业农民"；收入来源也因此有了巨大改观，有了"保底土地入股红利"和农产品收入分红。

在第四、第五自然段中，记者则采取了"点面结合"的叙事框架，顺利实现了新闻报道由个别到一般、迅速切入重点的话语目标。

（3）语式和话语方式

语式，即传播的媒介、渠道和方式。语式限定了话语方式、结构。就《农民日报》而言，受其传播介质的物理属性制约，其传播符号主要是文字和图片。另外，其传播渠道和方式主要有两种：一是依托传统的纸质媒介传播；二是依托互联网、手机App等电子媒介传播。但受历史与现实等多方面因素的影响，该报在互联网和手机App上的内容与其纸质媒介上传播的内容并无本质区别，即仍以文字和图片为主。

《农村集体产权制度改革》一文采用文字作为传播符号，文字报道成了该文主要的语式。从符号学的角度看，文字报道最大的不足是直观性不足，其最大优势在于善于表现抽象内容。贵州六盘水市实施的"农村资源变股权、资金变股金、农民变股民"的农村集体产权制度改革，因其具有抽象度较高、时间跨度大、涉及的人物和事件较多等特点，较适合用文字报道的方式进行传播。

（时任）❶六盘水市委书记李再勇说："随着生产力的发展，生产关系和生产要素都在发生变化，在统分结合的双层经营体制中，以现在经济社会发展的眼光来看，是分得充分、统得不够。"

李再勇认为，由于"分"得充分、"统"得不够，统分结合双层经营体制的优越性没有得到充分发挥，导致大量"空壳村"的出现，村集体对村民的服务能力逐步减弱，更面临较高的农业生产成本和弱势的交易地位。

上述两段引语就具有较高的抽象性，如要通过画面等直观性较强的符号来予以呈现则难度较大，用文字符号且通过新闻人物直接引语和间接引语的话语方式来呈现则较易实现。

当然，为了解决文字描述抽象性有余直观性不足的问题，《农村集体产权制度改革》一文在话语方式和结构方面进行了一些创新。例如，在结构方面，该文采用了"由点到面"和"由果及因"的叙事框架——在开篇之处，以该市水城县米箩乡俄戛村51岁村民周祖珍的肯定性话语和身份转变为"点"，过渡到六盘水市这个"面"；由周祖珍这样成为"股民"的农民在六盘水越来越多为"果"，过渡到该市推进农村集体产权制度改革的"因"。

---

❶ 作者注。

另外，在整个报道中主体部分，该文运用了"为什么进行'三变'改革""'三变'改革怎么变"和"'三变'改革、给农村带来了什么"三个小标题，使全文脉络和逻辑关系显得十分清晰易懂；再通过恰当的编辑语言（字体字号等）和必要的数据资料，整篇抽象度较高的报道就变得更加具象和直观。

至此，该文完成了其内容层面要求的意义与形式的有机统一，并实现了在表达层面通过媒体完成最终呈现与传播。

《聚焦三农》是农业电视新闻栏目。因其传播介质的物理属性，农业电视新闻的语式和话语方式与《农民日报》等纸质媒体有较大不同，主要表现在画面、解说词与同期声、背景音等多种符号的运用，以及通过卫星传播、覆盖面更广、影响力更大等方面。较之报纸新闻，电视新闻在符号、语式和话语方式等方面都显得更加丰富，互补性和灵活性也更强。

3. 内容表达锚定农业新闻公共服务的效果

农业新闻以传递涉农信息资讯、农民心声、维护农民合法权益为基本定位，其公共服务的效果必然以其内容与表达为依托。

根据多模态话语理论，文化语境中的意识形态是最深层次和隐蔽的，情景语境中的话语范围、话语基调和话语方式都是为表现文化语境服务的；就情景语境与内容、表达层面的关系而言，情景语境决定着内容和表达层面，内容和表达则是为体现文化语境和情景语境服务的并最终锚定农业新闻公共服务的传播效果。

中国共产党及其领导下的人民政府以"全民全意为人民服务"为宗旨，近年来又强调建设服务型政府、着力推进"新四化""城乡一体化"和"五位一体"。这些战略布局和宣传导向构成了当前我国主流媒体新闻传播的基本文化语境和情景语境。

通过对《聚焦三农》和《农民日报》的典型个案进行分析，发现农业新闻的内容与表达是形塑和制约农业新闻公共服务效果的重要因素。就我国农业新闻公共服务的内容和表达层面来看，国内农业新闻在遵守"正面宣传为主""积极传递正能量"等宣传纪律的前提下，仍有履行舆论监督职能的批评性报道。下面，以《聚焦三农》的新闻内容与表达实践为例进行分析。

在内容与表达方面，《聚焦三农》与《农民日报》的共同之处在于，二者均围绕各个时期党和国家的工作重心，坚持"正面宣传为主""典型示范""点面结合"及"因果呈现"等内容与表达的基本原则。例如,结合党和国家推出的乡村振兴战略,2018年10月22—28日《聚焦三农》推出了"乡村振兴系列报道",具体包括《乡村振兴 规划先行》(2018年10月22日)、《现代农业看东北》(2018年10月23日)、《生态宜居看浙江》(2018年10月24日)、《环境整治看山东》(2018年10月25日)、《乡村文化看陕西》(2018年10月27日)及《城乡融合看四川》(2018年10月28日)。该组报道涉及政策(政治)、产业(经济)、社会、文化和环境,体现了党和政府"五位一体"的发展理念。

在坚持"正面宣传为主"的原则下,《聚焦三农》也有一定比例的批评监督式报道和直面社会问题的新闻报道,如《操纵选举之后》(2018年6月7日)、《捐衣箱里的秘密》(2018年11月24日、11月30日)、《隐藏在村里的黑驾校》(2018年11月26日)、《农村土地承包经营权证你拿到了吗?》(2018年12月1日),等等。《操纵选举之后》,涉及部分地区村干部选举中存在的极少数村干部横行乡里,通过贿赂操纵村干部选举被村民举报之事;《捐衣箱里的秘密》(前后两期连续报道),涉及部分地方出现非法私设捐衣箱,将爱心人士的公益衣物私卖谋利之事;《隐藏在村里的黑驾校》涉及某地部分人员私自开驾校向农民收费、逃避监管;《农村土地承包经营权证你拿到了吗?》则指向某地农村土地确权登记中出现的问题。

此外,近年来《聚焦三农》还涌现了一批直面中国社会转型期真实状况的中性农业新闻报道,如该栏目在2018年12月2日播出的《让生猪养殖如何走出困境》,12月3日播出的《让残疾人"站"起来》;2019年1月11日播出的《我的养老谁埋单》,1月19日播出的《普惠性幼儿园离你有多远》,1月20日播出的《九零后农村青年的婚事》等。

对于批评监督式报道和直面社会问题的新闻报道,《聚焦三农》主要采取记者调查、暗访和专题报道的话语方式进行报道。在新闻主体部分,《聚焦三农》采用了客观新闻报道的手法展示内容;在新闻结尾部分,则运用编后语——"三农观点"的方式,再次突出强调新闻的意义和媒体的立场、观点。

为了进一步展示国内农业新闻通过内容选择和话语表达形塑其公共服务效果的路径,下面以2014年1月6日《聚焦三农》播出的《寒冬手记——问暖大凉山失依儿童》(以下简称《失依儿童》)为例进行分析,该报道文稿如表3-9所示。

表 3-9 《寒冬手记——问暖大凉山失依儿童》播出文稿[1]

呈现方式	画面内容	声音内容（解说词、同期声）	起止时间	时长（秒）
导播	冰天雪地，坚持工作的人（卡车司机等）、上学的孩子；演播室；主播	天寒地冻，风雪相交，它们面临怎样的冬季境遇？记录平凡人的生存现状，展现生命中的乐观与坚毅。寒冬手记，《聚焦三农》温暖呈现。各位好，欢迎您收看《聚焦三农》，来看今天的《寒冬手记》。今天我们的节目要关注的是一群特殊的孩子，他们有的是父母都已经不在人世了，家里只有年迈的老人来陪伴，有的是因为家长失去了劳动能力而无法抚养，那么这些孩子我们把他们统称为失依儿童。现在已经是寒冬了，那么他们的每一天是怎么度过的？	00：44—01：11	27
画面+解说	《记者手记》失依儿童（小画框）	在四川省南部的大凉山深处，有7000多名失依儿童生活在这里，和所有同龄的孩子一样，他们有着自己的快乐，有着自己的理想，但在小小的年纪，面对现实生活，他们却又有着普通孩子想象不到的烦恼和压力。冬季到来，他们的身体和心灵都在感受着冷和暖。	1：12—1：30	18
画面+解说	冰天雪地的原野；小学校园；教室内上课	每年的12月，四川大凉山地区就会进入一年中最冷的季节。这两天今年的第一场大雪如期降临，气温骤然降到了0℃以下。今天虽然雪过天晴，但天气依然非常的寒冷。在昭觉县工农兵小学，13岁的儿童阿都澳门深深地感受到了冬季的寒冷。	1：31—2：13	42
画面+同期声	昭觉县工农兵小学；老师—阿都澳门（小学生）	阿都澳门：提手旁 老师：提手旁是什么？ 阿都澳门：挎着 老师：挎什么？挎着我们说的话。	2：03—2：07	4
画面+解说	阿都澳门在教室上课；同学和老师穿着厚厚的衣服	因为穿的衣服少，昨天晚上开始阿都澳门就感觉身体非常的不舒服。今天上午他特意穿了一件厚一点的衣服，但刚刚上了两节课，他还是难以坚持，只好向老师请假回家。	2：08—2：24	16

---

[1] 电视新闻中的所有同期声均配有字幕，以下同。

续表

呈现方式	画面内容	声音内容（解说词、同期声）	起止时间	时长（秒）
画面+人物同期声	记者陪阿都澳门离开学校	阿都澳门：我昨天晚上都走不起路了（走不动路了），一直躺在床上休息，我昨天晚上都没吃晚饭。	2:24—2:37	13
画面+解说	记者陪阿都澳门离开学校	由于家里经济困难，从学校出来后阿都澳门并没有打算去买点药，而是想直接回家。在我们的一再劝说下，阿都澳门终于答应去找医生看一看。	2:38—2:53	5
画面+同期声	诊所，检查、量体温；医生给药、教她吃法	医生：不会发烧。感冒了，没什么事情。这个一样一颗，这个一包，一天三次，啊。阿都澳门：嗯。	2:54—2:59	5
画面+解说	阿都澳门回家；阿都澳门的家	经过半个多小时的路程，阿都澳门终于回到了家里。爸爸妈妈因病相继去世后，他就带着年幼的弟弟妹妹一直和70岁的奶奶生活在一起。而这个地面的简易火炉，是他们家里唯一的既用来做饭又用来取暖的工具。	3:00—3:20	20
画面+同期声	阿都澳门的家；阿都澳门做饭；阿都澳门与记者对话	阿都澳门：我现在要煮酸菜汤。记者：酸菜汤啊，这个是不是咱们家里自己腌的酸菜？阿都澳门：嗯，腌过的。记者：这个柴火现在这个时候烟冒得太大，是不是不太干？阿都澳门：有雪，你看。	3:16—3:39	23
画面+解说	阿都澳门在家做饭	由于奶奶身体不好，弟弟妹妹年纪又比较小，家里的事情几乎都压在了她身上。今天，尽管身体非常不舒服，但她依然要给家人做饭。	3:40—3:53	13
画面+同期声	阿都澳门	（奶奶）眼睛不好、牙也疼，还有她的腰一直在疼。	3:54—3:56	2
画面+解说	阿都澳门的家（破旧）；阿都澳门给家人做饭；家人开始吃饭（红薯等）	中午时分，她终于给弟弟妹妹和奶奶准备好了午饭，这时候他才想起从医生那里买的药还没吃。	3:57—4:07	10

续表

呈现方式	画面内容	声音内容（解说词、同期声）	起止时间	时长（秒）
画面+同期声	阿都澳门准备吃药；记者、阿都澳门；阿都澳门将药倒入酸菜汤锅中	记者：这是冲剂，得拿点水冲开。 阿都澳门：用这个酸菜汤冲。 记者：水太少了吧？ 阿都澳门：没关系。	4:08—4:30	22
画面+解说	阿都澳门做家务活（喂猪等）	虽然和自己的三位亲人生活在一起，让阿都澳门感受到了家的温暖，但沉重的生活负担压在幼小的肩膀上，让她有些难以承受。	4:31—4:43	12
画面+同期声	阿都澳门家；记者、阿都澳门	记者：要照顾奶奶，还要照顾妹妹和弟弟，你觉得不累吗？ 阿都澳门：这是幸福。	4:44—4:54	10
画面+解说	昭觉县竹核小学校园；教室；马海阿妹下课	同样是这个冬季，和阿都澳门比起来，昭觉县竹和小学的马海阿妹生活似乎要轻松很多。	4:55—5:04	9
画面+同期声	马海阿妹拿着饭碗去学校食堂吃饭；学校食堂师傅给马海阿妹打饭菜	记者：你知道今天中午吃什么饭吗？ 马海阿妹：知道。 记者：知道吃什么饭？ 马海阿妹：吃肉，还有瓜，不知道叫什么瓜。	5:05—5:18	13
画面+解说	学校食堂师傅给马海阿妹打饭菜	马海阿妹的爸爸去世以后，妈妈也因病失去了劳动能力，她也因此而变成了一名失依儿童。	5:19—5:27	8
画面+同期声	马海阿妹吃饭；记者与马海阿妹聊天	记者：味道怎么样？ 马海阿妹：好吃。	5:28—5:29	1
画面+解说	马海阿妹与同学们一起吃饭；马海阿妹在教室上课	同样由于家庭困难，马海阿妹的妈妈原本让她在家里帮忙干活，没有打算让她来上学。2012年，凉山州妇女儿童发展中心的工作人员找到了她，把她带到了学校。当时已经11岁的马海阿妹才开始上一年级。	5:27—5:49	22
画面+同期声	马海阿妹在学校的寝室、床铺（墙上的贴画）；记者、马海阿妹	记者：哪个是你的床呢？ 马海阿妹：这个。 记者：这个是你的床？哦。	5:50—5:59	9

续表

呈现方式	画面内容	声音内容（解说词、同期声）	起止时间	时长（秒）
画面+解说	马海阿妹和同学在寝室学习	在这所学校里，一共有两个爱心班的一百多名失依儿童寄宿在这里。他们的生活所需全部由凉山州妇女儿童发展中心来统一负责。	6:00—6:11	11
画面+同期声	凉山州妇女儿童发展中心工作人员马海伍洛	马海伍洛：政府的补助，然后就是外界的爱心人士给他们进行一对一的资助善款里面，（然后）也有包含了生活费呀，还有他的学习所需的（这些）物质。	6:12—6:22	10
画面+同期声	马海阿妹与同学们在寝室里	马海阿妹：这些是老师给的，衣服也是老师给的。	6:23—6:26	3
画面+解说	马海阿妹的衣服、鞋、手套等冬装	这些冬装，是半个多月以前学校的老师刚刚发放给大家的，她的手上和脚上再也没有了冻疮。	6:27—6:35	8
画面+同期声	记者与马海阿妹及其同学们在寝室里；马海阿妹站在床铺上向记者介绍自己床的贴画	记者：你们觉得在学校里开心不开心？ 马海阿妹：开心。 记者：这个是做的是什么东西呢？ 马海阿妹：这个是草莓，这个是花，这个是爱心。 记者：你为什么要做这个图案呢？ 马海阿妹：因为漂亮。汉语老师呢？	6:36—6:58	22
画面+解说	马海阿妹开心地展示着自己床上物品	不过，在学校里，马海阿妹虽然感受到了大家的关爱和温暖，不用再为生活而发愁。但安静下来的时候，她却有着另外的惆怅。	6:59—7:03	4
画面+同期声	记者与马海阿妹及其同学们在寝室里	记者：你在这个学校住了多长时间了？ 马海阿妹：想妈妈、哥哥、奶奶。 记者：为什么会想他们呢？ 马海阿妹：因为…… 记者：就是想他们？ 马海阿妹：嗯。 记者：想回家？ 马海阿妹：嗯。	7:04—7:29	25
画面+解说	马海阿妹及其同学们在寝室里	显然，对于这些寄宿在学校的孩子们来说，尽管在物质生活上学校给予了他们很多。但在小小的年纪里，妈妈似乎才是每个孩子最难以割舍的温暖。	7:30—7:44	14

续表

呈现方式	画面内容	声音内容（解说词、同期声）	起止时间	时长（秒）
画面+同期声	记者与马海阿妹及其同学们在寝室里	记者：现在多长时间回一次家？ 马海阿妹：现在，一两个月。	7：45—7：51	6
画面+解说	马海阿妹及其同学们在寝室里	不经意间，他们总在用自己的歌声来表达自己的情绪。	7：52—7：54	2
同期声+字幕	马海阿妹及其同学们在寝室里小声唱歌	（马海阿妹与同学们唱）孩儿让你牵挂了，妈妈。孩儿让你受累了，妈妈。我的妈妈，妈妈。只是一个心愿未了，妈妈。我真的不想让你失望，妈妈。	7：55—8：26	31
画面+背景音乐	马海阿妹及其同学们在寝室里（慢镜头）；阿都澳门上课时举手回答问题	（背景音乐渐起）我真的不想让你失望，我的妈妈。因为我的梦想在远方，我的妈妈。妈妈，永远是最美丽的妈妈。	8：27—8：42	15
画面+解说	阿都澳门生活的环境；雪山、破旧的家等	父母去世以后，阿都澳门和弟弟妹妹在生活中的需要，无论是衣服还是食物一直都有亲戚们帮助，而这也正是她能够有生活保障一直上学的重要原因。	8：43—8：56	13
画面+同期声+字幕	阿都澳门在家做饭，墙上挂着一些腊肉	阿都澳门：腊肉是姑姑家给的一些。然后，二舅大舅也给一些。反正都是亲戚家给我们的。	8：57—9：04	7
画面+解说	阿都澳门与同学们在学校上课、领取衣帽等，孩子们领到衣帽后高兴地唱歌	从2011年开始，凉山州政府也成立了专门的失依儿童救助保障工作组，通过民政低保关爱基金等方式，对全州7000多名失依儿童展开救助。同时，越来越多的社会爱心人士也通过多种捐赠方式来帮助这些孩子。 按照标准，阿都澳门原本也可以申请寄宿。但为了能够见到弟弟妹妹和奶奶，他还是坚持每天回家。不过，他的日常生活需要同样也获得了很多帮助。	9：05—09：45	50

续表

呈现方式	画面内容	声音内容（解说词、同期声）	起止时间	时长（秒）
画面+同期声	阿都澳门在家做饭	阿都澳门：学校有人资助衣服，弟弟妹妹就拿回来给我穿。	9：46—9：48	2
画面+解说	阿都澳门在家做饭	现在，在大家的帮助下，阿都澳门虽然经历着失去父母的不幸和沉重的生活负担，但大家所给的帮助和关爱也让他在心灵上得到了很大的支持。在他的心中依然充满着自己的理想。	09：49—10：03	14
画面+同期声	阿都澳门在家做饭	阿都澳门：我想当医生。 记者：为什么呢？ 阿都澳门：因为，因为奶奶的眼睛还没治好，就是想求助那什么没有钱的人。	10：04—10：16	20
画面+解说	马海阿妹在教室上课，走路回家，山路崎岖泥泞	今天，从老师的电话里，马海阿妹得知妈妈身体不太舒服，下课以后她就迫不及待地想要回家。	10：17—10：23	6
画面+同期声	马海阿妹与记者走在崎岖泥泞的山路上	记者：你每次回来都要走这样的路吗？ 马海阿妹：对。 记者：去你家就必须走这个路呵。	10：25—10：33	8
画面+解说	马海阿妹与记者走在崎岖泥泞的山路上	一路上，我们都在追赶着马海阿妹。尽管刚刚下过雪的山路充满了泥泞，但对于她，脚下的每一步都是回家的渴望。经过两个小时的路程，我们终于到了马海阿妹的家。在得知妈妈并没有什么大问题后，马海阿妹终于放心下来。看到在外地打工的哥哥也正好回到家里，她心中更是充满了喜悦。	10：34—11：03	29
画面+同期声	记者与马海阿妹一家	记者：你回家了都帮妈妈做些什么呢？ 马海阿妹：嗯，放羊、放牛、洗衣服，还有烧茶、做饭、洗衣服这些。	11：04—11：11	7
画面+解说	马海阿妹在家洗衣服、晒衣服	由于妈妈因病失去了劳动能力，每次回家马海阿妹都会帮妈妈把衣服洗好，而过冬用的柴火更是在两个多月前回家的时候就已经给妈妈准备了很多。	11：12—11：25	13

续表

呈现方式	画面内容	声音内容（解说词、同期声）	起止时间	时长（秒）
画面+同期声	马海阿妹在家里烤火	记者：如果有一天让你要么在学校，要么回家，你选择哪个呀？ 马海阿妹：回家。 记者：为什么呢？ 马海阿妹：因为想家，想和妈妈在一起。	11：26—11：43	17
画面+解说	马海阿妹在家里烤火 马海阿妹返回学校	对于每一个孩子来说，没有什么能比得过妈妈所带来的温暖。但短暂的相聚之后，马海阿妹就必须重新返回学校了。	11：44—11：55	11
画面+同期声	马海阿妹回到学校上课	马海阿妹：我要好好读书，以后才能过上好日子，我也能见到他们。	11：56—12：05	9
画面+解说	马海阿妹和同学们在学校玩游戏	为了预防这种由家庭变故而可能给孩子们造成的心理伤害，老师们还通过心理课和游戏等方法，让孩子们能够健康成长。	12：06—12：15	9
画面+同期声	马海阿妹和老师、同学们在学校玩游戏	学校老师：有信任圈，你们周围的人要给中间足够的安全感，然后中间的人也要很相信你们。 马海阿妹：这样子就不会倒下去，而且有这么多的人保护你，好幸福啊。	12：16—12：31	15
画面+同期声	马海阿妹和同学们在学校玩游戏、唱歌；阿都澳门和同学们在教室上课	同学：……是否依然孤独地转个不停……让我拥抱着你的梦……	12：32—12：52	20
画面+同期声	马海阿妹和记者	马海阿妹：我想当老师。 记者：为什么想当老师？ 马海阿妹：因为我当老师，就可以让那些孩子也能上学。	12：53—13：02	9
画面+同期声	阿都澳门和记者	阿都澳门：我长大以后想当医生，也要去学校好好学习，才能完成我的梦想。	13：03—13：06	4

续表

呈现方式	画面内容	声音内容（解说词、同期声）	起止时间	时长（秒）
画面+解说	演播室；《三农观点》大屏幕字幕；主播	虽然这些孩子在小小的年纪里就失去了父母的依靠，甚至还要肩负起生活的压力，但是面对生活的困难，他们所表现出来的坚强和理想信念，还是能够让我们的心里深深地感受到一股暖流。社会各界的帮助给予他们生活中的温暖，而亲情的存在又让他们在心灵的深处充满着温暖。生命离不开阳光、空气和水也离不开爱。获得爱是每一个人的权利，而给予爱是每一个人的义务。一个不能让人感受到爱的社会是冷酷的沙漠，一个健康的社会必须有能力让爱蓬勃生长。 2013年12月25号，国务院常务会议强调，获得社会救助是群众应当享有的法定权利，提供社会救助是政府不可推卸的法定职责，要用完善的社会保障体系来增进社会公正和幸福感。让我们每一个人都拿出一点实际行动来帮助那些失去依靠的儿童，只有每一个生命都得到爱的滋养，我们的社会才是一个有幸福感的社会。	13:07—14:25	78

《失依儿童》主要讲述我国四川省南部大凉山深处的失依儿童如何坚韧自强、奋斗不息，以及社会各界如何关爱、帮助失依儿童走出困境。

根据多模态话语理论，农业新闻的内容层面可细分为意义和形式两个次级层面及话语意义、形式及其组合关系三个向度。话语意义，指媒体报道综合呈现的基本内涵和价值取向，包括概念意义、人际意义和谋篇意义。话语形式，指媒体报道所采用的表现符号，包括画面、声音、文字等。组合关系，指为了表达特定意义新闻报道所采用的各种符号之间的关系，主要有互补和非补充两种。

在《失依儿童》这则农业新闻报道中，其话语意义无疑是正面和积极向上的。一方面，该报道的基本内涵在于讲述大凉山深处的失依儿童如何坚韧自强、奋斗不息及社会各界对失依儿童的帮助；另一方面，该报道的基本价值取向在于引导社会各界共同关爱农村失依儿童,并鼓励农村失依儿童战胜困境、自强不息。这种话语意义,是通过标题、正文并配以画面与解说共同实现的。

该新闻报道话语意义的概念意义、人际意义和谋篇意义,主要体现在该报道的标题和正文之中。例如,概念意义主要体现于标题《寒冬手记——问暖大凉山失依儿童》。通过标题中的"寒冬手记"和"问暖",界定了本则新闻为社会提供公共服务的基本价值取向——正面报道、传递正能量,而非批判式的负面报道;标题中的"大凉山失依儿童",实现了该新闻报道的人际意义——向受众清楚表明了它重点涉及的社会群体,即生活于我西部贫困山区大凉山的失依儿童,这无疑能激发广大爱心人士和当政府的关注,对帮助当地7000多名失依儿童解决实际困难,无疑有极大意义。通过激发社会各界对失依儿童的关爱及帮助失依儿童走出困境,体现了本则农业新闻提供公共服务、推动社会发展进步的最大意义和价值所在。

电视新闻的谋篇意义,主要是通过段落布局、画面和解说词的配合得以实现。从段落布局看,《失依儿童》主要包含导语、概述、新闻故事和结尾四大部分。导语,主要由演播室中主播的声音解说与相关画面配合完成,该导语意在引出话题。概述,则由《记者手记》、字幕和解说三者共同完成。在新闻故事部分,《失依儿童》主要讲述了两个小学生——阿都澳门和马海阿妹的日常生活和学习的故事。通过这两个小学生的事例,该报道实现了"典型示范"和"以点带面"的叙事效果,并重点展示了失依儿童坚韧不拔、怀抱梦想、积极向上的精神气质,也展示了社会各界对失依儿童的关爱帮助,比较真实地再现了失依儿童的真实生活,向全世界展示了处于社会转型发展中的中国特别是西部地区发展的现实图景。

画面和声音、语言符号和非语言符号是为配合段落布局和谋篇意义服务的。画面与声音、语言符号与非语言符号,共同体现了不同模态之间意义表达的互补和强化关系。例如,《失依儿童》中运用了大量记者与阿都澳门和马海阿妹的对话同期声来展现失依儿童的所思所想。用解说词,则起到衔接画面与同期声的功能,如表3-10中的解说词"不经意间,他们总在用自己的歌声来表达自己的情绪"就起到了衔接功能。

表 3-10 《寒冬手记——问暖大凉山失依儿童》解说词衔接示例

呈现方式	画面内容	声音内容（解说词、同期声）	起止时间	时长（秒）
画面+同期声	记者与马海阿妹及其同学们在寝室里	记者：现在多长时间回一次家？ 马海阿妹：现在，一两个月。	7:45—7:51	6
画面+解说	马海阿妹及其同学们在寝室里	不经意间，他们总在用自己的歌声来表达自己的情绪。	7:52—7:54	2
同期声+字幕	马海阿妹及其同学们在寝室里小声唱歌	（马海阿妹与同学们唱）孩儿让你牵挂了，妈妈。孩儿让你受累了，妈妈。我的妈妈，妈妈。只是一个心愿未了，妈妈。我真的不想让你失望，妈妈。	7:55—8:26	31
画面+背景音乐	马海阿妹及其同学们在寝室里（慢镜头） 阿都澳门上课时举手回答问题	（背景音乐渐起）我真的不想让你失望，我的妈妈。因为我的梦想在远方，我的妈妈。妈妈，永远是最美丽的妈妈。	8:27—8:2	15

表 3-10 中的"画面+解说""同期声+字幕"和"画面（慢镜头）+背景音乐"等起到了强化和互补的表意功能。在整个新闻的主体部分之中，《失依儿童》并非一味地强调失依儿童的困难，而是强调了他们积极向上、怀抱梦想的一面，还强调了社会各界对他们的帮助。特别是在新闻结尾之处，该新闻通过《三农观点》的话语方式，突出了社会救助既是公民的权利又是公民的义务，呼吁社会各界共同帮助失依儿童，使他们更有幸福感，从而使整个社会成为一个具有幸福感的社会。如此一来，该则农业新闻通过自身的内容和话语实践提供公共服务、推进社会发展进步的功能就基本完成了。

"需求—满足"理论表明，新闻媒体要提高公共服务的效果，根本上是要在新闻内容和话语方面加大创新力度满足社会公众的使用需求。该需求涵盖政治、经济、社会、文化和环境等诸多方面，主要体现为维护公众的合法权益。因此，农业新闻要提高自身公共服务的效果，主要是要做好内容——除了及时传递党和政府的方针政策、进行正面宣传和引导之外，还要积极反应广大农民的呼声、维护农民合法权益，并满足农民求知、求富和求乐的心理需求；同时，还要在话语方式上加大创新力度，使农业新闻能为广大农民喜闻乐见。新闻网所属专门服务"三农"的频道。

在新闻内容和话语实践对农公共服务方面，湖北荆州新闻网所属专门服务"三农"的频道《垄上行》的做法也值得借鉴。该频道内含《垄上行》《今日新农村》《垄上故事会》《垄上气象站》《供求信息》《专家答疑》《垄上爆料》《有么子说么子》等多个新闻类栏目，兼顾新闻性、服务性、实用性和娱乐性，重在用乡音乡情展示当地"三农"发展所需的新信息及农民需要解决的现实问题，内容和话语风格较好地体现了"真、短、快、活、强"和接地气的特色，在当地很受百姓欢迎，产生了良好的社会效益和经济效益。

依托《垄上行》的品牌优势，2012年，经国家广电总局批准，湖北广播电视台与荆州电视台合作的湖北垄上频道于同年8月28日正式开播。该频道采取"制播分离"的市场化运作模式，由湖北长江垄上传媒（集团）有限公司负责运营，节目信号通过有线数字、无线数字、无线模拟、直播卫星等多通路无缝隙覆盖湖北省全境，实现了垄上频道由地市走向全省。

第四章

农业新闻与农民现实需求的契合度

在媒介品种丰富多样、信息渠道多元的现实环境中，农民的媒介接触与评价是农民现实需求的外在体现。考察国内农业新闻与农民媒介接触与评价的契合度，就是要考察当前国内农业新闻与农民现实需求之间的一致性程度和存在的差距，并探讨其背后成因，进而找到弥合差距的对策。

本章结合利益理论、需求满足理论和笔者在江西等地开展的问卷调查与深度访谈材料进行分析。实证调查数据表明，电视在农村中仍有广泛的影响力且仍是城乡居民获取新闻资讯的主要渠道，而报纸在农村的传播力和影响力较弱[1]。因此，本章主体部分的阐述以电视农业新闻为主，兼顾纸媒农业新闻。

第一节 农民媒介接触与评价的实证调查

在社会转型和媒介融合加速的社会语境下，讨论农业电视新闻对农公共服务的社会职责，首先要理清当前我国农村电视受众的构成、电视在农民生产生活中的影响力及农民的信息需求。

一、理论基础

1. 利益论

利益论认为，利益源于需要。从本质上看，利益属于社会关系范畴，是"一定的客观需要对象在满足主体需要时，在需要主体之间进行分配时所形成的一定

---

[1] 陈旭鑫，曾林浩.集中化、碎片化：当前我国城乡居民的媒介接触与利益诉求［J］.声屏世界，2016（6）：53—55.

性质的社会关系的形式"❶。利益是社会生活的基础，是推动人类社会向前发展的唯一动力，一切错综复杂的社会现象都可以从利益那里得到解释❷。因划分标准不同，利益有多种不同的分类。本书将利益粗略划分为个人利益和公共利益。

利益，包含主体、客体、表达或实现渠道等基本组成部分。其中，利益的表达或实现渠道，是连接主体与客体、构建利益社会关系必不可少的环节。阿尔蒙德曾将"利益表达"界定为"集团或个人提出一项政治要求的过程"❸。本书认为，"利益表达"是利益主体通过一定渠道表达自己利益诉求的过程和实现的结果，利益诉求的内容包括政治、经济、社会、文化等诸多领域；根据与人们关系的紧密程度，利益可划分为核心利益和非核心利益，并体现在人们日常生活之中。

2．"使用与满足"理论

"使用与满足"理论（uses and gratifications theory，U&G）是新闻传播学领域最流行、引用频次最多的理论❹。"使用与满足"的理论源头，目前学界尚无定论。就新闻传播学领域而言，或可追溯到拉扎斯菲尔德基于其1940年"伊里调查"提出的"选择性接触"假说。此后，赫塔·赫佐格（Herta Herzog）、伯纳德·贝雷尔森（Bernard Berelson）、丹尼斯·麦奎尔（Denis McQuail）等分别就广播、报纸和电视等不同媒介的"使用与满足"情况进行了一系列实证研究。20世纪六七十年代，"使用与满足"研究在新闻传播研究领域日益流行并被制度化。此后，追随该研究路径对新闻传播现象进行解释的研究日益增多，尽管学者对"使用与满足"理论的观点不尽相同，但"在新媒介出现的早期，U&G总是提供了最前沿的理论路径"❺；20世纪90年代至今，"使用与满足"理论被广泛用于对新的媒介渠道、内容和应用进行研究，其理论研究也呈不断延展之势❻。

概言之，"使用与满足"理论认为，受众是具有特定"需求"的独立个体，其媒介接触使用行为是基于特定需求动机而"使用"媒介，进而使自己的需求得

---

❶ 王伟光．利益论［M］．北京：中国社会科学出版社，2010：80-81．

❷ 同❶10，12．

❸ 加布里埃尔·阿尔蒙德．比较政治学：体系、过程和政策［M］．曹沛霖，译．上海：上海译文出版社，1987：199．

❹ BRYANT J, MIRON D. Theory and Research in Mass Communication［J］.Journal of Communication, 2004, 4（54）：662-704．

❺ RUGGIERO T E. Uses and Gratifications Theory in the 21st Century［J］.Mass Communication & Society, 2000, 1（3）：3-37．

❻ 陆亨．使用与满足：一个标签化的理论［J］．国际新闻界，2011（2）：11-18．

到"满足"的过程；人们接触媒介的需求包括：信息需求、娱乐需求、社会关系需求及精神和心理需求等❶。

3. 两种理论在本书中的应用

利益论和"使用与满足"理论均以人的"需要（求）""满足"为着眼点、具有较高的黏合性。因此，本书以此二者为基础构建理论框架，即利益理论是本书的基础性理论，"使用与满足"理论既是利益论在新闻传播学领域的具体应用，也是本研究的指导性路径；城乡居民的利益诉求是决定其媒介选择性接触的根本动因，我国城乡居民的利益诉求与媒介选择性接触必将引发国内新闻媒体生态与规制变革；而新型城镇化和媒介融合，是促使我国新闻规制创新重构的双动力。

二、调查设计与操作模式

1. 调查设计

本章的实证研究分为两大部分：一是问卷调查部分，调查对象主要是农村电视受众，以当地从事农业生产的农民为主，同时兼顾农村的其他社会阶层人员。二是深度访谈。访谈对象包括农村电视受众和农业电视节目（栏目、频道）从业人员。

问卷调查部分，通过问卷调查获得范围较广且具代表性的宏观数据。根据公共服务理论，电视观众的要求和评价是衡量电视公共服务质量的重要标准。结合研究重点，对农村受众的问卷调查，主要包含以下内容：①农村受众的人口学特征；主要包括受访者的性别、年龄、户籍所在地、文化教育程度、婚姻、职业、主要收入来源、上一年全家的毛收入。②农村受众的媒介接触与评价，主要包括受访者获取新闻资讯的主要渠道、电视信号的接收方式、收看电视节目的时长及影响因素、近三个月内收看最多的电视节目、平时的休闲娱乐方式、收看农业类电视节目的情况及其评价、关注电视节目中的哪些信息类别等。③农村受众的现实需求与话语表达，主要包括受访者在政治、经济、社会民生、教育文化等方面的利益诉求，希望电视媒体为自己做的实事，本村及本人是否有过媒体记者采访的经历，本人向新闻媒体表达需求的意愿、目标和原因，以及当前最需要解决的问题、困难，等等。

---

❶ 郭庆光. 传播学教程［M］. 2 版. 北京：中国人民大学出版社，2011：165, 167.

深度访谈部分，采取结构访谈的方式进行，访谈对象包括农村受众和农业电视媒体的从业人员，针对农村受众的访谈内容，主要包括以下两个方面的内容：①他们平时收看较多的电视节目及总体印象（评价）；②他们在政治、经济、社会和文化等方面的现实需求。

针对农业电视媒体从业人员的访谈内容，主要包括以下三个方面的内容：①该农业电视节目（栏目、频道）创办的背景（包括总体定位、创办原因、相关部门的政策）；②该农业电视节目（栏目、频道）的内容和经费来源；③该农业电视节目（栏目、频道）在维护农民利益、服务"三农"方面的经验、困难、思考与打算。

2. 实际操作

（1）调查和访谈对象的选择

在实地调研中，本章对农村受众采取了随机抽样与分层抽样、立意抽样相结合的方式确定受访对象。

在分层抽样时，主要根据农村受众的社会分层及其在当地的经济状况进行。通过将职业、地域、生产资料的所有制形式和经营形式等多个变量综合起来进行分析，当前我国农民可划分为农村农业劳动者、农村基层管理者、农村集体企业劳动者、农村集体企业管理者、农村雇佣工人、农村私营企业主、农村个体劳动者和城镇农民工共 8 个阶层[1]。

就调查对象来看，主要是仍在农村居住的农业劳动者、基层管理者、雇佣工人、私营企业主、个体劳动者和专业技术人员，以普通农民为主；另外，还根据受访者在当地的经济状况，分为"富裕、中等、贫困"三级。

在实际操作中，本章将调查对象确定为：年龄 18～65 周岁、户籍在农村、在当地居住时长 1 年以上的农村常住居民。长期在外务工的农村居民、在外求学假期返乡的大中专院校学生、年龄不在 18～65 周岁范围内、在当地居住不到 1 年的非常住居民等不纳入本次调查对象之列，问卷采取当场作答现场回收的方式进行。深度访谈方面，在 L 村召开了一次集体座谈会（除笔者外，参加者有 8 位农村居民，时长约 3 小时）；逐个访谈农村居民 20 例；媒体访谈 3 次，涵盖省、

---

[1] 刘祖云，田北海，戴洁. 转型期的中国社会分层 [M]. 武汉：湖北人民出版社，2009：106-107.

市、县三级电视媒体。❶

（2）调查数据的信度与效度检验

信度是指经重复测量能产生相同结果的准确程度，克朗巴哈 α 信度系数是评估量表内部一致性比较常用的系数❷。一般认为，当 α 大于 0.7 时，调查数据的可靠性较强；当 α 在 0.5～0.7，被认为可靠性一般，可作进一步分析。

根据问卷调查中里克特表的统计方法，笔者对问卷进行了信度分析。利用 SPSS 16.0 分析软件，得到问卷调查的信度系数 α = 0.812，表明问卷调查的可靠性高，可以做进一步分析，具体数据如表 4-1 所示。

表 4-1　问卷调查的信度检验结果

克朗巴哈 α	项目数量
0.812	16

效度（validity），是指测量得到的数量或结果与测量者所要考察的内容之间的吻合度，二者越吻合，则效度越高；反之，则效度越低。换言之，效度实际上是告诉研究者测量所得的结果是否为自己所要的、在多大程度上给出了自己所要的❸。效度分析最理想的方法是利用因子分析来测量量表的结构❹，因此，本章选用因子分析来测量问卷的效度。

因子分析的前提是变量之间存在相关性，只有变量之间相关性较高才适合。变量是否适合做因子分析可以通过 KMO 检验（Kaiser-Meyer-Olkin Measure Of Sampling Adequacy）和巴特莱特球体检验（Bartlett Test of Sphericity）来进行判断❺。

KMO 用来检验变量之间相关系数，取值范围在 0 和 1 之间。KMO 的值越接近 1，则说明越适合做因子分析；越接近 0，则说明不适合做因子分析。巴特莱特球体检验是用来检测变量相关系数矩阵是否成立的衡量单位。如果该值越大，

---

❶ 为了解城乡居民特别是"三农"从业人员对《农民日报》等其他农业新闻的阅读感受，2015—2018 年笔者带领研究团队在江西、广东、湖北等地若干县市进行了深度访谈，整理出了 10 余万字的访谈记录。本章内容主要依据访谈材料开展相应阐述。

❷ 柯惠新，祝建华，等.传播统计学［M］.北京：北京广播学院出版社，2003：95.

❸ 同❷97.

❹ 柯惠新，黄京华.调查研究中的统计方法［M］.北京：北京广播学院出版社，1992：432.

❺ 宋志刚，谢蕾蕾，等.SPSS 16 实用教程［M］.北京：人民邮电出版社，2008：248-249.

且其对应的显著性概率值（Sig.）小于用户设定的显著性水平，则适合做因子分析；相反，如果该值较小，且其对应的显著性概率值（Sig.）大于用户设定的显著性水平，则表明不适合做因子分析。根据统计学家凯撒（Kaiser）的标准，KMO值在 0.8 以上为特别适合，0.7～0.8 为适合，0.6 以下为不适合；巴特莱特统计值的显著性概率小于或等于 0.01 时，相关矩阵不是单位阵，可以做因子分析。经过 SPSS 软件分析，本章的 KMO 和巴特莱特统计数据如表 4-2 所示。

表 4-2 问卷调查数据的 KMO 和巴特莱特检测结果

KMO 取样适切性量数		0.798
巴特利特球形度检验	近似卡方	568.990
	自由度	120
	显著性	0.000

根据凯撒的标准和表 4-2 的数据可知，本次调查的 KMO 样本测度为 0.798，巴特莱特球体检验值为 568.990，显著性概率 $P = 0.000 < 0.01$，说明可以做因子分析。

经过正交旋转（方差极大法旋转）因子变量（变量绝对值 ≥ 0.5）分析，得出了 5 个特征值大于 1 且不相关的公共因子，具体数据如表 4-3 所示。

表 4-3 总方差解释表

成分	初始特征值 总计	方差百分比（%）	累计百分比（%）	提取载荷平方和 总计	方差百分比（%）	累计百分比（%）	旋转载荷平方和 总计	方差百分比（%）	累计百分比（%）
1	4.352	27.203	27.203	4.352	27.203	27.203	2.457	15.358	15.358
2	1.426	8.912	36.115	1.426	8.912	36.115	1.971	12.322	27.680
3	1.279	7.995	44.110	1.279	7.995	44.110	1.969	12.303	39.983
4	1.150	7.189	51.299	1.150	7.189	51.299	1.624	10.148	50.131
5	1.029	6.433	57.732	1.029	6.433	57.732	1.216	7.601	57.732
6	0.935	5.843	63.575						
7	0.870	5.435	69.010						
8	0.786	4.912	73.922						
9	0.703	4.392	78.314						

续表

成分	初始特征值			提取载荷平方和			旋转载荷平方和		
	总计	方差百分比(%)	累计百分比(%)	总计	方差百分比(%)	累计百分比(%)	总计	方差百分比(%)	累计百分比(%)
10	0.696	4.350	82.663						
11	0.587	3.668	86.331						
12	0.541	3.382	89.713						
13	0.516	3.228	92.941						
14	0.413	2.580	95.521						
15	0.388	2.426	97.946						
16	0.329	2.054	100.000						

①在第一个因子中，有较高负载荷的变量分别是"上级视察和政府工作成绩"（0.710）[❶]、"社会新风气新潮流"（0.684）、"商业广告"（0.648）、"农产品市场需求和销售行情"（0.557）等。第一个因子中的4个主要变量都具有较强的外部特征，体现了外部环境对农村和农民和影响，因此可称为"外部影响"因子。第一个因子的特征值是2.457，贡献率（有效程度）是15.358%。

②在第二个因子中，具有较高负载荷的变量有"科技文化知识"（0.858）、"农村生态环境变化"（0.632）、"实用技术和致富信息"（0.502）等。这3个变量体现出较明显的农村（农民）内部自身的变化与要求，因此第二个因子可称为"农村自身"因子。第二个因子的特征值是1.971，贡献率（有效程度）是12.322%。

③在第三个因子中，具有较高负载荷的变量有"揭露贪污腐败，批评不正之风"（0.804）、"打击假冒伪劣产品"（0.762）、"国内外大事"（0.503）等。第三个因子中体现出明显的媒体话语倾向，因此，该因子也可称为"媒体话语"因子。第三个因子的特征值是1.969，贡献率（有效程度）是12.303%。

④在第四个因子中，具有较高负载荷的变量有"农村基层民主法治"（0.802）、"国家政策法律文件"（0.716）等。第四个因子体现出较强的管理和服务特征，因此，也可称为"管理服务"因子。第四个因子的特征值是1.624，贡献率是10.148%。

---

❶ 后面括号中的数值为其载荷值，以下同。

⑤第五个因子中具有较高负载荷的变量是"其他"(0.851),因此,第五个因子也可称为"其他"因子。第五个因子的特征值是1.216,贡献率是7.601%。

上述五个因子的累积方差贡献率是57.732%。另从因子载荷矩阵旋转后的分布表可知,16个变量都分别在某个因子上有较高的载荷量,说明16项量表均为有效量表,说明本问卷的结构效度可以接受(见表4-4)。

表4-4 旋转后的成分矩阵 *

类目	成分				
	1	2	3	4	5
上级视察与政府工作成绩	0.710				
社会新风气新潮流	0.684				
商业广告	0.648				
农产品市场需求和销售行情	0.557				
天气和气候变化					
科技文化知识		0.858			
农村生态环境变化		0.632			
实用技术和致富信息		0.502			
先进典型、好人好事					
揭露贪污腐败,批评不正之风			0.804		
打击假冒伪劣产品			0.762		
国内外大事			0.503		
农村基层民主法治				0.802	
国家政策法律文件				0.716	
其他					0.851
公益广告					

注:* 旋转在6次迭代后已收敛;
提取方法:主成分分析法;
旋转方法:凯撒正态化最大方差法

三、调查地点的选择

根据实证调查的可行性、调查地域的分布及当地经济社会发展的代表性要求,本书自北向南在J省范围内选择了C村、Z村和Q村三个村作为实地问卷调查的地点❶。

1. 调查地点一：J 省北部的 C 村

C 村位于 J 省北部 D 县，下辖 9 个自然村，在当地属贫困村。2011 年的统计数据显示，该村全村总人口 1070 人，其中有女性 530 人，总劳力 708 人，低保户（五保户）27 户 73 人，贫困户 56 户 240 人，低收入户 32 户 135 人，一般农户 117 户 612 人。从教育文化程度看，村民中有小学文化 435 人，初中文化 243 人，高中及中专以上 30 人，大学 30 人。教育文化程度高者，除在校学生外，其余人员大部分在外地工作生活、平时很少回本村。

C 村村民的经济来源主要有两个：一是外出务工。外出务工者约 300 人，以初中文化程度为主，夫妇两人一起外出务工者居多，年龄多在 40 岁以下，以在广州开铝合金店、跑运输和在服装厂打工为主；二是在家务农或从事个体劳动和经营，如在当地做泥工和木工、开车跑运输等。留在本村的农民中，以年龄在 40～50 岁、小学文化程度的男性居多，他们大多在家务农、带孩子，也有些在当地从事个体劳动，如做泥工、木工、运输等。C 村的农业产业结构以粮棉种植为主，养殖业较少。2011 年，该村人平均收入约 4000 元/年。

C 村有无线电视，当时只能看到中央一套、中央七套及江西卫视 3 套电视节目。有线电视自 20 世纪 90 年代末开始由附近乡镇接入，目前已有 6 个村组开通，还有 3 个村组未开通。C 村的有线电视用户能收看到 20 多个电视台的节目，节目信号一般，有线电视收视费是 10 元/月，如一次性交清则是 100 元/年，费用一般由 C 村所在镇的某人上户收缴。C 村的用电已经实现与城市同网同价，电力供应较稳定。

2. 调查地点二：J 省中部的 Z 村

Z 村位于 J 省中部 Y 市的 F 县，下辖 13 个村小组，其经济社会发展在当地处于中上水平。据 2012 年调查数据，全村有常住人口 427 户 1618 人，其中男性 760 人、女性 858 人；低保户 23 户 58 人，贫困户 34 户 110 人，一般农户 320 户 1280 人，较富裕农户 60 户 230 人；小学及以下者 480 人，初中 720 人，高中（中专、职高）230 人左右，大专 40 人，大学本科以上 30 人左右（含在校学生）。该村 16 岁以上成年劳力外出务工人员 330 人，年龄基本在 25～40 岁，文化程度

---

❶ 有关调查地点基本情况，由当地村党支部书记或村委会主任提供。

以初、高中为主，主要从事的职业是第三产业，主要打工地点在广东、浙江两省。留在本村的成年劳力有600多人，男女各占一半，年龄以50岁以上的居多，主要在当地从事种植业和泥木工。2012年的统计数据表明，该村人口平年纯收入为5000多元。

该村的产业结构以种植业为主且因片而异，主要分为三大片：A片含6个村小组，以服务业和商品蔬菜种植为主；B片含4个村小组，以优质稻种植和运输业（农用车）为主；C片含3个村小组，以林果业为主。另外，该村还有一些矿山，矿山的工人以外来人员为主。

该村的有线电视最早是1998年9月从县城接来，入户率现有90%以上，收费为144元/年，有专人上门收费和维修；有线电视能收到30余个频道（台）；该村没有无线发射基站，无线电视能清楚收到中央一套和江西卫视的节目，中央七套的收视效果不理想。另外，有少数村民自装了卫星接收器（当地人称为"锅底"）。该村用电已经实现与城市同网同价，电力供应较稳定。

3. 调查地点三：J省中南部的Q村

Q村位于J省Y县南部，下辖3个自然村12个工作组（生产队），水田1597亩，旱地约300亩，水塘（水面）约50亩，山林（地）1700余亩；产业以传统水稻（双季稻）种植为主，此外还有西瓜、红薯、花生等经济作物。因缺水严重，该村渔业养殖受到影响；其他养殖业发展受环境影响大，现仅存1家生猪养殖户和1家肉鸽养殖专业户。

2011年的统计数据显示，该村全村总人口1793人，其中男性1076人，女性717人，18岁以上的成年劳力980人，低保户或五保户22户63人，贫困户9户36人，低收入户48户192人，普通农户209户836人，种植大户2户9人，养殖大户5户16人。村民的教育文化程度方面，全村小学文化水平的有540人，初中文化水平的有1018人，高中及中专以上文化水平的有218人，大学文化水平的有35人。除在校学生外，大专以上学历者，2人常年（指持续一年以上）在本村工作、生活、居住，他们从事的职业主要是乡村医生，15人基本不回本村。留在本村的农民中，以年龄在50岁以上、文化程度较低的女性居多，并以在本地务农为主。

村民的经济来源主要有二：一是外出务工，外出务工者约786人，以初中、小学文化程度为主，年龄多数在50岁以下，以在沿海地区做电子产品为主；二是在家务农或从事个体经济，如在当地做小生意等。该村的经济社会发展在当地属于中等偏下水平。

该村的电视发展情况如下：无线电视方面，2011年能看到中央一套及江西卫视一套电视节目；有线电视自20世纪90年代末开始由县城接入，目前全部村组都已开通有线电视，入户率在90%以上；有线电视用户能收看到38个电视台的节目，节目信号不太稳定；有线电视收视费是12元/月，一次性交清则是120元/年，专门有人负责收费；下发机顶盒后，收视费是20元/月。该村的电力供应与城市同网同价，除打雷刮大风下大雨外，一般不会停电，但电压有时不稳定。当地村民对家电下乡政策比较满意。

第二节　农民媒介接触与评价的现状

一、农村电视受众的主体构成

2012年7—8月，笔者在上述三个乡村共发放调查问卷200份，回收后经鉴别共收回有效问卷169份，回收率84.5%。问卷调查结果统计显示，受访者的年龄段分布情况是：19～25岁者占3.5%，26～30岁者占8.9%，31～35岁者占8.3%，36～40岁者占19.5%，41～45岁者占14.2%，46～50岁者占12.4%，51～55岁者占10.1%，56～60岁者占13.6%，61～65岁者占8.3%，未填者占1.2%，其中41～65岁的占58.6%，年龄均值是44.11岁。可见，现在农村44岁以上、初中以下文化程度者和普通农民构成了当前农村电视的主要受众群。

国家统计局《中国统计年鉴2011》数据显示，到2010年年末全国共有137053.6875万人，其中男性占51.27%，女性占48.73%；城镇人口占49.95%，农村人口占50.05%；从年龄结构上看，0～14岁者占16.6%，15～64岁者占74.5%，65岁及以上者占8.9%。[1] 江西省统计局《江西统计年鉴2011》数据显示，到2010年年末江西全省有总人口4462.2489万人，其中男性占51.61%，女

---

[1] 国家统计局. 中国统计年鉴2011 [EB/OL]. （2012-04-20）. http://www.stats.gov.cn/tjsj/ndsj/2011/indexch.htm.

性占 48.39%；非农业人口占 27.04%，农业人口占 72.96%；城镇人口占 44.06%，乡村人口占 55.94%。从年龄结构上看，0～14 岁者占 21.90%，15～64 岁者占 70.49%，65 岁及以上者占 7.61%❶。详见表 4-5。

表 4-5　2010 年全国与江西人口组成比较

地区	总人口（万人）	男（占比 %）	女（占比 %）	非农业人口（占比 %）	农业人口（占比 %）	城镇人口（占比 %）	乡村人口（占比 %）
全国	137053.6875	51.27	48.73	—	—	49.95	50.05
江西	4462.2489	51.61	48.39	27.04	72.96	44.06	55.94

与江西全省的统计数据相比较后发现，本调查中的性别数据有必要加权。根据 SPSS 加权公式得出男女性别的加权平均数约为 50.49，其中男性加权值约为 0.79，女性加权值约为 1.39。从教育程度来看，农村电视受众以初中和小学文化程度者居多，二者合计为 77.5%。受访对象中，初中文化程度者占 53.8%，小学文化程度者占 23.7%，高中（含中专、职高）文化程度者占 13.6%，大专文化程度者占 3.6%，文盲者占 4.1%，未填者占 1.2%。由数据可知，农村电视受众的文化程度普遍较低。97.6% 的受访对象户籍在农村，在当地连续居住五年以上的受访者达 93.5%，91.1% 的受访者已婚。从统计结果看，农村电视受众的年龄与其文化程度呈现显著的负相关。具体数据，如表 4-6 所示。

从职业、收入来源看，以从事家庭种植和养殖的普通农民居首（占 55.6%）；其余依次是普通打工者（占 20.7%）、个体工商户（占 8.9%）、个体专业技术人员（占 4.7%）、村干部（占 2.4%）、种养专业户（占 1.8%）、私营业主（占 1.2%）；从事其他职业者占 3.0%，未填者占 1.8%。

根据国家统计局江西调查总队调查数据，2011 年江西农民人均纯收入达 6892 元❷。以每家 3～4 口人计算，2011 年江西农民家庭纯收入为 2 万～3 万元。❸ 调查显示，2011 年农民家庭年"毛收入"均值为 2.57 万元，与统计部门的数据

---

❶ 江西省统计局. 江西省统计年鉴（2011）[EB/OL].（2012-12-24）. http：//www.jxstj.gov.cn/id_tjnj201803120104397238/column.shtml.

❷ 朱超. 2011 年江西农民人均纯收入达 6892 元 增收首次超千元[EB/OL].（2012-1-17）. http：//www.people.com.cn/h/2012/0117/c25408-1-1663113764.html.

❸ 本次调查中，受访对象在填写收入数据时存在着将毛收入理解为纯收入或者有意低报少报的现象。如果将调查数据中的"毛收入"概念置换成"纯收入"，则本调查的数据与实际情况较接近。

基本吻合。为此，本章将低于1.5万元年收入的家庭视为低收入家庭，年收入在1.5万～3万元的家庭视为中等收入家庭，年收入在3万元以上的视为富裕家庭。调查显示，本次调查的受访对象中，以中低收入家庭居多，富裕家庭较少——中等收入家庭占44.4%，低收入家庭占37.9%，富裕家庭占17.8%，符合江西农村的实际情况。具体数据如表4-7所示。

表4-6 农村电视受众年龄与文化程度相关分析

类目			年龄	文化程度
肯德尔 tau_b	年龄	相关系数	1.000	−0.213**
		显著性（双尾）	—	0.000
		个案数	169	169
	文化程度	相关系数	−0.213**	1.000
		显著性（双尾）	0.000	—
		个案数	169	169
斯皮尔曼 Rho	年龄	相关系数	1.000	−0.269**
		显著性（双尾）	—	0.000
		个案数	169	169
	文化程度	相关系数	−0.269**	1.000
		显著性（双尾）	0.000	—
		个案数	169	169

** 表示在0.01级别（双尾）相关性显著

表4-7 农村电视受众的家庭收入层次

收入情况	频次	百分比（%）	有效百分比（%）	累计百分比（%）
全家年收入低于1.5万元的低收入家庭	64	37.9	37.9	37.9
全家全收入在1.5万～3万元的中等收入家庭	75	44.4	44.4	82.2
全家年收入在3万元以上的富裕家庭	30	17.8	17.8	100.0
合计	169	100.0	100.0	

二、农民的获信渠道与影响因素

电视是农村第一大众新闻媒体,有线电视、"锅形"卫星接收器和普通天线已经成为农民接收电视信号的三大方式,且有线电视的普及率在迅速提升。具体数据为:使用有线电视者居第一(占86.9%),使用"锅形"卫星接收器者居其次(占10.7%),使用普通天线者居其三(占1.8%),利用其他方式者占0.6%。生活水平的改善、有线电视信号稳定性和清晰度的提高、收视费较适中等因素,成为农民选用有线电视的主要原因。

从获信渠道上看,电视仍然是农民获取新闻资讯的第一大众媒体。"了解新闻居第一位的渠道"调查显示,86.4%的农村居民选择"看电视",选择"电脑上网"者占6.5%,选择"手机上网"者占1.2%。而在"了解新闻居第二位的渠道"调查显示,除人际传播外,"手机、电脑"等新兴媒介的影响有所上升,且新兴媒介的使用与农村受众的年龄、文化程度、家庭收入等因素之间存在正相关关系。对此,本章采取了交叉列联表和偏相关两种分析路径进行。

1. 年龄对获信渠道的影响

根据我国对青年、中年和老年的划分标准,本书将18~35岁者视为青年、36~59岁者视为中年、60岁以上者视为老年,并据此进行了交互分析。具体数据,如表4-8、表4-9所示。

表4-8 农村电视受众年龄与获信渠道的交互分析　　　单位:次

年龄层次	未选(未填)	陪人聊天	看电视	读书看报	电脑上网	手机上网	合计
青年	1	2	24	0	8	0	35
中年	3	0	108	2	3	2	118
老年	0	1	13	0	0	0	14
合计	4	3	145	2	11	2	167

表头:获取新闻的第一渠道

表 4-9 农村电视受众年龄与获信渠道卡方检验

类目	值	自由度	渐进显著性（双侧）
皮尔逊卡方	28.997*	10	0.001
似然比	26.874	10	0.003
线性关联	6.142	1	0.013
有效个案数	169		

* 表示 14 个单元格（97.0%）的期望计数小于 5；最小期望计数为 0.17

从表 4-8 中的频数和表 4-9 中的卡方检验结果可知，受众的年龄与他们选择获取新闻渠道之间存在着相关的关系，即年龄成为影响他们选择获信渠道的因素之一；通过电视获取新闻者以中老年人居多，青年人则主要通过电脑上网获取新闻信息。

2. 文化程度对获信渠道的影响

数据统计发现，受众的文化程度与新闻的第一获信渠道之间的肯德尔 tau_b 和斯皮尔曼 Rho 的等级相关系数分别为 0.173 和 0.190，$p = 0.014 < 0.05$，因此，可认定，二者之间存在着显著正相关关系，具体数据如表 4-10 所示。

表 4-10 农村电视受众的文化程度与获取新闻第一渠道的回归分析

类目			文化程度	获取新闻的第一渠道
肯德尔 tau_b	文化程度	相关系数	1.000	0.173*
		显著性（双尾）	—	0.014
		个案数	169	169
	获取新闻的第一渠道	相关系数	0.173*	1.000
		显著性（双尾）	0.014	—
		个案数	169	169
斯皮尔曼 Rho	文化程度	相关系数	1.000	0.190*
		显著性（双尾）	—	0.014
		个案数	169	169
	获取新闻的第一渠道	相关系数	0.190*	1.000
		显著性（双尾）	0.014	—
		个案数	169	169

* 表示在 0.05 级别（双尾）相关性显著

进一步对受众的文化程度及其新闻第一获信渠道之间作交叉列表分析更加印

证了这些结论。从交叉列联表结果可知，虽然电视在不同文化程度者中均有影响力，但其影响力主要集中在初中以下文化程度者；随着文化程度的提升，电视的影响力就逐渐下降并让位于电脑、手机等新兴媒体。

本次调查中，文盲、小学、初中三个文化层次的农村受众，以电视为第一获取新闻渠道在同类人群中的百分比分别是 85.7%、97.5% 和 86.0%；而通过电脑上网获取新闻的则在高中和大专文化程度者中占比较大，特别是在大专以上文化程度者中，电脑上网的比例达 50.0%。由卡方检验表可知，Pearson X2 值为 36.151，相伴概率（Asymp. Sig.）为 0.015，小于显著性水平 0.05，可认定文化程度与新闻获取渠道正相关，具体数据如表 4-11、表 4-12 所示。

表 4-11 文化程度与获取新闻第一渠道的交互分析

类目		获取新闻的第一渠道						合计
		未填	陪人聊天	看电视	读书看报	电脑上网	手机上网	
文化程度	文盲 频次	0	1	6	0	0	0	7
	在文化程度中所占的百分比	0.0%	14.3%	85.7%	0.0%	0.0%	0.0%	100.0%
	小学 频次	0	1	39	0	0	0	40
	在文化程度中所占的百分比	0.0%	2.5%	97.5%	0.0%	0.0%	0.0%	100.0%
	初中 频次	4	1	80	1	6	1	93
	在文化程度中所占的百分比	4.3%	1.1%	86.0%	1.1%	6.5%	1.1%	100.0%
	高中（含中专和职高）频次	0	1	18	1	2	1	23
	在文化程度中所占的百分比	0.0%	4.3%	78.3%	4.3%	8.7%	4.3%	100.0%
	大专 频次	0	0	3	0	3	0	6
	在文化程度中所占的百分比	0.0%	0.0%	50.0%	0.0%	50.0%	0.0%	100.0%
合计	频次	4	4	146	2	11	2	169
	在文化程度中所占的百分比	2.4%	2.4%	86.4%	1.2%	6.5%	1.2%	100.0%

表 4-12 文化程度与获取新闻第一渠道的卡方检验

类目	值	自由度	渐进显著性（双侧）
皮尔逊卡方	36.151*	20	0.015
似然比	28.047	20	0.108
线性关联	11.535	1	0.001
有效个案数	169		

* 表示 24 个单元格（80.0%）的期望计数小于 5；最小期望计数为 0.07

3. 家庭收入对获信渠道的影响

家庭收入也是影响农村受众新闻获取渠道的重要因素。从表 4-11 分析的结果看来，中等偏低收入家庭获取新闻的渠道以电视为主，而中上收入家庭使用电脑上网获取信息的数量更多，即家庭收入与农村受众获取新闻的渠道之间存在着正相关的关系。具体数据如表 4-13、表 4-14 所示。

表 4-13 家庭收入层次与获取新闻第一渠道的交互分析

家庭收入层次	获取新闻的第一渠道						合计
	未选（填）	陪人聊天	看电视	读书看报	电脑上网	手机上网	
全家年收入低于 1.5 万元的低收入家庭	3	1	57	1	1	1	64
全家全收入在 1.5 万～3 万元的中等收入家庭	1	2	68	0	4	0	75
全家年收入在 3 万元以上的富裕家庭	0	1	21	1	6	1	30
合计	4	4	146	2	11	2	169

表 4-14 家庭收入层次与获取新闻第一渠道的卡方检验

类目	值	自由度	渐进显著性（双侧）
皮尔逊卡方	19.199*	10	0.038
似然比	18.768	10	0.043
线性关联	8.948	1	0.003
有效个案数	169		

* 表示 15 个单元格（83.3%）的期望计数小于 5；最小期望计数为 0.36

从表 4-11 中的频次表中，我们可以看出低、中、高三类家庭收利用电视、电脑等获取新闻的频次；在表 4-14 卡方检验结果中，我们可以看出 Pearson $X2$ 值为 19.199，$P = 0.038 < 0.05$；以家庭收入为自变量，获取新闻的渠道为应变量交叉分析的 $\lambda = 0.064$，$\tau = 0.046$，据此可以认定家庭收入与新闻获取渠道是正相关关系。

将年龄、文化和收入层次视为三个不同的自变量，与农村受众获取新闻第一渠道作为同一应变量交叉分析的 λ 值和相伴概率（Approx. Sig.）进行比较后可知，文化层次对农村受众获取新闻的渠道选择影响最大（$\lambda = 0.000$，Approx. Sig.= 1.000），收入层次居第二（$\lambda = 0.064$，Approx. Sig.= 0.131），年龄的影响居第三（$\lambda = 0.143$，Approx. Sig.= 0.050）。

三、农业新闻在农村影响力待提升

农村受众收看最多的电视节目主要是中央电视台一套的《新闻联播》（占32.5%）和中央电视台新闻频道的一些新闻栏目（共占 4.8%），而中央电视台七套选择率仅占 3.0%；在省级电视台中，江西广播电视台在本省的收视率和影响力较高，其中江西卫视的选择率达到 22.5%，江西都市频道的选择率为 16.6%；地市和县级电视台的选择率普遍较低（未选率分别为 94.1% 和 94.7%），这表明地市和县级电视台在农村的收视率较低，影响力有待提升。

有关农业电视节目的调查发现，绝大多数农村居民只是"偶尔看看（每周 1~2 次）"（占 45.0%），"经常看"和"几乎天天看"人很少（各占 13.0% 和 6.5%），近 1/4 的农村受众表示"基本不看"农业电视节目（占 23.1%）；农村受众关注较多的中央电视台七套农业电视节目分别是《科技苑》（占 6.5%）、《农广天地》（占 3.6%）、《聚焦三农》和《致富经》（各占 2.4%），未填者占 82.2%。从收视时长看，1~10 分钟者占 3.6%，10 分钟以上者占 8.9%，能一直看完者占 5.9%，未填者占 81.1%。

影响农民收看农业电视新闻节目的原因集中在以下几个方面：播出时间不合适（占 21.3%）、与农民关系不大（占 14.2%）、与本地关系不大（占 12.4%）、对节目不知晓（占 7.7%）、不喜欢这类节目（占 7.7%）、普通农民出镜机会少（占 4.7%）和节目不好看（占 4.1%）（表 4-15）。如果将"播出时间、与农民的关系、与本地的关系、普通农民的出镜机会"四项纳入农业电视节目自身进行考虑的话，可以得出很明显的结论——农业电视节目的内容、编导导致该类电视节目在农村受众中的收视率和影响力偏低，进而也为农业电视节目如何拓展农村市场提供了参考依据。

表 4–15　农业电视节目在农村收视率低的主要原因

类目	频次	百分比（%）	有效百分比（%）	累计百分比（%）
未选（填）	40	23.7	24.7	24.7
不知有这样的节目	13	7.7	8.0	32.7
播出时间不合适	36	21.3	22.2	54.9
节目不好看	7	4.1	4.3	59.3
与自己关系不大	24	14.2	14.8	74.1
与本地关系不大	21	12.4	13.0	87.0
普通农民出镜机会少	8	4.7	4.9	92.0
不喜欢看这类节目	13	7.7	8.0	100.0
合计	162	95.9	100.0	
缺失值	7	4.1		
加上缺失值合计	169	100.0		

四、农村受众的信息需求与关注模式

为了调查农村电视受众对电视节目播出的各类信息的关注度，本书将电视新闻报道中可能涉及的信息分为16项：①国家政策法律文件（如中央"一号"文件、种粮补贴、家电下乡补贴等政策）；②国内外热点大事（如"两会"、黄岩岛事件、奥运会等）；③农村基层民主法治（如村干部选举、村务信息公开等）；④揭露贪腐批评社会不正之风（如惩治贪官等）；⑤打击假冒伪劣产品（如假种子、假烟酒等）；⑥实用技术和致富信息（如种植养殖技术、用工招聘等）；⑦科教文卫知识（如养生保健、育儿知识等）；⑧农村生态环境（如空气、水污染与治理等）；⑨社会新风气新潮流（如男女平等、单身妈妈等）；⑩上级视察和政府工作成绩；⑪先进典型好人好事；⑫农产品市场行情；⑬天气变化；⑭商业广告；

⑮公益广告；⑯其他（自填）。

上述信息涵盖了我国电视新闻节目播出前后和节目内容中可能涉及的各类信息。在数据分析时，笔者采取五分法里克特量表将农村电视受众的关注度以递进式分为"很不关心、不关心、无所谓、关心、很关心"，并分别对应赋值1～5分，对未填者则赋值0分，据此计算出上述各项信息的平均值，再根据平均值所处区间判断农村电视受众对某项信息的关注度。

统计结果显示，农村受众对电视节目中播出的"天气（气候）变化、国家政策法律文件、打击假冒伪劣产品"三项信息的关注度值都在"4.0"以上（具体数据分别是4.12、4.08、4.01），表明他们对此三项信息明显"关心"；对于农村生态环境、实用技术和致富信息等12项信息，农村受众的关注度值则介于3～4，表明他们对此12项信息的态度介于"无所谓"和"关心"之间，其中"农村生态环境、实用技术和致富信息、揭露贪腐批评社会不正之风、先进典型好人好事"四项内容的关注度较高，"广告（含商业和公益）""上级视察和工作成绩"的报道则关注度偏低。

涉及天气变化、国家政策法律文件和打击假冒伪劣产品方面的信息，都是与农民切身利益直接相关、公共服务属性特别突出的信息；"农村生态环境、实用技术和致富信息、揭露贪腐批评社会不正之风"等也具有较高的公共服务属性。

在逐一统计的基础上，又对上述16项信息进行了第二次归类和统计，即将上述项目归为三大类：①纯公共服务信息，此类信息对某一特定区域范围内的所有电视受众有较强的普适性，如天气（气候）变化等；②纯商业信息，此类信息具有较强的目标受众指向和明显的利益诉求，如商业广告；③准公共服务类信息，此类信息在电视新闻报道中最多，涵盖面也最广。

笔者将准公共服务类信息粗略分为时政、经济、科教文卫、社会环境和其他五个小类。时政类，如国家政策法律文件、国内外热点大事、农村基层民主法治、上级视察和政府工作成绩、揭露贪腐批评社会不正之风；经济类，如打击假冒伪劣产品、实用技术和致富信息、农产品市场行情等；科教文卫类，如教育、文化、卫生保健知识等；社会环境类，如生态环境、社会风气和潮流、先进典型好人好事、公益广告等。在第二次归类的基础上，再以问卷调查中关注度均值的平均值为参照标准进行排序，得到我国农民对农业电视新闻中的准公共服务信息

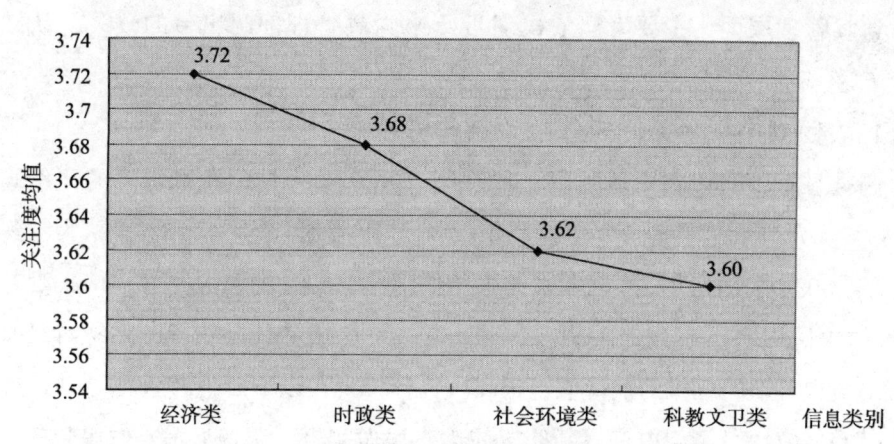

的关注度情况,进而推断农民的信息需求,具体数据如图4-1所示。

图4-1 农村受众对准公共服务类信息的关注情况

从图4-1可知,农村受众对经济类、时政类、社会环境类和科教文卫类信息关注度的平均值分别是3.72、3.68、3.62和3.60。

而农民对纯公共服务信息、准公共服务信息和商业信息的关注度的平均值分别是4.12、3.66和3.40。

至此,我们可以得出以下基本结论,即当前我国农民已经形成了"纯公共服务信息＞准公共服务类信息＞纯商业信息"的信息关注模式;对于准公共服务信息,我国农民已形成了"经济类＞时政类＞社会环境类＞科教文卫类"的信息关注模式。上述两个信息关注模式,对于我国农业新闻的公共服务和话语创新无疑具有较大的理论和现实指导意义。

第三节 农业新闻与农民现实需求的契合状况

一、农民的现实需求

根据马克思、恩格斯的利益理论,本书将"农民的现实需求"等同于"农民的利益诉求与表达"。在"农民的现实需求(利益诉求与表达)"的实地调研中,本书从新闻媒体和党政管理两个层面进行。

新闻媒体层面,主要考察农民对电视等新闻媒体的期待、农民的媒体话语表达的意愿等。

党政管理层面，主要考察农民对近年来党政管理部门出台的政策的认知与评价。

1. 农民对电视等新闻媒体的期待与评价

调查显示，受访农民认为自己所在村"从来没来过记者采访"的比例高达62.7%，认为"来过但很少"的仅占14.8%，"不清楚"的占20.1%，认为"经常来"的为0。对农民接受过记者采访采访的情况，87%的农民回答"从来没有"，6.5%的农民回答"有过，但很少"，回答"经常接受"的占0.6%。尽管如此，农民对电视等新闻媒体的期待值仍很高。具体体现在以下四个方面。

其一，农民最希望电视等新闻媒体为农民做实事。调查显示，农民希望新闻媒体做的事分别是"多到农村采访，如实报道农村实际情况"（占33.1%）、"提供生产实用技术和信息"（占19.5%）和"介绍致富经验和做法，带领农民致富"（占16.6%）。

其二，农民希望通过新闻媒体表达利益诉求的愿望强烈。调查显示，对于是否愿意接受记者采访并表达自己的真实想法，有68.0%的农民表示"愿意"，27.2%的农民认为要"看情况而定"，仅有3.6%的农民表示"不愿意"，1.2%的受访者未填。

其三，农民愿意接受记者采访的主要目的。调查显示，"倾诉困难和需求"最多（占42.6%）；其他目的，如"推广经验和成绩""宣传好人好事""揭发坏人坏事""展示特长和优势"等选项的比例则较低，分别为8.3%、7.7%、6.5%、4.1%。

其四，农民不愿意接受记者采访的主要原因。调查显示，认为"很多真心话说了也白说""怕自己说话不小心得罪人"两个选项的比例最高，分别为9.5%、5.3%；另外，"怕记者断章取义，歪曲本人意思"的占2.4%，"记者嫌贫爱富，只为有钱有势的人说话"的占1.8%，未填（跳过）者占79.3%。

2. 农民对党政管理的期待与评价

本书从政治、经济、民生和文教卫生四个维度，考察农民对党政管理的期待与评价。每个维度下设"目前做得最好""目前需要改进"两个方面，这两个方面都有6~8个选项供其选择，让农民根据自己的切身体会进行评价。结果显示，农民对近年来党和国家在农村实施的一系列政策所取得的成效、仍存在的问题进行了较为客观的评价,比较符合当前我国农村的实际。

(1) 对近年来党政管理工作的正面评价

调查显示,受访农民对下列党政工作持肯定态度:民生方面,建立了基本社会保障体系(如医疗和养老保险等);经济方面,对农民实行了财政补贴(如种粮补贴、家电下乡补贴等)、取消农业税等;政治方面,落实村民自治制度、扩大了农民的选举权和被选举权;文教卫生方面,加强了农村学校危房改造,实施广播电视"村村通""户户通"工程等,如图4-2所示。

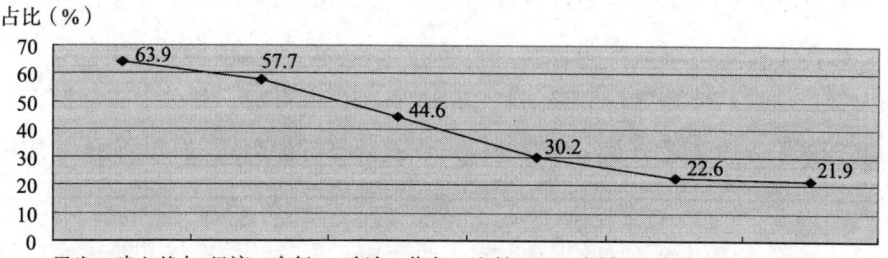

图4-2 农民对党政管理的正面评价

(2) 对近年来党政管理工作的期待

受访农民认为需要改进的方面:经济方面,为农民提供银行小额贷款、改善农村基础设施;民生方面,打击假冒伪劣产品、对农民实施法律援助及改善农村生态环境;文教卫生方面,完善农村文化娱乐健身设施、改善农村教学设备和教学质量;政治方面,加大惩治贪官力度、提高办事效率。

(3) 当前农民的现实需求与解决渠道

调查显示,当前农民最想解决的困难与利益诉求,主要集中在经济和社会民生方面。具体数据为:居第一位的是"增加经济收入"(占13.0%),其后分别是"住房"(占12.0%)、"改善农村基础设施"(占6.6%)、"社保和养老"(占6.0%)、"教育"(占4.8%)、"劳动就业技能"和"医疗"(各占2.4%),"其他"占9.6%,未填者占43.2%。

农民有困难主要向谁求助?为此,本书调查了农民解决困难或纠纷的三个主要步骤(以先后顺序排列)。结果显示,第一步,有54.4%的受访者选择"向村干部求助",有25.4%的受访者选择"找亲朋好友";第二步,有43.2%的受访者选择"向县乡干部求助",有25.4%的受访者选择"向村干部求助";第三步,有30.8%的受访者选择"打官司或寻求法律援助",有14.2%的受访者表示"上访",有12.4%的受访者选择"向新闻媒体求助"。据此可知,地方干部(含村干部和县乡干部)、亲朋好友仍然是村民寻求帮助和利益诉求的主要渠道,司法机构和新闻媒体也日渐成为农民解决困难或纠纷的重要渠道。

二、农民对农业新闻的积极评价

调查发现,广大农民根据自身现实需求,在对农业新闻提出合理批评建议的同时,也积极评价了农业新闻报道,如经济、文化方面对农业生产和农民文化生活的引领,等等。特别值得一提的是,广大农民积极肯定了有关党和国家方针政策和生态环保方面的报道在指导农业生产、改善农村生态环境等方面所起的积极作用。

方针政策类的报道(时政报道)的主要作用在于及时让农民知晓国家的方针政策,帮助他们在农业生产上做出正确的决定。

我现在种了80多亩水稻,自己有一点田,主要是租别人的田来种,收入还可以,不愁销路,就怕没那么多来卖(笑)。我主要从央视一套的《新闻联播》和央视四套的《中国新闻》等栏目获取信息。回家后第一个就是要看新闻,家里人都要让着,连小孙子都要让开。看完新闻,我会自动走开让他们看(笑)。我平时看农业电视节目不多,也没有其他渠道能获得信息——电脑也不会用(不会用拼音了);如果会用电脑,我早就买电脑了。我觉得看《新闻联播》对日常生产、生活的帮助,主要在于知道国家的重心、国家大事、国家政策,还有国家主席、总理是谁等。比如,在了解国家政策方面,我通过看《新闻联播》就知道国家的粮食最低保护价了。今年的早稻最低保护价是120元/百斤,一季晚稻是140元/百斤,我在今年开春没播种前就从《新闻联播》的新闻报道里知道了,这等于吃了颗"定心丸",开春后就安心播种了。我每天必看《新闻联播》,如遇到做事误过了晚上七点钟的,就看晚上九点重播的。❶

环境保护类的报道,主要作用在于让农民知晓国家在改善和治理环境方面的政策举措,引导农民朝着更加文明健康的生产生活方向前进。相关新闻报道的宣

---

❶ 2012年7月24日,笔者在J省F县S镇Z村对某种粮大户的访谈。

传引导、当地政府的努力及当地农村环境面貌的改变给农民生产生活带来了积极变化，提升了农民环境保护方面的意识和行动力。

  A. 生态环境涉及每一个人的切身利益，因为我们生活在地球这个小圈子内，无时无刻不受到生态的影响。我有受到这些新闻的影响，比如，现在禁止燃放烟花爆竹——产生的废气会污染环境，所以我们今年少放了很多烟花，少放了很多爆竹。还有一个就是环境，平时的生活垃圾不会到处乱丢乱放，都是放到指定的垃圾桶让他们（环卫人员）回收。❶

  B. 农业方面，比如说柴改气，现在下了文件。对这个，我有了解，主要是要求村民改用天然气，但是一时半会儿实施不了。田里的农作物，现在已不准放火烧了，这也是属于农业环保那一块的吧？以前，我们这里在田埂上烧农作物，如稻草之类的，然后就容易引发森林火灾，烧到山上去。还有，像以前的话，基本上每年村里都会（发生）烧山的事（森林火灾），但自从（新闻）播了这个后，（村里烧山的）次数明显变少了。❷

  C. 新闻报道对村民是有影响的，现在绝大多数村民都会比较积极主动地协助做好环境整治，我个人受到的影响就十分深刻。

  比如，我们有些人会把垃圾丢到河里，抓到就要罚款，（通过）耐心细致的宣传，现在他们对垃圾环保也做得比较好——经常把垃圾丢在指定的地方，每天都有专门的保洁员拉到统一的地方用车装走。你看，现在的河道也比较清洁，垃圾也没有。河道保洁员每天在河边（巡逻），万一有小孩在玩的时候扔了垃圾袋在河边，都会马上捡起来。他们的行为和农业节目的宣传是有关系的。以前，有人下河里电鱼（用电捕鱼），现在我们村里如果看到了是要抓起来罚款的。要处罚，也要有相关方面的宣传。现在，基本上没什么人敢去河里电鱼。新闻舆论对老百姓是有影响的，老百姓支持这样做。河里垃圾没了，水也更清澈了，电鱼的现象也比较少，宣传力度是蛮好的。❸

---

 ❶ 2019年2月14日，笔者指导的硕士生毕郸在J省S县Q镇对某种植户的访谈，经笔者审校后引入本书。

 ❷ 2019年2月14日，笔者指导的硕士生毕郸在J省S县Z乡对某种养户的访谈，经笔者审校后引入本书。

 ❸ 2019年2月13日，笔者指导的硕士生毕郸在J省S县H镇对某种植户的访谈，经笔者审校后引入本书。

三、农业新闻与农民需求的契合与间距

契合度包括契合与差距两个方面,本节从政治、经济、社会民生和媒介四个维度进行分析。研究发现,我国农业新闻报道与农民现实需求之间既契合也有差距。主要表现在:国内农业电视新闻在经济和社会民生领域的报道数量上,与当前农民的关注领域基本吻合;但在话语内容、风格等方面,存在一定差距。

1. 政治维度

政治维度,主要是考察农民政治方面的现实需求在时政类农业新闻报道中的呈现情况。本书中的时政类报道,特指与时事政治关联度较高的农业新闻报道,涉及政策、法律、法规等方面的新闻报道。

总体来看,时政类报道在农业电视新闻报道(如《聚焦三农》)中所占比重很低;在纸质媒体(如《农民日报》)的农业新闻中,时政类报道数量比农业电视新闻中的比例略高一些,但总体数量仍较少。就农业电视新闻而言,在本书确定的研究样本中,时政类报道仅有1篇,即《两会特别报道:关爱农民工》(2011年3月9日播出)。

研究发现,当前我国时政类电视新闻中,新闻媒介虽然会引用一定数量的农民同期声以表达农民的真实心声和现实需求,但农民主要是作为新闻报道的"引子"。对农民的实际需求,电视新闻常运用概括、预控等话语策略设定其基本框架,映证政策法律法规的必要性、正确性,正面推介先进经验与典型,确保新闻报道的舆论导向。

访谈发现,农民政治领域的现实需求,主要集中在国家政策、法律法规方面。

从整体来看,我们这里属于农村,农村最主要的是要得到政府的支持。农村最迫切的需要,就是搞好农村的基础设施建设,但(政策)到了农村,这方面显得力度不大。刚才,几位种粮大户、养殖大户也说到他们需要国家和政府的支持,特别是资金周转难、政府的贷款或拨款等各方面援助无法到位,最主要的原因就在执行方面。❶

---

❶ 2016年1月19日晚,笔者在J省N县Z乡J村实地调研时,某村干部的发言,该村干部已任职多年。

必须指出的是，广大农民对党的十八大之后党和国家推出的一系列政策举措评价很高。

我从小到大都生活在农村，这几年真的感觉到农村发生了翻天覆地的变化！从教育、经济到生态环境，各乡镇搞秀美乡村，真的变化十分大！我感觉现在的农村不是以前的农村了。……现在的扶贫政策对贫困户有很多优惠，经济扶持有银行贷款，看病有政策，小孩读书等各方面都有政策。……以前，农村和城市区别很大，现在感觉都差不多，（农村）条件不比县城差。❶

2. 经济维度

经济维度，主要是考察农民的经济利益诉求在经济类报道中的呈现情况。根据新闻报道所涉及领域及其体现出来的较直接和明显的特征，本书将经济报道划分为生产、用工就业、金融、建筑和扶贫等几项。

通过对《聚焦三农》样本的分析发现，该栏目对经济领域的报道重点主要集中在生产方面，对用工就业、金融、建筑和扶贫则涉及很少。具体数量为：关于生产的报道共26篇，用工就业2篇，金融1篇，扶贫1篇。生产方面的内容，具体包括产前、产中和产后三个主要环节。产前环节的报道，主要是指在农业生产前所做的、具有前瞻性或提示性的相关报道，共计1篇，即《抢种玉米选种须谨慎》（2012年6月7日播出）；产中环节的报道，主要是指针对农业生产进行过程中发生的事情或存在的问题所做的相关报道，共计3篇，即《2012春耕进行时》（2012年4月12日播出）、《破解荔枝产业迷局》（2011年9月23日播出）、《豫北春旱调查》（2011年3月1日播出）等；产后环节的报道，主要指季节性农业生产结束后的相关报道，包括产品上市销售、价格波动等方面的内容，这方面的报道内容较多，共有22篇，如《麦收故事会——垄上群英汇》（2012年6月27日播出）、《粮食增产的背后》（2012年6月15日播出）、《明星代言苹果的是是非非》（2011年11月2日播出）、《棉价波动调查》（2010年12月28日播出）等。用工就业，是指涉及农业生产中的用工和农民进城务工就业的相关报道，共计2篇，即《温州企业倒闭潮下的农民工》（2011年10月21日播出）、《广东惠州黑砖窑追踪调查》（2011年5月26日播出，主要涉及非法用工的黑砖窑）。金融、建筑、

---

❶ 2019年2月16日，笔者指导的硕士生毕郸在J省G市S县Q镇对某农民工的访谈，经笔者审校后引入本书。

扶贫三方面的新闻报道各1篇，即《农村贷款难在何方》（2012年3月19日播出）、《云南大理违建事故调查》（2012年3月30日播出）、《三农视点：小康村联手开创扶贫新模式》（2010年11月15日播出）。

从经济类报道的立场倾向上看，持中性立场的报道17篇，其中生产类报道占15篇，其他类报道占2篇；持肯定立场的报道9篇，其中生产类报道占8篇，其他类报道占1篇；持批评立场的报道3篇，其中生产类报道占1篇，其他类报道占2篇；持警示立场的报道2篇，均集中在生产领域。

深度访谈发现，农民在经济方面的需求，主要体现在以下几个方面。

第一，经济政策的制定与执行。近年来国家出台了一系列政策推动"三农"发展，但现有经济政策的制订和执行仍与"三农"的实际需求存在一定差距，农民希望国家和地方在制定和执行经济政策时能更多地考虑农村和农民的实际利益诉求。

一是希望国家出台猪肉最低保护价补贴政策。

我2008年起养母猪，母猪产猪仔、猪仔养大成肥猪后再卖。2009年养了20头母猪达到最高峰，后来逐年下降，2010年养了11头母猪，2012年养了10头母猪。主要原因是饮料上涨快，猪肉毛价不稳定。现在生猪出栏价为6.6～6.8元/斤，饲料要150元/包（80斤），养10头母猪要亏5万元左右。听说政府有生猪保护价补贴政策，不知何时能执行❶？

二是希望对养殖户进行适当经济补助，维护养殖户的利益。

现在，（当地）政府对××黄鸡的扶持力度很大，但与脐橙、蘑菇等产业比较而言，政府的扶持力度还较小——目前只是扶持了几个有较大影响力的养殖户，一般养殖户就没有得到什么扶持。现在政府主要是对每家免费提供疫苗（禽流感），为此整个行业省了500余万元。我们希望政府加大宣传广告力度，专款专用。❷

三是希望出台政策打击农资掺假造假，控制种子、农药、化肥等农资价格，降低农业生产成本。

现在的种子、化肥、农药的成分不够，就像水酒一样，水太多了酒味就会太淡。我们这里，今年上半年的种子发芽率不高，有村民怀疑是卖种子的地方把去

---

❶ 2012年7月17日，笔者在J省D县C镇C村委会召开座谈会时，某村民的发言。
❷ 2012年7月29日，笔者在J省N县M镇A村，对该县黄鸡协会会长、某养殖基地负责人的访谈。

年没有卖完的种子掺到新种子中卖出来,这样本来只要买 3 斤种就够了却要买 4 斤。……农村最核心的是种植业。我们这里是南方地区,主要种水稻。上面(政府)要经常派人下来调查,做好跟踪服务,特别是多派技术员下来指导;另外,控制种子、农药、化肥等农资价格,减轻农民种植成本。❶

四是希望在资金、技术等方面加大对地方特色农产品的扶持力度,改变现有扶持政策中的不平衡、不公正的做法,让中小特色农产品生产者与专业大户享受同等的政策待遇。

现在,我遇到的最大问题是抗风险能力低、靠天吃饭。2011 年,我这里就出现了早稻大面积倒伏的现象。资金全是自己解决,主要是通过向熟人借贷解决,很难搞到银行贷款。❷

我养猪的资金来源,主要是家里筹集和向亲朋好友借。在猪价行情好时,才能借到钱。刚起步时,资金的来源主要有家里出的 3 万元,向弟弟借的 2 万元,向姑姑借的 2 万元和自己养第一批猪时赚的钱。向银行申请贷款很难,能贷到的钱也不多。现在,我自己也不需要贷款,所以没有向银行申请过贷款。❸

五是希望改革现有粮食"直补"政策中的平均主义,让"粮补"政策真正惠及粮农、推动粮食生产。

现在的粮补政策,是种不种田都有补贴。这样,农民就会争着要田。但事实上,有些农民要到田以后自己又不种,而是让田荒着,自己只领取粮食"直补"。如果能允许村里利用那些不种田人的"粮补"来统筹办水利等,就会更好。到目前为止,村里还没有得到兴修水利的专项款,兴修水利是造福子孙的事。现在地方上更注重平原地区的水利设施维修,对梯田等丘陵地区的水利就不太重视。现在亟须对山塘、水库等小型水利设施进行维修。❹

粮食补贴,现在是种与不种都一样得。我认为,应将没有种粮的那部分人的补贴款用来修缮村里的水利设施。我们村里有几座桥亟须维修,这些桥建于 20 世纪 70 年代,由于设计理念和技术等原因,现在很多已毁坏亟须重建。❺

---

❶ 2012 年 7 月 31 日,笔者在 J 省 Y 县 T 镇 Q 村,对该村会计的访谈。
❷ 2012 年 7 月 24 日,笔者在 J 省 F 县 S 镇 Z 村,对某种粮专业大户的访谈。
❸ 2012 年 7 月 25 日,笔者在 J 省 F 县 S 镇 Z 村,对某生猪养殖专业户的访谈。
❹ 2012 年 7 月 31 日,笔者在 J 省 Y 县 T 镇 Q 村对该村党支部书记的访谈。
❺ 2012 年 7 月 31 日,笔者在 J 省 Y 县 T 镇 Q 村对该村会计的访谈。

总体来说，地方政府执行国家政策上的偏差与打折现象，是农民最关心、反映最强烈的问题，受访农民普遍要求地方各级政府认真执行中央和省（区、市）出台的支农、惠农政策，特别是在粮食补贴、移民安置和退耕返林等经费发放时严格按上级政策执行，确保政策执行不走样，让农民得到实惠。

第二，农业生产技术服务与帮扶。除土壤、气候等自然因素外，农业增产增收与农业生产技术密切相关。现代农业的发展和近年来农村土壤、气候等自然环境的改变，对农业生产技术提出了新的挑战，依靠传统的农业耕作和种养技术已经很难达到农业增产、农民增收的效果，农民对农业生产技术服务和帮扶方面的呼声也日益高涨。

访谈发现，农民在生产环节的希望和要求主要集中在：病虫害的防治技术、农药种子化肥等农资的选用与防伪、农业新品种引进时的技术指导与把关、优质种苗的选用与推介、农技下乡和跟踪服务、种养户抗风险能力的提高等。农民的这些现实需求，在国内主流新闻媒体的农业类新闻报道（节目、版面）中体现较少，由此形成了农民对农业类新闻关注度不高、转向其他渠道获取相关信息的情况。例如，就农业电视而言，农民对《聚焦三农》栏目的关注度远低于对《致富经》的关注度。

《聚焦三农》我也会看，但看得没有《致富经》多，感觉那上面讲的问题没有落到实处。比如，种子打假，牵涉面太广了，难落实。我经常看《致富经》，村里有些文化的人都会看，一般养殖户很关心《致富经》。根据我的体会，我觉得《致富经》的优点主要是节目涉及面较广，对日常生产有些启发。比方说，在养殖方面，它会教你如何搞好卫生、对有病的动物个体如何隔离等。《致富经》最大的不足，在于节目对种植、养殖的关键技术往往没讲到，会一笔带过。比如，对养猪的疾病预防、治疗、需要具备的条件等，好多都没讲清楚。我与儿子以前养肉鸽时，经常看这个栏目，发现里面讲的东西很平常，对怎样提高肉鸽的产蛋率等问题就根本没说到。但这恰恰是我们最需要的技术！❶

为什么农业类新闻媒体在相关技术服务方面做得不深入、不到位、不能满足农民的需求呢？根本原因是从业人员自身的专业知识不够、服务意识不强。

A.《致富经》最大的不足，是核心技术没有讲清楚。我看电视台的记者自己

---

❶ 2012年7月31日，笔者在J省Y县T镇Q村对该村会计的访谈。

也不内行，自然也问不出深入的问题。记者不问，人家也就不讲了，而且核心机密一般人家是不会讲的。比如，鸽乳的配制技术对养肉鸽的人来说很关键，但节目里从没讲到过。有些节目涉及的技术很普通，我们早就知道了，而且我们所掌握的技术要比上面讲到的更先进得多。靠看《致富经》上面的节目搞养殖是不行的，主要还是要买书看、自己摸索，有的人还到山东拜师学艺呢！《致富经》《科技苑》上的内容适合新手，对于搞过种植和养殖的人来说，就会觉得没有什么新意，价值不大。❶

B.我们兄弟俩人几乎天天看农业电视节目、央视财经频道、经济与法频道和《生财有道》。

弟弟：我订了很多年的《农村百事通》《致富快报》，曾从这些杂志的广告上买过种子，有时会上当，2010年后就不再订了。我一般在晚上8:30后看电视，看《致富经》《每日农经》《聚焦三农》，只要在家，就一定会看完。

哥哥：我一般在吃完晚饭后看农业频道。有些看了也白看，很多在本地行不通。比如，有一期节目讲放养的鸡蛋能卖到每个两块五，活鸡能卖到每只100元，这些在本地根本行不通。❷

近年来，笔者在农村的实地调研发现，通过加强技术培训和帮扶力度，有助于推动农业现代化生产，帮助农民发家致富。随着外出务工返乡农民的增多，这种技术需求和呼声日益凸显。

农民变市民本来是个好事（现象），但从近几年农村现实情况来看，他们本质上还是农民。我认为，当前对失地农民要加强技能培训、增强他们的求生本领。以前，我们这里有个菜市场，老表的就业率比较高；但当时大多数人主要做的是体力劳动，如卖菜、帮人拉货等。❸外出返乡务农人员一般具有见识较广、思想活跃、敢闯敢试、敢表达等特点。与农村原有从事农业生产的传统农民，特别是老年农民相比，他们在人生规划、产业发展等方面均有较明显区别，其现实需求也更加强烈、直接和多元。具体来说，电子商务和大棚蔬菜等农村新兴特色产业方面的技术指导和培训是当前"三农"发展中较为迫切的需求。

---

❶ 2012年7月31日，笔者在J省Y县T镇Q村对该村会计的儿子的访谈。
❷ 2012年7月24日，笔者在J省Y市F县S镇Z村，对某村种植大户兄弟俩的访谈。
❸ 2015年7月29日，笔者在J省X市Y区某街道办召开座谈会时，该街道办下属D村党支部书记和该街道办党委副书记的发言。

希望政府能为我们这里想办新兴产业的农民找到相关技术人员给我们进行技术指导和培训。搞农业没有技术指导和培训的话，会走很多弯路，但是农业生产一年只有一次，季节性很强，过了时间就只有等明年啦。所以，在技术培训方面，希望政府多提供帮助。❶

第三，农村基础设施的修建和完善。农村基础设施的完善程度，不仅影响农民基本生活，更直接关系到农业生产和农村经济发展。通过在J省乡村的实地调研发现，当前农村基础设施有一定程度的改善，主要表现为村村通水、通电和通路，实现了电力供应城乡同网同价；同时，在访谈中发现，农村亟待修建和完善的基础设施主要集中在道路硬化、桥梁和农田水利设施修缮方面。

现在，农村的水利设施多半是20世纪五六十年代兴建的，除水库有国家资金维修外，小型水利设施上级没有下发过维修资金。我们××镇的水，主要靠×××灌溉工程。这一个工程灌溉了××、××两个乡镇约3万亩农田。随着时代发展，这个灌溉工程已经跟不上需要了，有些水渠也荒废了，主要是因为建厂房、住房和杂草堵塞，水渠的可用水变少了。在20世纪八九十年代，家家养猪拔草，自然就疏通了水渠。现在，农村青壮劳力都到外面打工去了，农村自己投工投劳的力度不够。1994年，本村自己投入人力物力清理过，现在没有什么投入和维护了❷。

我国经济类农业电视新闻话语与农民现实需求之间的差距，主要在于电视新闻话语内容偏向于宏观政策和正面报道，与农民的实际生产生活关系不紧密，不能全面真实地反映和满足农民的现实需求。

A. 我平时喜欢看新闻，时政新闻、法治新闻和农业新闻等都会看——可以增长见识、了解国内外大事嘛。《聚焦三农》我也看。总的来说，我觉得《聚焦三农》等国内的电视新闻做得不够细，讲成功的多，失败的少。但现实生活又不全是这样。比如说《聚焦三农》吧，我们搞农业、种田的人都知道，（种田）哪有那么容易成功和丰收啊？很多情况下都会失败，对吧？但在节目里，偏偏讲成功的例子就很多，讲失败的就少，或者只是一笔带过。

在我看来，《聚焦三农》这样的农业新闻节目，就是要讲清楚农业生产中失

---

❶ 2016年7月20日，笔者对J省N县G乡X村某种粮大户、外出务工返乡务农者的访谈。
❷ 2012年7月30日，笔者在J省N县T镇P村，对该村会计的访谈。

败或挫折,在这方面加强引导。其实,对我们搞农业生产的人来说呀,生产中的失败经历很重要!因为别人的失败,很有可能在我们身上也会出现呀。所以,我认为,农业新闻节目在报道这类事情的时候,对于人家失败的经历、怎么走出困境等方面的内容应加长时间、多报道一些、讲清楚;对成功的结果、取得的成就等,这方面的内容可以缩短时间。因为,我们真正感兴趣的是人家做的过程和他们的经验教训。至于成功的结果,那会受环境、气候等多种因素的影响,不一定适合我们这里。❶

B.应多讲一些个人带动多人、带动本地发展的典型,多宣传一些共同致富的经验。对于农业生产中失败的过程,不能一带而过,要分析、总结原因。现在,我们特别想看人家怎样从失败走向成功的过程和原因!这样,才能真正实现正确宣传和励志效果。为什么呢?因为大家在新闻里看到的只是成功,没有看到人家的失败,也没有看到人家是怎样辛辛苦苦从失败走向成功的,那很多人就容易产生浮躁心理。❷

3.社会民生维度

养老、医疗、文教、娱乐、生态等与农民日常生活息息相关的领域,本书统称为社会民生领域。此类话题,既是农民十分关心的话题,也在国内农业电视新闻中占有重要分量。但研究发现,国内社会民生类的农业电视新闻的话语呈现与农民的实际利益诉求之间,也存在着明显的差距。

在《聚焦三农》的研究样本中,共有26则社会民生类报道,其中涉及农村社会领域的报道11条、文教领域的报道6条、生态领域的报道5条、娱乐领域的报道4条。总体态度持正面者13条、中性者8条、批评者4条、警示者1条。

从不同态度分布来看,娱乐类的正面肯定式报道最多,共4篇(占100%);文教类的报道中,正面报道有4篇(约占67.0%),中性和批评报道各有1篇(各占16.5%);社会类的正面报道有5篇(约占45.5%),中性报道有3篇(约占27.3%),批评报道有2篇(约占18.2%),警示报道1篇(约占9.0%);生态类的中性报道最多,有4篇(占80%),批评报道1篇(占20%)。

从内容上看,娱乐类报道均为正面报道,主要呈现农民明星的成才之路,具

---

❶ 2015年8月23日,笔者对J省G市G县W镇T村,对该村党支部书记的访谈。
❷ 2015年8月23日,笔者对J省G市G县W镇,对该镇宣传委员的访谈。

有很明显的正面肯定和励志色彩，具体篇目为《"佩斯"兄弟的明星路》《旭日阳刚的草根江湖》《刘大成：为农民歌唱》《朱之文：我是"草根"大明星》；文教类报道也有很明显的正面肯定色彩，重点突出了农村边远山区教师献身教育的坚守精神，如《苗乡山村的走教老师》《一位山区教师十九年的坚守》《大山深处的拐杖教师》等；社会类报道的内容涵盖面较广，涉及农民工春节返乡、残疾人事业、移风易俗等，此类报道仍以正面肯定为主，即便在报道"春运"期间农民工买火车票返乡难素材时，也重在正面报道铁路运输系统的努力成果及农民工坐着火车回家的喜悦（见《坐着"绿皮车"回家》，2012年1月17日播出）；生态类报道，则重点报道我国农村生态环境面临的挑战，如《围剿红火蚁》《桉树之惑》《阻击杉天牛》等，也有少量涉及农村环境治理，如《农村垃圾问题调查》等。

调查显示，农民在社会民生领域的现实需求主要集中在以下几个方面。

一是养老保险方面的需求，主要是保费低，领取难。

国家在社保、医保、养老保险等方面的政策，做得很好。现在，农民办医保、社保的积极性高，我们这里的参保率达98%，但是新农保工作比较难做。45岁以上的人好做工作，参保率有80%。按我们这里现在的政策，是每人每年要交100~500元，一共要交满15年；16岁以上的村民要全交，但在校学生不需要交。问题是，那些年满16岁但自己又没赚钱或赚不到钱的人就难弄了。新农保，60岁以上的参保人员能领到钱，但如果老人的孩子未交社保，就会影响家里老人的社保费领取。这是我们上面干部口头上提出的要求。❶

二是医疗卫生方面的现实需求，主要是农民就医难、费用高、负担重，以及乡村医生的"身份"归属、收入问题等。

A. 我们村里没有医院，只有私人诊所。距离我们这里最近的医院，是××村医院。不过，那个医院没什么急救设备，不方便急诊。❷

B. 我是驻C村的乡村医生，在这里好多年了。我以前是做"赤脚医生"的，后来就在这里开了个诊所。我们这里村子小，人不多，很多人都到外面打工去了，你在村里调研也是看到了的吧。周边村子的人，他们也很少到我这里看病拿药。因为小病他们就在自己村里的小诊所看，大病就到县城或大城市去看。所

---

❶ 2012年7月19日，笔者在J省D县C镇C村召开村干部与村民座谈会时，某村民的发言。
❷ 2012年7月19日，笔者在J省D县C镇C村召开村干部与村民座谈会时，某村民的发言。

以，我这里的收入，其实只能勉强维持。常用药的价钱大家都清楚，看病拿药贵了，他们就会走的。做我们这一行，不像做其他的可以走动——我这里基本上不能离人的！这里只有我一个人，请不到也请不起帮手。❶

三是文教娱乐方面的现实需求，主要在于农村中小学师资力量薄弱、教学硬件差、教学质量低；农村文化和娱乐健身设施少等。

我们这里的学校，师资力量比较缺乏——年老的多，年轻的少。不过，学校倒没有危房，还做了新房子。❷

近年来，农民在文化娱乐和健身方面的需求不断上升，但农村文化娱乐和健身设施少是个较普遍的问题。场地和资金是两大主要制约因素。

A. 现在，我们这里有2个村民活动中心已经起步了，但相关设备还比较缺（乏）。×××扶贫工作组已承诺帮助筹资1万余元，用来解决活动中心的音响设备。村部的"农家书屋"有一些图书和刊物，如法律、科学技术、农业种养等方面的。2012年，县里农业技术员来我们这里讲过一次课，主要是讲怎样种粮栽棉花，比较适合我们，讲得比较仔细，我们也能听懂，效果不错。县里送戏来过两次（2011年9月、2012年4月），以唱歌、小品居多；送电影下乡大概一年有2~3次，基本上一个季度有1次。实用技术培训、送戏和送电影下乡，大家都蛮喜欢，来看的村民比较多。❸

B. 我们村里，现在缺少公共文化娱乐健身设施，这几天你在我们村里调研时我带你转一转就可以看到了。不过，我们这里有一支农民自己组建的文化舞蹈队，设备是他们自己凑钱买的。他们属于商业性的，比如，村里婚嫁、开店等喜事，就有人请他们去表演助兴，目前好像还没有实现盈利。❹

C. 话说起来，村里真的要有个集中的文化娱乐设施，方便青年和中老年读书、锻炼身体。现在，我们村还没有公共的图书室、棋牌室、影剧院、篮球场和台球桌。我们这里，送电影和送文化下乡倒是有，但送图书很少，村里应该有个这样的场所（图书室或农家书屋）。我们这里村小学没有危房，教学楼有上下两层，教学楼与村委会办公楼一共花了16万元，是当时村里最好的房子。小学的

---

❶ 2012年7月19日，笔者在J省D县C镇C村与该村驻村医生的访谈。
❷ 2012年7月19日，笔者在J省D县C镇C村召开村干部与村民座谈会时，某村民的发言。
❸ 2012年7月19日，笔者在J省D县C镇C村召开村干部与村民座谈会时，某村民的发言。
❹ 2012年7月22日，笔者在J省F县S镇Z村实地调研时，某村干部的介绍。

教室里没有什么现代化教学设备,就是传统的黑板和粉笔,但教学质量还是比较好的。在镇里统一组织的统考中,学生考试的及格率、合格率和优秀率都较靠前。以前,村村都有村小学,在10多个村小学排名时,我们的村小学能排到前5名呢。❶

D.村里现在还没有文化娱乐健身设施,主要是没有场地。在我们T镇里,人口多、面积大的很多村都没有这样的健身设施和活动场所。我们Q村是T镇最小的村,现在镇里面新农村建设的资金,主要是用来改善道路交通,力争家家户户门前通水泥路、方便农民收粮运粮。❷

四是生态环境方面的诉求,主要在于周边工厂、场矿企业的生产开发对农村环境的污染日益严重,环境整治和补偿措施长期缺失等。

农村环境卫生脏乱,到处是垃圾,垃圾直接流入河水和农田中,希望政府部门能拿出个好的处理方式。我们家门前的道路,就是我们自己出钱修的。如果自己不修好,就会屯积脏水臭水。像修路、环境改造这种事,还是由政府出钱来统一做更好。涉及农民住房的拆迁重建和修路等事情,我觉得还是要以方便农民种田种地为好。❸

新农村建设开展以来,尤其是随着农村清洁工程的推进,我国农村的环境卫生有了明显改善,农民对生态环境的关注和重视度明显提高,具体体现在农民的相关现实需求和话语表达之中。

以前人们常说农村生态好,其实未必。现在,农村也有空气污染,有时雾霾也较重,公路和采石场附近的噪声和灰尘也较重。以前农村的垃圾到处都是,不过近几年好一些了。❹

生态环境直接关系广大农民的健康和福祉,农民对农村生态环境的系统性改进充满期待。

就全村整体而言,目前要解决的问题主要在于……水土流失和环境污染,特

---

❶ 2012年7月23日,笔者在J省F县S镇Z村实地调研时,对当地某小学退休教师的访谈。该教师一直在Z村小学任教,1971年起任民办教师,1996年转为公办教师,2009年退休。

❷ 2012年7月31日,笔者在J省Y县T镇Q村,对该村党支部书记的访谈。他是本村村民,在担任村党支部书记前,曾任该村村委会主任6年。

❸ 2012年7月23日,笔者在J省F县S镇Z村实地调研时,对当地某小学退休教师的访谈。该教师一直在Z村小学任教,1971年起任民办教师,1996年转为公办教师,2009年退休。

❹ 2015年2月24日,笔者在J省N县S镇Q村,对该村村民的访谈。

别是水利工程、道路交通和环境污染三个方面。水土流失和环境污染有关联，主要是我们这里以前有矿厂和水泥厂等，挖煤、挖矿对山上树木破坏很严重，水土流失也很严重。另外，这些矿厂和水泥厂又排出不少污水，水泥厂排出的粉尘还会污染空气。现在，很多矿厂和水泥厂都关掉了，但多年来的污染物已经进入地下，特别是对地下水产生了较大影响。

四、农业新闻与农民现实需求产生间距的原因

话语与权力、权利、利益密切相关。新闻话语与农民现实需求，是特定时空环境下政治、经济和文化等多种社会因素角力的结果与表征。我国农业新闻的话语表达与农民现实需求之间既契合也有间距，这与我国的宏观新闻规划、历史文化传统等因素紧密相关，并集中体现在新闻媒体管理体制机制之中。

1. 现有的宏观新闻规制

我国现有的宏观新闻规制，最大的特征在于公共服务力度不够，这体现在理论和实践两大基本层面。

在理论层面，主要表现为强调新闻媒体"传达政令"的政治宣传功能，对其表达公众诉求的公共服务功能长期缺乏应有的哲理认同。在实践层面，主要表现为建立了一套确保新闻媒体履行其宣传工具职责的内容审查、纪律约束和人事保障制度，对新闻媒体履行公共服务的职责则重视不足，从而形成了新闻媒体将公共服务视为"软要求"和"自选动作"的局面。

我国现行的新闻管理理念与制度实践，与中国共产党的新闻宣传理念密切相关。而中国共产党的新闻宣传理念和实践操作，与其产生与发展的时空条件密切相关——中国共产党，所以，中国共产党自创办之日起就十分重视发挥新闻媒介的宣传作用，将新闻宣传与建党组织工作紧密结合，进行有组织有目的的宣传鼓动和报道工作。中共一大通过的第一个决议中，就对出版党的报刊作了原则规定，如"由党员直接经办和编辑""不能刊载违背党的方针、政策和决定的文章"等；中共二大通过的《中国共产党加入第三国际决议案》则完全采纳了共产国际对党的报刊的要求，规定党的报刊应由"确实忠于无产阶级革命事业的可靠的共产党人来主持"，"应完全服从于党中央委员会"。由此，确立了中国共产党领导的新闻媒体的党性原则和宣传要求，并成为中华人民共和国成立后我国现行新闻

宣传体制的基本内容。我国现有的新闻宣传体制，在党团结带领全国人民夺取政权、建设和巩固新政权及改革开放的各个历史时期均发挥过巨大作用，至今仍有其存在的必要性和合法性。

新闻管理部门宏观上重视正面宣传管控的价值取向，对新闻媒体的业务实践产生了深远影响，具体体现在新闻媒体及其从业人员在报道的选题、主题、采访对象和话语选择等诸多方面。

我们栏目的选题主要来源有两个：一个是政策性的选题，另一个是记者自定的选题。对于新闻选题，我们有报送审批制度。对于栏目组确定的选题，一般不用报送审批；对记者自定的选题，则要经制片人同意后才能去做。在随机采访中，采访对象主要是普通市民，只要他们所说的话契合我们的报道主题、负面评价不涉及政治，我们栏目一般会如实反映。我们报道的一般模式，是"个案（例子）+政府政策+效果"，中间还会加入记者的现场报道（出镜）。从报道基调上来说，99%的报道都是正面报道，对于突发事件也主要是做正面引导❶。

尽管我国现有宏观新闻规制使国内媒体在公共服务方面力度不足，但我国已建立起相应的法律框架，先后颁布了《中华人民共和国宪法》《出版管理条例》《广播电视管理条例》及《中华人民共和国政府信息公开条例》等法律法规，为我国新闻媒体保障农民在内的全体公民的合法权益提供了法律依据。

当前，在我国社会转型和媒介融合加速、公民法治意识普遍增强的前提下，有必要在保证国家主流意识形态安全的前提下，从宏观新闻规制层面，强化新闻媒体的公共服务功能，利用新闻媒体推动国家治理体系和治理能力的现代化。在具体操作层面，在坚持"党管媒体"的原则基础上，可通过立法和行政督查等途径促使新闻媒体履行其公共服务职责，在制定涉及新闻媒体的公共政策时，在考虑国家安全的前提下，"把公共利益原则置于至高无上的地位"❷。因此，在我国社会转型和媒介融合加速、公民法制意识普遍增强的前提下，有必要强化新闻媒体的公共服务功能，在保证国家主流意识形态安全的前提下，利用新闻媒体推动国家治理体系和治理能力的现代化。

---

❶ 2013年2月2日，笔者对J省G市电视台某农业栏目记者的访谈。

❷ 李良荣. 公共利益是中国传媒业立足之本［J］. 新闻记者，2007（8）：3-5.

2. 企业化的媒介管理

20世纪90年代中期以后，国内新闻媒体开始了市场化改革。市场化改革后，成本与收益成为新闻媒体从业人员在保证舆论导向正确前提下考虑最多的问题，新闻媒体的市场逐利性也日益显现。

之所以会出现这种现象，原因主要在于当前我国对新闻媒体实施的单一管理体制。在国家对新闻媒体实施"事业单位、企业管理、自负盈亏、照章纳税"的大前提下，新闻媒体有着追求"成本最小化、利益最大化"的原始经济冲动。在我国长期实施城乡二元体制的作用下，我国的城市聚集着大量新闻媒体发展所需的信息资源、经济资源和社会文化资源，能为新闻媒体提供巨额收益，高效便捷的城市交通和通信降低了新闻媒体的运营成本；相反，农村特别是中西部欠发展省区的农村，则存在着信息资源、经济资源和社会文化资源贫乏、交通和通信不便、采访半径大、成本高收益低等明显劣势。这就导致媒体现实运营中重城市轻农村、重市民轻农民的现象，电视等新闻媒体履行公共服务的职能也就无法真正实现。

研究发现，受"事业单位、企业管理"的束缚，经费和营利已经成为制约新闻媒体报道"三农"、服务"三农"最重要的因素之一。

2005—2007年，我台与县委农工部合作搞了个自办节目"农村直通车"，在晚8:00播出，时长5分钟（一个栏目）。当时，县委农工部给了我们2000元/年的经费，每周播出1期，以字幕形式播出，后因费用问题而停办。2011年，与县农业局合作办了2期。当时打算每周播出1期，农业局给我们的经费是2万元/年，后来还是因为经费问题而停办了。❶

"事业单位、企业管理、自负盈亏、照章纳税"的宏观管理体制，致使部分新闻媒体将农业新闻栏目视为媒体赚钱的工具而非为农民提供公共服务的平台。城乡二元体制和农村经济社会发展总体不如城市、经济来源和广告收入不稳定等因素，致使不少新闻媒体对于创办农业新闻栏目的积极性不高。即便开办了相关栏目，某些地方政府和媒体对农业新闻、农业记者的重视程度也不够，具体体现在硬件建设、人员配备和资金投入等方面。

---

❶ 2012年7月20日，笔者对J省D县电视台党委书记兼副台长、电视台副台长兼新闻部主任的访谈。

A. 从农民角度来看，电视台做的节目与他们的需求脱节，农民需要的内容电视台做不出来。比如，很多农民认为，台里的技术类节目讲的技术可操作性不强、跟农民的实际不相符。这里面的原因，依我看主要有三个：第一，是栏目组人员自己想当然地做节目，没有按农民的实际需求来做。现在农民真正需要的不是我们给他们提供农业技术，因为一般的技术他们自己都会，即使不会他们也会找行家问。我们记者编辑的强项，也不是农业技术。农民真正需要的，是我们记者帮助他们解决现实生产生活中的困难和问题，如贷款等。第二，虽然我们记者会下乡与农民接触，了解他们的需求，但并不会按农民的需求来做节目，而主要是按自己的思维定式来做。记者做新闻会考虑投入和产出比。如果投入产出长期不成比例，他们的积极性肯定就会下降了。一个记者一年之中能做出两三个精品就不错了。第三，我们栏目组也开设了热线电话，但作用不是很大。❶

B. 我们栏目现在的投入很少，主要收入来源有两个：第一个，是每年市委农工部会给我们一部分钱——有的是直接拨给我们，有的是市委农工部给政策让各县的农工部给我们；第二个，是我们通过办活动（如举办乡村红歌比赛等）有一部分收入。但这些钱没有完全用到农业电视节目中，如增加设备、培训人员等。

我们也出台了一些激励措施鼓励记者多下乡到农村一线去采访，但我们这里面积大、山区多，记者不愿到偏远地方去采访，而多半到周边较近的县做新闻策划和采访。为什么呢？因为我们台里对记者出差吃住是不报销的。

对于新闻选题，我们栏目时政类的偏多（约占80%）。资讯类报道，联播式新闻味很浓，主要是口语化程度低，这可能与采访成本高、记者不愿投入有关。稿子的口语化程度低，对电视新闻来说是很致命的缺陷。❷

3. 传统形塑的农民惯习

问卷调查和深度访谈结果显示，我国城乡居民的现实需求和话语表达呈现出务实理性又亟须引导的特征❸，主要表现在以下两个方面：一方面，广大农民对党、国家和新闻媒体在改进公共服务、改善民生等方面的政策举措，普遍能予以积极评价，特别是对党的十八大以来党中央、国务院推出的一系列反腐倡廉、强国富

---

❶ 2013年2月2日，笔者对J省G市电视台某农业栏目记者的访谈。

❷ 2013年2月4日，笔者在J省G市电视台对某农业栏目制片人和责任编辑的访谈。

❸ 陈旭鑫，曾林浩.集中化、碎片化：当前我国城乡居民的媒介接触与利益诉求——基于实证调查的数据分析[J].声屏世界，2016（6）：53-55.

民、改善民生的政策举措（如乡村振兴、精准脱贫等）予以了高度评价，对以习近平同志为核心的党中央领导充满信心并高度评价其工作成效，对国家和民族的未来充满信心，对美好幸福生活充满期待；另一方面，部分农民对基层管理部门和新闻媒体的做法又心存不满，认为其在制度和操作上与中央要求脱节；在表达自身现实需求和利益诉求时，不少农民特别是中老年农民往往表现出不自信，如部分受访农民直接拒绝问卷调查或深度访谈要求，有的受访农民在谈及核心问题时，往往会有所顾忌。这些都是长期以来我国文化传统造就的农民行为惯性的现实表现。

当前，随着农民的文化水平不断提高、农民与外部世界接触增多、农民的法治权益意识日益增强，农民群体的传统心理和文化惯习正发生着巨大改变，绝大部分中青年农民和部分老年农民的媒介使用能力和话语表达能力都有了极大提升。这为我们农业新闻的公共服务和话语创新提供了不竭的社会动力和文化土壤。

第五章

农业新闻公共服务与话语创新的路径

我国正处于社会转型和媒介融合的加速期，公众的权益和话语表达意识不断增强、价值取向日趋多元。为顺应社会发展，有必要创新我国农业新闻公共服务和话语表达的体制机制，以促进"三农"发展、保障农民合法权益。本章结合公共服务和话语表达的相关理论，重点阐述我国农业电视新闻公共服务与话语创新的理论内涵和现实路径。

第一节 农业新闻公共服务与话语创新的动力

当前，我国农业新闻公共服务和话语创新的动力，主要来源于两大方面：一是改革开放以来我国经济社会转型发展带来的巨变，二是21世纪以来媒介技术的发展和融合对经济社会发展的影响日益凸显。前者是国内农业新闻强化公共服务和话语创新的外部动力；后者是国内农业新闻强化公共服务和话语创新的内部动力。

一、社会转型：媒体公共服务与话语创新的外部动力

社会转型，主要是指我国从传统农业社会向现代工业和信息社会的转变、过渡。媒介融合，是指新闻媒体突破原有的传播形态和制度束缚，以更丰富多样的传播介质、更便捷高效的传受互动，为公众提供优质服务、既维护公共利益也赢得市场的过程。媒介融合是社会转型的一部分，既是社会转型的产物，也是社会转型的推动器。

社会转型理论认为，社会转型具有渐进性和整体性，主要表现在器物、制度与思想文化三者的互动演进过程中，且往往伴随着传统社会与现代社会二者之间的区别与冲突。这些区别与冲突，集中表现为社会结构变迁、社会阶层形成、价值多元化和社会冲突频发等，且在器物、制度和思想文化三大层面都有体现。一般来说，器物层面的表现主要在于外在的有形的物质层面，思想文化的表现则主要潜在于抽象的思想层面，制度层面的表现则介于器物与思想文化之间——既表现为有形的规章制度和文本，又内含抽象的思想文化与理念。

从严格意义上来说，我国整体性社会转型始于1840年的鸦片战争。此后，我国社会从单一的封建社会转变为半封建半殖民地社会。洋务运动、维新变法、辛亥革命、"五四"运动、中国共产党的成立、抗日战争、解放战争、中华人民共和国的成立，都是鸦片战争之后我国社会转型中的重大历史事件，并极大地推动了我国的整体性社会转型。中华人民共和国成立之后，特别是改革开放四十年来，我国社会转型的速度、广度和深度远超以往任何时期。20世纪90年代后，随着我国工业化、信息化和城市（镇）化进程的加速，我国社会已经由传统的乡土社会进入到现代的后乡土社会，农民也处在转型之中。

"后乡土社会"，是由我国社会学家陆益龙在费孝通先生的乡土社会理论基础上提出的概念。费孝通先生认为，中国社会从基层上看是乡土性的，这基层上曾长出一些比较上和乡土基层不完全相同的社会[1]。乡土社会，是针对20世纪上半期我国传统社会的结构与文化相对单一的特质作出的科学总结。在改革开放之后的现代化进程中，特别是20世纪90年代我国城镇化建设和农民进城务工大潮出现后，我国乡村社会结构已经并正在发生着剧烈变迁。我国社会的现代化变迁，与国外社会的现代化转型不尽相同的现实是，乡村社会在经历快速现代化转型的同时，原有的乡土性特征并没有完全消逝，而是以不同形式和形态维持着，由此构成了具有鲜明中国特色的社会变迁与发展特质。

我国社会的后乡土性转换，突出体现在三个方面：首先，封闭稳定的村落共同体已经转换为"流动的村庄"和"空巢社会"；其次，依靠土地以农业为主的生计模式已经转换为"农业+副业"的兼业模式，较多农户的主业其实已从农业转型为非农业；最后，乡土文化在与现代性文化的交汇融合中逐渐分化和多元，

---

[1] 费孝通. 乡土中国 生育制度[M]. 北京：北京大学出版社，1998：6.

越来越多的乡土文化成分渐渐离我们远去，变成了社会记忆和非物质文化遗产。上述转换的主要动因，是1949后对乡村社会的一系列改造和改革开放后的市场转型❶。除生计模式发生巨大转变之外，当前我国农民的职业结构和阶层分化趋势日益明显，主要表现在农民的异质性增大、同质性减少；农民个体的自主性、价值观念和维权意识明显增强，主要表现在商品交换意识不断增强、社会交往面扩大、对故土的依恋比过去淡薄，生活方式改变较大、时间观念明显增强、生活节奏加快、时效意识增强，讲究科技投入、引进先进技术设备，注重学法用法、维护自身权益❷。20世纪90年代后，我国的社会转型表现出贫富差距扩大、阶层分化加速、社会利益诉求和价值观日益多元、社会结构"断裂与失衡"❸、不同社会群体间的利益和话语分歧日益显现等具体特征。

社会转型期不同社会阶层在价值观和利益诉求方面的分歧与冲突，必然对我国新闻宣传提出挑战，也为我国新闻媒体公共服务与话语创新提出了新要求。"后乡土社会"的背景与我国农民现代性的增强，也必然会对我国农业新闻公共服务与话语创新提出新的挑战和要求。

二、媒介融合：媒体公共服务与话语创新的内在动力

媒介融合，源于美国学者伊契尔·索勒·普尔（Ithiel De Sola Pool）于1983年提出的"传播形态融合"。西方对媒介融合的研究与实践兴起于20世纪90年代，美国《1996年电信法》出台是一个标志性事件。我国学者蔡雯2005年最早将"媒介融合"这一概念引入国内。2010年1月13日，国务院常务会议决定加快推进"三网融合"工作，此后，国务院办公厅下发了《推进三网融合的总体方案》，标志着媒介融合已进入国家发展战略层面。但此阶段的媒介融合，重点在于物质层面的融合。国家层面真正强调传播媒介的深度融合，是在党的十八大之后。

党的十八大以来，党和国家对媒介融合的战略布局已由物质层面的表层融合进入到全方位的深度融合阶段。2014年8月8日，习近平总书记在主持中央全面深化改革领导小组第四次会议时强调指出，要遵循新闻传播规律和新兴媒体发展规律、推动传统媒体和新兴媒体深度融合，打造新型主流媒体、构建现代传播

---

❶ 陆益龙.后乡土中国 [M].北京：商务印书馆，2017：9–11.
❷ 程贵铭.农村社会学 [M].北京：知识产权出版社，2006：67–69.
❸ 孙立平.中国社会结构的变迁及其分析模式的转换 [J].南京社会科学，2009（5）：93–97.

体系；此次会议还审议通过了《关于推动传统媒体和新兴媒体融合发展的指导意见》。2016年2月19日，在党的新闻舆论工作座谈会上，习近平总书记又强调指出，要在新闻理念、内容、业态、体制、机制等方面创新，以增强新闻传播的针对性和时效性。2018年8月21日，习近平总书记在全国宣传思想工作会议上提出了"县级融媒体中心"的概念，赋予县级融媒体中心"引导群众、服务群众"的使命，从国家战略层面指明了县级融媒体建设发展的方向。2019年1月25日，中共中央政治局就全媒体时代和媒体融合发展举行第十二次集体学习，习近平总书记带领中央政治局成员到《人民日报》报社新媒体大厦调研并发表重要讲话，强调主流媒体要借助移动传播，牢牢占据舆论引导、思想引领、文化传承、服务人民的传播制高点❶。

媒介融合加速，是我国媒介公共服务与话语创新面临的现实语境。竞争与合作并存是媒介融合的基本特征。媒介融合包括技术、经济、政治、社会与文化四大层面的内容，深刻影响和改变着我国新闻传播的媒介生态——技术融合，使新闻传播得以通过新旧媒体在传播渠道和表现形态上实现深度整合；经济融合，对新闻媒体的市场、业务、资本和产业等产生影响；政治融合，促使政府在宏观规制方面进行调整，并在政治法律、规章制度体系等方面予以体现；社会与文化融合，包括不同媒体内部、媒体与外部社会及不同社会制度和文化传统之间的融合。这四个层面的融合，对我国新闻传播生态的影响呈现出由浅到深、梯度发展的特点，特别是中外社会与文化间的碰撞与融合，使我国媒体公共服务与话语创新面临着制度性创新与重构的现实压力。

新媒体兴起和社会转型加速对我国传统主流媒体新闻报道的公信力和影响力带来挑战。当前，新媒体的公信力上升明显，影响力越来越大❷，传统电视的开机率却不断下降，受众老龄化现象日益显现❸。这些都表明，传统电视已经遭遇了观众分流的现实危机并有不断加剧之势，该趋势在农村和农民中已然体现。例如，

---

❶ 新华社.习近平主持中共中央政治局第十二次集体学习并发表重要讲话［EB/OL］.（2019-01-25）［2019-01-26］.http://www.gov.cn/xinwen/2019-01/25/content_5361197.htm.

❷ 张洪忠.转型期的中国传媒公信力［N/OL］.北京师范大学校报，2013-05-10.http://bnu.cuepa.cn/show_more.php?doc_id=795097；韩业庭，王国平.《"转型期的中国传媒公信力"调查报告》发布［N］.光明日报，2013-05-06.

❸ 《中国视听新媒体发展报告（2013）》发布［EB/OL］.（2013-06-16）.http://info.broadcast.hc360.com/2013/06/161156563724.shtml.

许多中青年农民和部分老年农民，已经习惯于通过智能手机等移动终端接受新闻资讯，他们的信息获取能力、权益意识和话语表达能力已非传统农民能比，体现出明显的时代性特征。

国内传统媒体新闻传播的公信力和影响力之所以下降，表面原因是新媒体兴起与挑战；深层次的原因，则是国内新闻传播领域出现了官方话语与民间话语同台博弈角力的局面。在公民权益意识强化、价值取向多元的语境下，缺乏服务意识和创新实践的新闻报道必然遭遇社会认同危机。国内传统主流新闻媒体公信力之所以下滑，很大程度上与媒体"忽视公众知情权和表达权有关"[1]。因此，有必要以公共服务理论为指导，以尊重公众知情权和表达权为基础，创新我国媒体公共服务与新闻话语的体制机制，提升我国主流新闻媒体的传播力、引导力、影响力、公信力与核心竞争力。如此一来，社会转型和媒介融合成为推动国内农业新闻公共服务和话语创新的基本动力。

第二节　农业新闻公共服务与话语创新的理论内涵

农业新闻公共服务与话语创新，需要有一定的行为主体承担相应职责。理论上讲，政府机构、新闻媒体、农村受众及其他社会组织都是推动我国农业新闻媒体公共服务和话语制新的责任主体。但由于不同主体掌握的社会资源和权力不同，加之我国现有媒体宏观管理体制的惯性作用，政府和新闻媒体构成了推动农业新闻公共服务和话语创新的两大责任主体。

一、彰显公共属性：农业新闻公共服务与话语创新的核心

公共属性是与私利属性相对应的。公共属性的实质是"利他性、合作性"，是"公共领域所体现出的为他的属性"，"可以是利他，也可以是成就他人或满足他人的需求"[2]。公共属性缘起于公共事务、公共需要，集中体现为公共利益，公共利益决定了公共性的主体、载体、目标和表现形态。

---

[1] 李良荣,张春华.论知情权与表达权[J].现代传播,2008（4）：34-38.

[2] 郭湛,王维国,郑广永.社会公共性研究[M].北京：人民出版社,2009：10；王维国.公共性及其一般类型[J].新视野,2010（5）：40-42.

公共性的主体，是国家、政府及其他社会公共组织，其首要目标是最大限度地提高自身的公共性，满足公共利益的需要。公共性的载体是公共服务，公共服务又以公共物品为依托。公共物品有物质和精神两种表现形态，前者表现为与人的物质生活和精神生活相关的具象公共物品，后者表现为规范人的行为和公共资源调配的思想观念和制度体系。人类对公共性的追求缘于人性的基本要求，即促进人的有效生存和发展。因此，公共性的终极目标和价值在于追求人人平等和公平公正。

凸显农业新闻的公共性，基本原则在于强化农业电视新闻话语的参与性、批判性和公益性，其中参与性是基础，批判性是手段，公益性是目标。为此，就电视媒体而言，农业电视新闻的公共性应包括以下三个方面的内容。①参与性，即农业电视新闻要体现并完善农民参与机制，使农民能更便捷高效地参与公共活动、表达利益诉求。②批判性，包括两方面的内容，即批判的理性化——农业电视新闻能基于理性和法律要求，"批判性地参与公共活动"[1]；批判的常态化——农业电视新闻能对伤害农民公共利益的社会现象开展公开理性的批判和讨论，而且这种批判和讨论是常态的、具有一定的制度机制保障。③公益性，即农业电视新闻应超越特定党派、社会群体和媒体自身利益的局限，善于"从差异中寻求共同善、具体化为公民的公共权利"[2]，将农业电视新闻打造成一个公共话语交流的平台，满足农村不同阶层特点是弱势群体的知情权、表达权，进而满足他们对公共事务的参与权、评判权和监督权。

二、维护公共利益：农业新闻公共服务和话语创新的目标

保障全体公民平等享有宪法和法律赋予的基本权益、维护公共利益、促进社会公平正义，是公共服务的基本目标和价值追求。据此，保障农民话语权就成为我国电视新闻履行公共服务职责、促进社会公平正义的基本内涵。

"公共利益至上"原则指导下的农业电视新闻，具有以下五个方面的属性。①平衡性，即客观、平衡地报道"三农"，真实反映"三农"现状和农民利益诉求。平衡性主要体现为农业电视新闻的话语主题、领域、态度倾向、话语主

---

[1] 李友梅，等.当代中国社会建设的公共性困境及其超越[J].中国社会科学，2012（4）：125-139，207.

[2] 詹世友.公共领域·公共利益·公共性[J].社会科学，2005（7）：64-73.

体、话语策略等方面。②共享性，即使农民（无论贫富）平等享有国家法律和政策规定的物质与政治利益，其中很重要的内容就是让农民平等享有"四权"（知晓权、话语权、参与权和监督权）。③公平性，即"平等和公平的待遇是公共利益的基础价值"[1]，农业电视新闻应尊重农民的话语主体地位、公平呈现农民的利益诉求。④变动性，即公共利益会随时空环境和公众需求而变化，农业电视新闻也应随时代和公众需求变化而及时调整。⑤强制性，即公共利益会对社会组织和个人有强制性影响，能使社会组织和个人感受到自身利益与公共利益的消长。强制性原则，一方面，要求农民电视新闻报道将促进"三农"发展、维护农民利益作为自己义不容辞的职责，并体现在频道（栏目、节目）设置和具体的新闻报道中；另一方面，强制性原则要求国家通过立法、行政、司法等手段建立起有利于促进"三农"发展、维护农民利益的法律制度体系和公共传播体系。

三、保障农民权益：农业新闻公共服务和话语创新的基点

知情权、表达权（话语权）、参与权和监督权，是构成公民权利基本的"四权"，也是农民权益的重要组成部分。人们对公共利益内涵的认识理解，经历了"物质利益为主"向"物质利益、政治利益、社会利益和文化利益协调并进"的过程。"四权"已和"自由权、平等权"共同成为人的基本权利与公共利益中不可争议的内容。切实维护公民"四权"，也理应成为电视新闻媒体提供公共服务、维护公共利益的基本内涵和实现路径，其中知情权是基础、表达权（话语权）是核心、参与权是路径、监督权是归宿，"四权"合力才能维护公民利益。

丹尼斯·麦奎尔（Denis McQuail）提出"公共利益对大众媒介的要求"包括"公众能获取多样性的信息、意见表达的多样性、广泛的传播接触权"[2]，分别对应着"四权"中的"知情权、表达权、参与权"。近年来，越来越多的国内学者也主张新闻媒体所追求的公共利益"至少应包括公民的知情权、参与权、表达权、舆论监督权"且"宪法和法律所赋予公民的其他各种政治权利也在其范围之内"[3]；传

---

[1] 詹世友.公共领域·公共利益·公共性［J］.社会科学，2005（7）：64-73.

[2] 丹尼斯·麦奎尔.麦奎尔大众传播理论［M］.崔保国，李琨，译.北京：清华大学出版社，2006：121.

[3] 邵志择.Public Interest：公共利益抑或公众兴趣——市场化媒体的两难选择［J］.新闻大学，2012（1）：67-72.

媒领域的公共利益应涵盖多元化、普遍服务、信息品质三大要素,其中的普遍服务,就是指媒介要最大限度地让更多的人接触,以确保他们的媒介接近权、信息知晓权和表达权❶。因此,要将"四权"纳入大众媒体维护公共利益的范畴中,使电视媒体的公共服务更具操作性。"四权"之中,话语权被视为"首要的基本人权和公民权",是"行使其他公民权利和社会权力的前提条件"❷。我国农业电视新闻在保障农民"四权"时,应为以保障农民话语权为核心,维护农民利益。

四、政府与媒体:农业新闻公共服务与话语创新的主体

本书所指的"政府"采用的是广义层面上的含义,与"国家"同义,包括执政党及受其领导下的政府管理机构,以及他们所代表和行使的公共权力。

西方政治哲学普遍认为,国家和政府的诞生与存在合法性,根植于"社会契约"基础上的公共性和为社会提供的公共服务。从现实层面上看,为保证电视媒体有效履行其公共服务职责,西方国家往往通过建立规制机构、行业标准、财政支持、法律法规等具有刚性约束力的制度作为支撑和制约。在我国,中国共产党及其领导的历届政府都忠实代表人民利益,坚持"全心全意为人民服务"。党的十六大后,明确提出了建设"公共服务型政府、完善政府公共服务职能"等目标。为此,在农业电视新闻话语的制度重构过程中,政府是制定宏观新闻话语体制的责任主体。

当前,政府应在管理理念、公共财政、法律制度等层面,构建有利于落实农民话语权、维护农民公共利益的农业电视宏观新闻体制。

电视媒体服务社会的主要载体是信息,包括新闻类、教育类和娱乐类信息。其中,新闻类信息因其具有真实、及时、重要等内在属性,成为电视媒体为社会提供公共服务、维护公共利益和社会公平正义的首选。实践表明,电视媒体作为公共服务的责任主体既有现实的必要性,也有切实的可行性。我国电视媒体在农业新闻话语机制重构中的责任主体地位,主要通过理念和机制两大方面得以实现。鉴于本章第三节将对具体的话语机制展开论述,本节主要就农业电视新闻话语的基本理念进行简要阐述。

---

❶ 张春华. 传媒体制、媒体社会责任与公共利益——基于美国广播电视制度变迁的反思 [J]. 国际新闻界, 2011(3): 58-64.

❷ 郭道晖. 论表达权和言论自由 [J]. 炎黄春秋, 2011(1): 43-47.

农业电视新闻媒体有必要确立公共利益至上和公共服务优先的新闻话语理念，具体可以从话语主题的广泛性、话语对象的普及性、话语主体上的公平性和话语内容上的独立性等方面进行。

①话语主题的广泛性，即报道主题应平衡涵盖农村政治、经济、社会、文化等诸领域，避免对某些议题人为设置障碍。

②话语对象的普及性，即要以服务区域内的全体公民为服务对象，而非有意识地将特定人群排除在自己的服务对象之外，特别应将农民等群体纳入自己的服务对象范围内。

③话语主体的公平性，即在新闻话语表达主体的选择上注重体现公平性，对农民群体给予特殊关照，给他们必要的利益表达的渠道和机会。

④话语内容的独立性，即在宪法和法律的框架下，电视媒体应掌握新闻话语的选题、编排、播发等内容生产管理上的自主权，真实呈现农民的利益诉求，维护公共利益。

第三节 农业新闻公共服务与话语创新的政府进路

在市场经济条件下，由于不同主体之间的利益诉求不同，政府有必要承担起公共服务责任主体和公共"守夜人"的基本职责。世界不同国家的电视管理实践已经表明，政府宏观规制是维护和保障新闻媒体公共服务的"生命线"。

政府的宏观规制，主要是将追求公平正义的基本理念转化为操作性较强的法律法规、财政保障、培训组织等具体制度，为我国电视新闻履行公共服务职责提供必要的宏观环境。此外，在创新我国新闻媒体公共服务的宏观制度时，应积极借鉴国外的成功经验。

一、创新宏观规制体系，突出媒体公共服务导向

规制是国家强制权的应用，是国家为满足产业发展需要、保护全体公众或人数较多的社会集团的利益所作的制度设计和实际操作[1]。媒介规制，是国家基于特

---

[1] G.J. 施蒂格勒. 产业组织与政府管制 [M]. 上海：上海三联书店，上海人民出版社，1996：210-241.

定的理念和价值观,通过一定规则体系对其辖区内大众传媒的内容生产、经营管理等日常行为进行的干预和控制。新闻规制,是媒介规制中的重要组成部分,主要涉及大众传媒内容生产中的新闻生产、传播、经营与管理。目前,我国已形成了正式规制和非正式规制混合并存、自成一体的媒介规制体系❶。

党的十八大以来,习近平总书记结合新时代媒介融合和党的新闻舆论工作面临的新形势新任务,特别强调我国新闻舆论工作在体制机制方面的创新。这为我国有关新闻媒体的党委管理部门创新新闻宏观规制体系、突出新闻媒体的公共服务导向提出了明确要求与现实空间。

1. 健全法律体系,维护公众合法权益

保障公民话语权已成为维护公共利益的重要内容,加强立法则是敦促电视媒体履行公共服务职责、保障农民话语权的有力途径。《中华人民共和国宪法》第35条规定,公民有言论出版自由,这为我国通过立法保障农民话语权、维护农民利益提供了法律依据。

然而,我国现有的新闻媒体规制体系中,"正式规制与非正式规制并非处于相对均衡的状态"❷。健全法律体系、保障农民话语权的基本路径是:在宪法的框架下,加快新闻法等专门法的制定和实施步伐;将近年来党和政府关于保障公民"四权"的政策理念上升为国家意志,形成操作性较强、相对完整的法律体系;在这一法律体系中,明确界定电视媒体为公民提供公共服务、保障公民"四权"的基本职责和权限。

2. 增强可操作性,落实公共利益原则

在我国已将公共服务确定为政府基本职能的前提下,国家有关部门应通过加强立法,保证我国电视新闻履行其公共服务职责、尊重农民话语权、维护农民利益、推进"三农"事业发展和国家长治久安。

在具体操作层面,可在坚持"党管媒体"的原则基础上,通过立法和行政督查等途径促使新闻媒体履行其公共服务职责。

立法方面,可由全国人大及其常委会、中共中央宣传部、国家新闻出版广电

---

❶ 陈旭鑫.当前我国新闻规制创新的理论内涵与构建路径 [J].编辑之友,2017(1):59–63.
❷ 强月新,刘莲莲.我国媒介规制的结构、问题及制度性根源 [J].武汉大学学报(人文科学版),2015(3):105–109.

总局等部门，根据我国宪法的精神，在充分调研、积极吸收各方意见的基础上，通过完善现有法律法规或出台新法律法规等方式，将新闻媒体公共服务必然涉及的基本原则、机构设置、传播体系、财政来源、奖惩机制等基本内容，以法律法规的形式确立起来。如果新闻传播法、广播电视传播法等全国性法律法规的出台时机尚未成熟，则可由国家授权，在个别省区先行试点，出台相关地方性法规并及时总结经验，待时机成熟后再在全国推广；也可经全国人大及其常委会授权中共中央宣传部、国家广播电视总局等部门，结合国情制定出适应新情况和新需要的行业性法规试行。在这方面，国外也经历了法律法规不断发展完善的过程，我国可适当借鉴国外新闻传播立法的经验和做法。

美国国会根据《美利坚合众国宪法》（Constitution of the United States）和《宪法第一修正案》（First Amendment to the Constitution of the United States）先后出台了《1927年无线电法》（Radio Act of 1927）、《1934年通信法》（Communication Act of 1934）、《1962年全频接收法案》（All-Channel Receiver Act of 1962）、《1967年公共广播电视法》（Public Broadcasting Act of 1967）、《1984年有线电视法》（Cabble Communication Act of 1984）和《1996年通信法》（Telecommunication Act of 1996）等专门性法律法规。通过这些法律法规，美国对新闻媒体履行公共服务职责的要求和监管才日渐清晰起来。

英国对公共电视与商业电视的管理，主要体现在《皇家特许证书》（Royal Charter）制度及英国国会批准生效的其他一系列法律之中。英国现有的涉及电视公共服务的专门法主要有《1990年广播电视法》（Broadcasting Act of 1990）、《1996年广播电视法》（Broadcasting Act of 1996）、《2001年广播电视法》（Broadcasting Act of 2001）、《2002年通信办公室法案》（the Office of Commnications Act 2002）、《2003年通信法》（Communications Act 2003）等。2002年成立的英国通信办公室（Ofcom）专门负责对BBC等国内电子媒体进行内容和服务方面的评价和监管。

行政督查方面，可通过中共中央宣传部、国家广播电视等职能管理部门，组织相关领导、专家学者、业界人士和公众代表，通过新闻阅评、内容监听监视和评估听证等制度，综合考察和评价新闻媒体在公共服务和话语创新方面的做法得失（如频道、频率、版面、栏目的设置，内容生产、话语风格、传播效果等），并提出改进意见和建议。

二、建立资金支持体系，保障媒体履行服务职责

随着我国综合国力和经济实力增强，为保证国内农业新闻媒体切实承担起履行公共服务的职责，可考虑建立起国家公共财政资金支持体系，为国内农业新闻媒体履行公共服务提供必要物质保障。

1. 公共资金支持制度透明化

根据佳亚特里·斯皮瓦克（Gayatri Spivak）对话语权构成要素的论述，表达渠道是构成话语权的核心要素之一。农业电视新闻频道（栏目、节目）是保障农民话语权、维护农民公共利益的物质载体和传播渠道。当前，我国电视对"三农"公共服务方面存在不足：在信号资源分配上，呈现明显"四少"现象（农业频道少、栏目少、节目少、时间短）；在体系建构上，缺乏一个完整的可操作性强的制度体系（其中最关键的是公共资金支持制度缺失）。因此，政府有必要建立起稳定的公共财政支持制度，为电视媒体维护农民话语权、服务"三农"提供必要物质保障。

在我国城乡差距明显、农村市场空间有限的现实条件下，建立稳定的支持电视服务"三农"的公共财政制度，对于保障农民话语权、维护农业电视媒体的正常运转发展、提升服务"三农"的水平具有决定性的作用。

2007年江西赣州电视台有一档电视栏目叫作《三农天地》（2002年创办的《希望田野》，2004年改版为《三农天地》，2008年为了适应赣南新农村建设的要求和赣州的农村特点改名为《新农村》）。2008年，赣州电视台成立赣州三套（科教农业频道），走上了频道专业化发展道路。2009年，因当时赣州市委十分重视新农村建设，市委农工部决定利用当地电视媒体开展新型农民培训、推动农业转型等工作，并在财政资金等方面都给予了大力扶持，主要用于支持办科教农业频道，特别是其中的《乡村报道》《农民讲堂》栏目及补贴信号覆盖到县乡村的经费。2009—2011年，由赣州市委农工部出面协调，每年支付该频道158万元；2012年，赣州市委农工部支付该频道35万元[1]。

在经费来源和节目生存有保障的前提下，该频道在原有的《新农村》栏目基础上，2009年新办了2个农业栏目——《农民讲堂》和《乡村报道》；2012年后，

---

[1] 2013年8月12日笔者对赣州电视台三套负责人的网络访谈。

赣州市委农工部给赣州三套的支持资金开始下降，为此，赣州电视台三套于2012年下半年开始改版，由农业频道转向办政法频道；原有的三个农业电视栏目也压缩为一个农业电视栏目《乡村报道》❶。

赣州电视台三套整体定位和农业栏目的调整，是市场经济条件下电视媒体缺乏必要公共财政支持、面临生存压力的条件下的必然选择。事实上，在缺乏公共财政资金支持条件下，全国农业电视新闻媒体普遍存在着资金紧张、生存压力大的现实困难。例如，湖北电视台的垄上频道2012年8月开播以来实行公司化运营模式，2013年的广告收入、产业收入和全媒体服务三块合计产值达3亿元；但在缺乏公共财政支持的情况下，该频道也面临资金压力❷。在这种情况下，电视新闻媒体难免出现重经济效益、轻公共服务的现象。

因此，国家有必要建立适合我国国情和当前形势发展需要的公共资金支持制度，为电视新闻维护农民话语权、履行公共服务职能提供必要的物质保障。需要注意的是，我国在利用公共财政资金建设对农公共服务体系、维护农民利益时，应加强对公共资金的监管力度，接受社会监督，保证公共资金的廉洁、高效使用。

2. 建设混合型公共资金保障体系

各国对公共电视实行的公共财政支持主要有"单一模式"和"混合模式"两种。"单一模式"因其资金来源单一，经济压力较大，已不能适应媒介数字化和电视媒体业务发展的需要；"混合模式"因具有资金来源多元、保障有力等优势而日益被多国采纳。

英国在长期实行"单一模式"后就逐渐采用"混合模式"。2005年之后，英国通信办公室建议将"混合模式"作为BBC的财源模式，但仍以收视费为主❸。法、德、日、美等国则以"混合模式"为主，经费来源包括收视费、广告费、赞助费等。各国公共资金在公共电视收费中所占的比重也不尽相同，其资金来源和征收方式也会及时调整。例如，法国从2002年开始以"视听接收税"的形式扶持公共广播电视，该笔资金占该类媒体总收入的60%以上。德国的视听接收费占德国公共广电媒体总收入的80%以上；日本广播协会（NHK）的视听费收入

---

❶ 2013年2月2日至3日笔者对赣州电视台三套部分工作人员的实地专访。

❷ 2013年1月15日，笔者对湖北长江垄上传媒集团、湖北电视台垄上频道党总支书记、副总经理刘文杰的专访。

❸ 李燕吉. 解读英国广播公司（BBC）新闻频道的市场战略[J]. 电视研究，2011（1）：75-77.

所占比例最高，占其年总收入的96%以上❶。在韩国，视听接收费占公共媒体总收入的39%左右❷。美国公共电视的收入来源，则是以社会捐赠、州政府和州立大学的拨款、企业赞助及财团资助为主，这笔资金占公共媒体总收入的80%以上；联邦政府对公共广电媒体的财政支持每年有数亿美元，占公共媒体总收入的10%～15%❸。

为此，我国媒体在利用公共财政资金建立农业公共服务体系、维护农民权益方面，可从以下两个方面着手。

第一，建立稳定的"混合模式"公共财政专项制度。例如，由各级政府从公共财政中拨付一定资金专门用于创建、扶持一批农业类电视频道（栏目、节目），农业电视媒体也可通过广告和其他服务壮大自身实力，但公共财政资金应能维护农业电视媒体的基本正常运转需要。

第二，建立覆盖全国的、有机联系的农业新闻传播体系。例如，形成中央、省、市、县四级农业电视新闻传播网络，特别是各省、市应利用公共财政资金建立起至少一个覆盖本级行政区域的农业电视频道或栏目；全国县一级的广播电视台自办新闻栏目，可根据当地城乡发展状况，有规律地制作、播出农业电视新闻节目。

三、培育公民文化，提升农民的媒介素养与能力

公民文化属于政治文化的范畴，政治文化是一个民族在特定时期流行的一套政治态度、信仰和情感❹，并受到该民族的历史及其当前所处的社会、经济、政治活动进程的制约。政治文化与政府的公共服务水平之间存在着互动关系，即政治文化会对政府公共服务产生潜移默化的影响，政府公共服务的历史与现状又是政治文化的重要组织部分。阿尔蒙德将政治文化划分为蒙昧型、服从型和参与型三种。在蒙昧型政治文化中，政府与公民之间的联系十分松散；在服从型文化中，政府与公民之间是一种单向联系，即政府对公民的单向政治输出、缺乏公民的政

---

❶ 国家广电总局发展研究中心.国外广电影视体制比较研究［M］.北京：中国国际广播出版社，2007：58-59.

❷ 同❶11.

❸ 同❶58-59.

❹ 加布里埃尔·A.阿尔蒙德，小G.宾厄姆·鲍威尔，等.比较政治学：体系、过程和政策［M］.曹沛霖，等，译.上海：上海译文出版社，1987：29.

治输入；参与型政治文化，是理想的公民文化，政府与公民之间存在双向的互相影响、互相参与的关系。农民的话语权属于政治权利范畴，保障农民话语权除需要一定的话语渠道之外，更需要政府从培育公民文化、提高农民的文化知识水平和组织化程度等方面入手，以提升农民的话语能力和政府公共服务水平。

1. 提高农民组织化程度，保障农民合法权益

保障农民话语权、维护农民利益，需要提高农民的组织化程度。西方发达国家的工业化和城市化水平较高，公民文化已经形成，农民只是作为一种职业而非身份象征且农民的知识文化和话语能力普遍较强，因此，西方国家目前主要通过依法建立民间组织来达到维护农民利益、提升农民话语权和政府公共服务水平的目的。

当前，西方发达国家纯粹意义上的农民所占比例普遍较低。但为了保护农民的利益，它们普遍成立了形式多样的农民组织。例如，美国有农民协会、农民联盟和农场局三大民间团体；法国有农民工会、农民协会、农会等；日本则有全国农协联盟。通过这些民间组织，上述国家的农民可以把自己的现实需求用合法的手段和方式呈现给政府，对政府公共决策中产生影响，进而维护自身合法权益。

随着国内法治建设、农民文化水平和媒介技术的发展进步，我国农民的组织化程度也呈现出不断发展的态势，具体体现在农村各种专业合作社、商会商社、QQ 群、微信群和微信公众号的兴起等方面。当然，我国当前农民的组织化程度总体仍处于较初级的发展阶段。

提高我国农民的组织化程度，主要应注意以下几点：一是农民组织可以成为维护农民权益的助推器，但一定不能被某些别有用心者利用作为挑战党和政府权威、聚众滋事的工具；二是既要给予农民组织一定的生存空间，又要强化相关组织负责人及其成员的法律意识，教育引导农民务必在党和国家政策法律的框架内进行维权；三是对于农民组织代表农民提出来的正当合理诉求，要科学对待、积极回应，能解决的及时解决，一时解决不了的诉求，要及时做好解释和引导、澄清谬误。

2. 加强教育培训，提升农民媒介使用能力和话语能力

1949 年后，我国公民文化初现端倪。特别是 20 世纪 90 年代中期我国社会阶层结构变迁加速之后，我国公民的权益意识、政治参与意识和话语表达意识明显增强，突出体现在网络等新兴媒体的信息传播之中。

健全公民文化应从以下几方面入手。

第一，强化政府和新闻媒体的公共服务意识，消除传统的"官本位"思想，扩大公民在政府公共决策和新闻报道的参与性和影响力。同时，新闻媒体要强化自身的公共服务意识，将自己打造成政府与公民双向沟通的信息平台。

第二，加强教育培训，提升农民的公民意识、法治意识和话语能力。公民文化的核心，在于公民在合法、理性原则基础上积极参与国家公共政治生活——公民尊重政府权威、执行政府基于法律制度的决定；同时，公民又具有自身的政治认知和参与能力，能通过各种途径参与或影响政府的政治事务或公共政策。培育公民文化，需要培养公民意识。当前，需要政府运用公共资源，提高我国农民的文化和法律知识水平，以达到提升农民公民意识、法治意识和话语能力的目的。

第三，依法强化农民的组织化程度，使农民能在宪法和法律的框架内，依法通过新闻媒体理性表达自身需求、维护合法权益。农民的力量，取决于农民的组织程度而非农民的人数❶。根据《中华人民共和国宪法》《中华人民共和国刑法》和《中华人民共和国农民专业合作社法》等法律，可以成立综合性农民组织（如农会等）和专门性、行业性民间组织。

第四节 农业新闻公共服务与话语创新的媒介进路

要提升我国农业新闻公共服务和话语创新水平，有必要从新闻媒体内部入手，主要体现在找准话语落点、平衡话语内容、丰富话语形态和完善评估标准四个方面。

一、找准话语落点，回应公众需求

在社会急剧转型、互联网和手机等新媒介迅速崛起、政治经济和文化全球化加速发展的态势下，我国出现了官方、民间话语体系互相博弈又交错互动的复杂局面。在此形势下，要重构农业电视新闻的微观话语机制，电视媒体首先需要寻找话语落点，积极回应公众诉求。话语落点，是指农业电视新闻报道要在官方话语、民间话语体系中寻求最佳平衡点，其目的在于提升我国农业电视新闻的社会

---

❶ 党国英.新世纪中国农村改革：反思与展望[M]//中国农村发展研究报告.北京：社会科学文献出版社，2001：46-61.

认可度。

官方话语主要是政治话语（political discourse）[1]，包括执政党和政府等政治机构和官方媒体传递出来的话语，也包括正式或非正式的政治语境下政治参与者的话语，往往代表了国家在特定年代中的主流价值观和利益诉求。执政党和政府等政治机构，会通过自己掌握的公共权力资源使官方话语呈现出明显的强制色彩和意识形态属性，并力图使民间话语处于自己的掌控范围之内。民间话语，则主要是以民众情绪、民间言论和议论等方式呈现出来的话语，是特定时空环境下民众生存状态、社会理想和利益诉求的折射，并对官方话语具有内隐或外显的消解、反抗及建构作用。

官方话语和民间话语，以各自特定的传播载体和内容构建起自己的话语空间。执政党和政府通过政策文件公告、法律法规、新闻发布会、新闻媒体等传播载体，以传达公共政策和发布权威信息的方式构建起官方话语空间；民众则以互联网、手机短信和各种人际传播渠道为传播载体，以传播长期积聚的各种民间思潮、相对自由、独立的个人言论形成了民间话语空间[2]。

重构我国农业电视新闻话语机制，需要将维护公共利益、为农民提供公共服务视为新闻媒体的职责；并在此基础上，寻找两大话语体系的最佳平衡点，积极回应农民的公共利益诉求，提升农业电视新闻的社会认可度。彰显电视新闻的公共性和批判性，是我国农业电视新闻寻找话语平衡点、回应农民公共利益诉求的必要条件。以农民话语权为切入点、落实农民"四权"，客观、平衡地呈现农民在政治、经济、文化、社会民生等领域的利益诉求，是农业电视新闻寻找话语平衡点、回应农民公共利益诉求的基本路径。

二、平衡话语内容，体现公平正义

公平、正义是人类社会的普遍追求，也是实现社会团结有序的必要前提；而政府、社会公共组织及大众传媒为全体公民提供良好的公共服务，则是维护公平正义、实现社会团结有序的物质基础。公共服务、公平正义和社会团结三者之间存在着必然联系，公共服务是载体和手段，公平正义是价值追求，社会团结是基

---

[1] 窦卫霖.中美官方话语的比较研究[D].上海：上海外国语大学，2011：43.
[2] 何舟.中国政治传播研究的路向[J].新闻大学，2008（2）：34-36.

本目标。传统新闻理念主导下的我国电视新闻报道，呈现出较明显的"传者本位"和"舆论一律"的特征——基调官方化、主体精英化，等等。这些不足制约了电视媒体在监视环境、守望公共利益方面的发展空间，致使电视媒体在一些涉及公共利益、民众关心的重大新闻中缺乏主动权，降低了电视新闻报道的公信力❶。

公共服务与公平正义折射出人类不懈的理想和价值追求，是人类文明中的重要组成部分，也应成为当前我国农业电视新闻话语机制重构的价值追求。在确定报道选题和角度时，要最大限度地满足农民的知情权、表达权、监督权和参与权；在选用人物同期声时，尽量选用农民等社会公众的话语，体现农民的真实利益诉求；充分利用语言和非语言符号，形成电视信息传播优势，使电视画面和解说顺民意、暖民心。

近年来，中央几大主流媒体连续开展的"新春走基层"系列报道，值得全国媒体学习借鉴。例如，中央电视台2011—2012年推出的"走基层"系列报道，就可成为我国农业电视微观话语机制重构的有益借鉴。

该系列报道的最大亮点，在于较真实地体现了不同社会群体利益诉求。该亮点主要体现在报道题材和角度、节目形态和话语解说等方面。特别值得一提的是，该系列报道对"三农"的关注，向世人展示了一个处于发展中的真实、全面的中国图景。

该系列报道虽然报道了一些精英人物，如工程院院士张金哲（2011年11月28日）和华西村的老书记吴仁宝（2012年2月7日）等，但更多的是基层的普通百姓和干部，尤其是再现了中西部农村生活场景和普通农民的利益诉求。该系列报道对"三农"的关注具体包括五个方面。

①农村及贫困地区孩子的上学难问题。例如，2011年9月17日至23日、10月3日、10月15日报道了新疆维吾尔自治区喀什市塔县皮里村孩子上学路上的艰辛。

②农村留守儿童的心理需求问题。例如，2011年9月1日播出的《板桥村：留守儿童报名记》、2012年3月15日至17日播出的安徽阜阳邵全杰的家乡事（《漂亮的房子"空心"的村》等）、2012年4月16日播出的《留守儿童晶晶上学

---

❶ 陈旭鑫. 电视媒体维护社会公平正义的理论内涵与基本路径 [J]. 现代传播（中国传媒大学学报），2013（2）：60-62.

记》、4月19日至21日播出的安徽肥东留守儿童睿智的故事。

③青壮年农民外出谋生的艰辛和内心恋家的煎熬。例如，2012年1月12日至18日播出的《杨立学讨薪记》；1月17日、2月16日至17日播出了反映四川安岳农民罗军夫妇打工生活的《夫妻俩的打工路》；2012年3月4日至5日播出的《大伟招工和小张找工记》等。

④农村孩子求医治病难的问题。例如，2011年11月30日至12月4日播出的关于河南农村孩子治病难的《马子硕的求医路》。

⑤整体搬迁时农民的利益诉求和恋土情节。例如，2011年9月24日至28日播出的宁夏回族自治区西吉张家屲村村民整体搬迁到生存条件更优越的贺兰县的故事；2012年5月29日至6月2日播出的湖北省十堰市丹江口库区农民，在国家南水北调工程中需要整体搬迁时对利益受损和离乡弃土时的复杂情感。

上述五个方面基本涵盖了当前我国"三农"发展中面临的主要问题，真实反映了农村现实、农民的利益诉求，有助于维护社会公平正义❶。

三、丰富话语形态，提升服务质量

"内容为王、形式是金"已成为当前电视业界的共识。为了提高传播效果，除打造内容之外，农业电视新闻还要改进话语形态。丰富话语形态，主要是指农业电视新闻在注重新闻事实的基础上，不断改进、丰富编辑和播报形式，如多用农民同期声、表达农民真实利益诉求；改进农业电视新闻话语风格、实现农业电视新闻的平民化，等等。本节以湖北垄上频道的《垄上行》为例进行阐述。

《垄上行》强化对农公共服务的着力点主要在办好节目，主要体现在节目内的信息服务和节目外的活动策划方面。节目内的信息服务又可分为涉农新闻、广告资讯、天气信息、观众疑难问题解答等。活动策划，主要有大型媒体行动《春天垄上行》《金秋垄上行》等。

在丰富话语形态、提升公共服务水平方面，《垄上行》的有益探索主要包括以下三个方面。

第一，巧用农民同期声表达农民真实利益诉求。电视新闻话语表达的主要优

---

❶ 陈旭鑫. 电视媒体维护社会公平正义的理论内涵与基本路径[J]. 现代传播（中国传媒大学学报），2013（2）：60-62.

势在于声画组合丰富了话语内容和形式，劣势则在于线性传播对话语表达上的时长限制和接受上的顺序限制。因此，要凸显农民主体地位、保障农民话语权，就要在有限时间内巧用农民同期声。《垄上行》及垄上频道的其他栏目在话语形态上，通过摒弃居高临下的话语模式，选用农民在日常生产生活中的影像和同期声，以体现农民的真实利益诉求。

第二，鼓励农民深度参与节目，采用农民喜闻乐见的话语形态编播新闻。《垄上行》注重改变严肃古板的话语表达方式，不主张"过于理性和生僻"的表达，不追求太精准的剪辑，目的是要让农民喜闻乐见、看后觉得亲切❶。《垄上行》子栏目《彭孟有礼》，借频道开播1周年之际送电视机给幸运观众；在农民中培养农民记者，招聘情报站长，并播出他们拍摄的新闻作品；开设了子栏目《我们播新闻 你来取标题》，向社会公众征集新闻标题，并对被选中新闻标题的作者每人奖励100元的手机话费；推出"20万年薪招聘农民工星主播海选活动"，除选主持人外，活动的主题歌也由农民自己决定。

第三，接"地气"、重"农味"，提升对农服务水平。主要体现在以下几方面：一是在节目时段安排上接"接地气"。考虑到农民的收视习惯，《垄上行》将直播时间安排在每晚7：30至9：00的黄金时段，以方便农民收看；二是在节目编排上"接地气"，如在节目开始时安排《天气预报》，播报农民最关心的天气信息；三是要求采编人员接"地气"，"采访时与农民平等交流，做出的节目让农民能看懂，把农民当朋友"，为此还出台了"记者农家"的培训机制，要求记者每年必须累计在农民家里至少住上一个月❷；四是演播室布置、主持人着装和话语接"地气"，如在挂着玉米棒、放着石磨和木柴堆、建有稻草房子的演播室里，主持人穿着农民常穿的上衣，微笑着用不太纯正的普通话，站着说新闻；栏目内容重"农味"，提升了对农公共服务水平。

四、完善评估标准，保障农民权益

农业电视新闻作为一种准公共产品和对农公共服务体系中的重要载体，其基本职责在于满足农民需要，维护农民利益，推动"三农"发展。为此，有必要强

---

❶ 2013年1月15日笔者对湖北电视台垄上频道武汉节目中心负责人的专访。
❷ 2013年1月15日笔者对湖北长江垄上传媒（集团）有限公司、湖北电视台垄上频道负责人的专访。

化对农业电视新闻的效果评估，以敦促农业电视新闻履行其基本职责、推动农业电视新闻的健康发展。农业电视新闻效果评估的宗旨是，根据其通过新闻节目和媒介活动为农民提供的公共产品和服务，以及由此产生的农民满意度来评估其绩效，从而确定农业电视新闻"对公众负责、提高服务质量的公共责任机制和运行机制"❶、落实农民话语权。以满意度理论为依据，建立以维护农民利益、尊重农民话语权为核心目标，以农民满意度为主要内容的效果评估体系，实行收视率与收视质并重，加大收视质的权衡比重，扩大评估主体范围，实现多方参与的评估机制，是农业电视新闻评估的原则要求和基本路径。

满意度理论源于心理学领域，在经济学和社会学领域均有研究，并在经济学领域中形成了较为成熟的顾客满意度理论❷。该理论的核心思想是，强调企业的生存之本不是产品或服务，而是顾客，只有顾客满意才可以提高顾客对企业提供的产品或服务的忠诚度，进而转化为实际的重复购买或推荐购买行为，最终体现为企业的利润增加。该理论模型主要有两种：一是瑞典顾客满意度指数模型 SCSB（Swedish Customer Satisfaction Barometer），二是美国顾客满意度指数 ACSI（America Customer Satisfaction Index）。满意度理论在社会学领域的研究，受社会学领域现象与问题繁杂多变等影响而显得有些驳杂，可归结为社会满意度和公众满意度两个基本向度，二者的共同点在于研究公民对公共产品和服务的心理感受。1936 年，美国行政学者迪马克（Dimock）将顾客满意度理论引入公共服务领域，认为"顾客满意标准在政府运作过程中的运用，应当与企业中的运用一样广泛"❸。虽然顾客满意度理论源于对私人产品的研究，但因其已形成一套成熟的理论及切实可行的衡量指标和标准，本节结合美国的顾客满意度模型和社会学中的社会（公众）满意度理论，对我国农业电视新闻的效果评估进行探讨。结合满意度理论和我国电视管理的现状，我国农业电视新闻社会满意度模型如图 5-1 所示。

---

❶ 蔡立辉. 西方国家政府绩效评估的理念及其启示［J］. 清华大学学报（哲学社会科学版），2003（1）：76-84.

❷ 赵东霞. 城市社区居民满意度模型与评价指标体系研究［D］. 大连：大连理工大学，2010：18.

❸ D.H. 罗森布鲁姆，R.S. 克拉夫丘克仁. 公共行政学：管理、政治和法律的途径［M］. 5 版. 张成福，等，校译. 北京：中国人民大学出版社，2002：28.

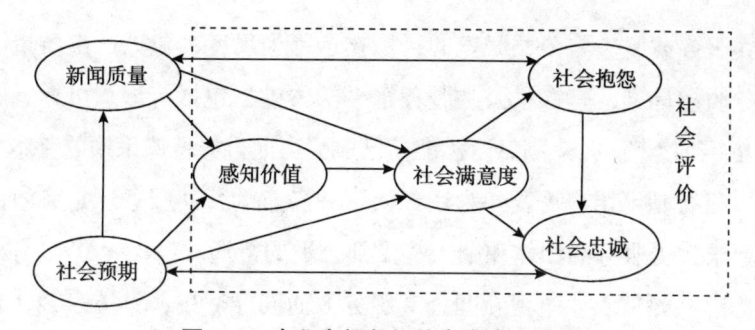

图 5-1　农业电视新闻社会满意度模型

注：图中圆圈大小并不代表变量之间的重要性区别，单双箭头表示变量间的单向或双向互动关系

由图 5-1 可知，该模型包括 6 个变量、11 个关系和 4 个层次的指标体系。社会满意度模型的一级指标，是总的测评目标即"社会满意度指数"；二级指标，包括社会预期、新闻质量、感知价值、社会满意度、社会抱怨、社会忠诚；三级指标，是根据农业电视新闻公共服务基本要求，由二级指标展开而得到的指标；四级指标，则是三级指标展开后体现在调查问卷上的具体问题。社会预期和新闻质量是形成、制约社会感知价值的两大因素，新闻质量、社会预期、感知价值决定社会满意度，社会满意度表现为社会抱怨和社会忠诚两个维度；社会预期影响新闻质量，社会抱怨影响社会忠诚，而新闻质量与社会抱怨、社会预期与社会忠诚之间又存在双向互动关系。总之，"社会预期—新闻质量—社会评价"为农业电视新闻社会满意度模型的三大构成要素，其中社会预期是基础、社会评价是结果，而新闻质量处于核心地位——是为社会提供公共服务、满足社会预期、形成社会评价的物质基础和基本要件。

农业电视新闻效果评估主体包括社会公众和电视媒体两大部分，电视媒体由农业电视新闻媒体自身组成，而社会公众则包括党政部门（以主管部门为主）、专家学者、农民和第三方评估机构。当前，我国农业电视新闻效果评估，应特别突出农民的主体地位。作为准公共产品的农业电视新闻，必须确立一定的评估标准。该标准应该既符合公共服务的基本评估标准，又体现农业电视新闻的自身特点。

公共服务的基本评估标准，包括经济效益标准、服务质量标准、公众满意度标准和公平标准。其中，经济效益标准是基础，服务质量标准、公众满意度标准和公平标准则是在经济效益标准基础上衍生出来的重要标准。经济效益标准，是国际通行的衡量电视公共服务的基础性指标，以投入与服务或产品的产出比为参照，以公共服务或服务与公共服务的目标吻合度为尺度，包括产出质量、预期目标等。服务质量标准，是衡量公共服务水平的关键，包括有形、可靠、响应、安全和移情五个维度[1]。公众满意度标准，已成为当前世界普遍采用的基本标准。该标准认为，只有满足用户需要并为用户认可和满意的公共服务才是有效的。公平标准，则要求接受服务的团体和个人都受到公平的待遇。

上述标准在评估农业电视新闻公共服务方面同样适用，具体来说，包括以下四个方面。

第一，在经济效益标准方面，将落实农民"四权"、维护农民利益作为农业新闻生产和评估的基础。该效益标准与传统标准最大的不同之处在于兼顾我国农业电视新闻的意识形态宣传与公共服务功能，并将公共服务置于更加突出的位置。

第二，在服务质量标准方面，以新闻内容为载体，突出其公益性价值取向。具体来说，就是在节目内容上应体现出多元、创新、有实质意义和独立等基本特性[2]。多元，是指在新闻报道的领域、地域、主题、对象、话语主体、观点表达、节目形态等方面丰富多元，兼顾不同社会阶层人员、大众和小众的利益需求和观看兴趣，并在节目内容、播放时段等方面予以呈现；创新，主要是指在节目的立场观点、表现形态上常办常新，可以从自制节目与外购节目的比例方面进行衡量；有实质意义，是指在新闻类节目中提供有一定深度且与公众切身利益密切相关的报道，在评论类节目中则能既提供观点又提供充足信息为观众释疑解惑；独立，是指能公正客观、不偏不倚地进行报道、评论和活动策划。

第三，在公众满意度标准方面，以落实农民知情权、表达权、参与权和监督权为切入点，全面报道我国农民在政治、经济、文化、民生等方面的利益诉求，使农民亲身感知、体会到农业电视新闻媒体在维护农民利益、提供公共服务方面的努力与价值。

对农民的满意度评估，主要采取专题问卷调查、深度访谈等方式，从客观和主观两个方面来衡量。客观评估，主要是评估农民的收视行为，目前主要以视听

---

[1] PARASURAMAN A, ZEITHAML V A, BERRY L L. Guidelines for Conducting Service Quality Research [J]. Marketing Reaearch, 1990 (Dec.): 34—44.

[2] CROTEAU D, HOYNES W. The Business of Media: Corporate Media and the Public Interest [M]. California: Pine Forge Press, 2001: 150.

率为衡量标准；主观评估则主要评估农民收视后产生的心理态度，目前主要以视听质为衡量标准。由于当前国内受众调查在样本选择上存在着"重城市、轻农村"的现象，加之我国农村具有的地域面积广、区域差距大等特点，为此对农业电视新闻满意度的评估应采取视听质为主、视听率为辅的标准。

在视听质量的评估上，可借鉴BBC的"欣赏指数"进行定质研究。"欣赏指数"是20世纪60年代由英国"独立广播局"与"受众研究委员会"研发的节目质量研究方法。该方法同时使用"兴趣"和"享受"2个维度6个等级用以测试观众对节目的看法，即"极度有趣（享受）""非常有趣（享受）""颇为有趣（享受）""普通（享受）""不大有趣（享受）""完全不有趣（享受）"。20世纪90年代后，"欣赏指数"修改成0到100分的量表工具，请受访者自主给分。用"欣赏指数"方法评估农业电视新闻时，可考察受访者对节目的知晓度、满意度和具体评价。在实施过程中，要考虑不同评估主体的权重比例，即政府部门、媒体自身、社会公众（农民、专家学者和其他阶层）的比例。当前，特别需要强化农民在评估主体中的比重，提升农民的评估在整体评估结果中的权重系数。

第四，在公平标准方面，包括两方面的内容：一是指新闻报道内容上的公平；二是指在内容评估操作上的公平，即操作过程、结果公布和奖罚方面做到公开、公平、透明。

在新闻内容上，地域公平包括城乡之间和乡村之间的公平，即在新闻报道的内容、同期声的采用、节目的时长和数量等方面，充分考虑到地域因素，体现农业电视新闻话语的地域平衡；阶层公平，是指农业电视新闻在主题内容、同期声主体、话语时长、话语态度倾向的选择等方面，充分考虑到不同社会阶层；民族公平，是指对不同民族的农村人口提供同等质量和数量的农业电视节目，对民族地区播出的节目要使用民族语言，体现民族特色、传承民族文化、维护当地民众的利益。

在内容评估操作上，操作过程上的公平，主要是指评估的目标、主体、方法和结果形成的所有过程，都要坚持公平公开、规范透明的原则；评估结果出炉后，应及时向全社会公布，接受并及时回应社会公众的批评监督；基于评估结果建立内部反思和奖惩制度，反思重在探讨"社会抱怨"形成的缘由及改进办法，奖惩的目的在于发挥评估结果的导向价值，评估和奖惩的标准与实施均要公平透明，接受并回应社会批评监督。

附录一

实地调查问卷

问卷 ID 编号：_____

调查时间：___年___月___日___时至___时

调查地点：_____省_____市_____县（区）_____乡（镇）_____村

亲爱的朋友：

您好！首先感谢您抽出宝贵时间支持、配合本调查！

为使电视等新闻报道能更好满足"三农"发展需要，我们特组织本调查，并将形成的学术论文和调研报告供有关部门决策参考。根据随机抽样的原则，我们选择您作为我们的调查对象。请您根据问卷中的要求，将您的真实情况提供给我们，回答没有对错之分。

答题方法：①除有特殊说明的题目外，均为单选题。②每个选项都有一个数字代号，请根据您的想法或实际情况，在选项数字旁边打"√"或把数字填在相应横线上；少数问题，需要把您的实际情况或想法写在横线上。③部分题目后面有文字说明，请按文字说明进行。

调查承诺：本次调查数据只用于学术研究。在后期报告和学术论文中，我们将遵守国家有关法律，采取化名或代号等方式保护您的个人隐私。否则，愿意承担相关法律责任。

访员（签名）：_____

年　月　日

课题调查组

2012 年 7 月

一、个人基本信息

Q1. 您的性别：1. 男　　2. 女

Q2. 您的年龄_____（请以周岁计算，如40）

Q3. 您的户籍：　　1. 城镇　　2. 农村

Q4. 您在本地连续居住的时间：1. 1～3年　　2. 3～5年　　3. 5年以上

Q5. 您的文化程度：

1. 文盲　2. 小学　3. 初中　4. 高中（含中专、职高）　5. 大专　6. 大学本科及以上

Q6. 您的婚姻状况：

1. 未婚　2. 已婚　3. 离异　4. 丧偶　5. 其他（请填）_____

Q7. 您的职业、主要收入来源_____

1. 普通农民（家庭种植、养殖）　　2. 种养专业户（专业种植、养殖）

3. 普通打工者（帮人打工）　　4. 个体专业技术人员（泥工、木工、医生等）

5. 个体工商户（做小生意、跑运输等）　　6. 私人老板（开公司、学校、诊所等）

7. 村干部　　8. 其他（请填）_____

Q8. 去年您家全年的总收入有____万元（注：指大概的毛收入，不计各种支出）

二、媒介接触与评价

Q9. 您家的电视信号接收方式_____

1. 普通天线　2. "锅形"卫星接收器　3. 有线电视（闭路）　4. 其他（请填）_____

Q10. 平时您主要通过哪两种渠道了解新闻？（将代号填在下面横线上，每条横线上只能填一个代号）

1. 陪人聊天　　2. 看电视　　3. 读书看报　　4. 听广播

5. 电脑上网　　6. 订阅手机短信　　7. 手机上网　　8. 其他（请填）_____

Q10.1 您了解新闻居第一位的渠道是_____

Q10.2 您了解新闻居第二位的渠道是_____

Q11. 近3个月内您每天看电视的时间有1小时吗？　　1. 无　　2. 有

Q12. 近3个月内您每天看电视时间不到1小时的主要原因是_____（如Q11选2，请跳过本题）

1. 没时间看　　2. 电视机坏了没修好　　3. 电视信号不好

4. 节目不好看　　5. 电脑上网收看更方便　　6. 其他（请注明）_____

Q13. 近3个月内您收看最多的电视节目情况（在横线上写出频道和节目名称，如央视一套《新闻联播》）

Q13.1 中央台_____　Q13.2 省台_____　Q13.3 地市台_____　Q13.4 县台_____

Q14. 不看电视时，您主要通过_____打发空闲时间？

1. 睡觉、休息　　2. 找人聊天　　3. 打扑克、打麻将　　4. 喝酒、唱歌、逛街

5. 看书、看报、看杂志　　6. 电脑、手机上网　　7. 另找地方看电视

8. 其他（请填）_____

Q15. 近3个月内您看农业电视节目吗？

1. 基本不看　　　　　　　　2. 偶尔看看（每周1～2次）

3. 经常看（每周3～4次）　　4. 几乎天天看（每周5次以上）

Q16. 您经常收看农业电视节目的情况？（如Q15选1、2，请跳过本题）

Q16.1 节目名称_____

Q16.2 收看的大概时间长度_____（以分钟计算）

Q17. 您经常收看上面那个农业电视节目的原因是_____（如Q15选1、2，请跳过本题）

1. 播出时间合适　　　　　　2. 节目活泼好看　　　3. 报道国家政策

4. 报道农产品市场需求和行情　　5. 报道农村实际情况　　6. 能为农民说话

7. 带领农民致富　　　　　　8. 其他（请填）_____

Q18. 您看农业电视节目不多的主要原因是_____（如Q15选3、4，请跳过本题）

1. 不知道有这样的节目　　2. 播出时间不合适　　3. 节目不好看

4. 与自己关系不大　　　　5. 与本地关系不大　　6. 普通农民出镜机会少

7. 不喜欢看这类节目　　　8. 其他（请填）_____

Q19. 电视节目涉及以下内容时，您会关心、收看吗？（在相应数字上打"√"）

项目	很不关心	不关心	无所谓	关心	很关心
SQ 1. 国家政策、法律、文件（中央"一号"文件、粮食补贴、家电下乡补贴政策等）	1	2	3	4	5
SQ 2. 国内外大事（"两会"、黄岩岛事件、奥运会等）	1	2	3	4	5
SQ 3. 农村基层民主（村干部选举、村务信息公开等）	1	2	3	4	5
SQ 4. 揭露贪污腐败，批评社会不正之风（惩治贪官等）	1	2	3	4	5
SQ 5. 打击假冒伪劣产品（假种子、假烟酒等）	1	2	3	4	5
SQ 6. 实用技术、致富信息（种养技术、用工招聘等）	1	2	3	4	5
SQ 7. 科教文卫知识（教育孩子、养生保健等）	1	2	3	4	5
SQ 8. 农村生态环境（空气、水污染与治理等）	1	2	3	4	5
SQ 9. 社会新风气新潮流（男女平等、单身妈妈等）	1	2	3	4	5
SQ10. 上级视察和政府工作成绩	1	2	3	4	5
SQ11. 先进典型、好人好事	1	2	3	4	5
SQ12. 农产品市场行情	1	2	3	4	5
SQ13. 天气和气候变化	1	2	3	4	5
SQ14. 商业广告（如推销种子、化肥、日常用品等）	1	2	3	4	5
SQ15. 公益广告（如宣讲诚信、互助友爱等）	1	2	3	4	5
SQ16. 其他（请填）_____	1	2	3	4	5

三、现实需求情况 根据您的切身体会，将选项代号填在下面横线上，每条横线上只填一个代号。

Q20. 政治方面

1. 落实村民自治制度，扩大农民选举权和被选举权（如选村干部、人大代表、政协委员等）

2. 加大惩治贪官力度，提高办事效率

3. 实施大学生村官制度，提高基层干部素质

4. 打击黑恶势力，加强社会治安

5. 信息公开，强化农村民主管理

6. 允许媒体如实报道农民心声

7. 其他（请填）_____

Q20.1 目前做得最好的是____；Q20.2 目前亟须强化的是____

Q21. 经济方面

1. 实行财政补贴（如种粮补贴、家电下乡补贴等）

2. 取消农业税

3. 及时足额发放各种补偿款

4. 提供便利的银行小额贷款

5. 改善农村基础设施（如修路、水电供应等）

6. 其他（请填）_____

Q21.1 目前做得最好的是____；Q21.2 目前亟须强化的是____

Q22. 社会民生方面

1. 加强农房建设规划，改善农民住房和居住环境

2. 建立基本社会保障体系（如医疗和养老保险等）

3. 强化环境保护和治理，改善农村生态环境

4. 打击假冒伪劣产品，对农民实施法律援助

5. 重视食品安全，维护群众身体健康

6. 其他（请填）_____

Q22.1 目前做得最好的是_____；Q22.2 目前亟须强化的是_____

Q23. 教育文化方面

1. 重视农村学校危房改造，改善农村教育设施

2. 实行免费师范生制度，充实农村师资力量

3. 改善农村学校教学设备，提高教学质量

4. 文化下乡（送戏、送电影、送图书下乡等）

5. 实施广播电视"村村通""户户通"工程

6. 完善农村文化娱乐健身设施（如图书室、球场等）

7. 实施农民远程教育、技术培训工程

8. 其他（请填）_____

Q23.1 目前做得最好的是____；Q23.2 目前亟须强化的是_____

Q24. 当前，您最希望电视等新闻媒体为农民做的实事是_____

1. 提供生产实用技术和信息

2. 提供外出打工招聘信息

3. 提供农产品市场供求、行情变化信息

4. 帮助农民熟悉国家方针政策、法律法规

5. 正面报道农村建设成就、好人好事

6. 加强舆论监督，批评农村不正之风

7. 介绍致富经验和做法，带领农民致富

8. 多到农村采访，如实报道农村实际情况

9. 其他（请填）_____

Q25. 您所在的村有记者来采访过吗？

1. 不清楚　2. 从没来过　3. 来过，但很少　4. 经常来

Q26. 您接受过记者采访吗？1. 从来没有　2. 有过，但很少　3. 经常接受

Q27. 您在接受采访时说的话，在后来的新闻报道中体现情况怎样？（如 Q26 选 1，跳过本题）

1. 根本没有体现，根本不符合当时本人的意思

2. 少部分体现了，不太符合当时本人的意思

3. 大部分体现了，基本符合当时本人的意思

4. 全部体现了，完全符合当时本人的意思

Q28. 如果有记者来采访您，您愿意接受他们的采访并表达自己的真实想法吗？

1. 不愿意　　　　2. 看情况而定　　　　3. 愿意

Q29. 您愿意接受记者采访的主要目的是_____（如 Q28 选择 1，跳过本题）

1. 推广经验和成绩　2. 展示特长和优势　3. 倾诉困难和需求

4. 表达爱心和能力　5. 宣传好人好事　6. 揭发坏人坏事

7. 讲述亲身经历　　8. 其他（请填）_____

Q30. 您不愿意接受记者采访的主要原因是_____（如 Q28 选 2、3，跳过本题）

1. 怕自己说错话不小心得罪人

2. 记者嫌贫爱富，只为有钱有势的人说话

3. 怕记者断章取义，歪曲本人意思

4. 其他（请填）_____

Q31. 遇到较大困难或纠纷、自己一时无力解决时，您会采取怎样的处理方式？（根据先后顺序排列，将选项中的代号填入相应位置）

1. 妥协忍让　　　2. 找亲朋好友　　　3. 暴力解决　　　4. 向村干部求助

5. 向县乡干部求助　　　　　　6. 上访　　　　　7. 向新闻媒体求助

8. 打官司或寻求法律援助　　　9. 其他（请填）_____

Q31.1 第一步____　　Q31.2 第二步____　　Q31.3 第三步____

Q32. 当前，您最想解决的困难或问题是_____（请简要填写）

Q33. 您是否愿意接受我们的访谈？（如愿意，请留下联系方式；如不愿意，可不填）

姓名：_____联系电话：_____住址：____县____乡（镇）____村____号

QQ：_____电子邮箱：_____

本次调查到此结束，再次感谢您的支持配合！

祝您心想事成、全家幸福！

附录二

调研访谈提纲

一、对村干部的访谈提纲

1. 该村的地理位置、土地面积、历史概况。

2. 该村的区域构成：行政村、自然村和村民小组情况。

3. 该村的人口学特征：

①总人口数（男性人口数、女性人口数，劳动力人数，村庄总户数）；

②外出打工人员情况（人数、性别、年龄、受教育程度、职业）；

③仍在本村的常住人口情况（人数、性别、年龄、受教育程度、职业）。

4. 该村村民的主要生产方式、经济来源。

5. 该村的产业结构和人均经济收入状况。

6. 该村的广播电视开通、入户情况：

①村落通电历史与运行状况（包括电力来源、使用费用、是否经常停电等）；

②有线（闭路）电视线路（有线电视开通的时间、入户率、费用收缴、信号情况、管理部门与相关规定、尚存问题）；

③彩电等"家电下乡"政策的落实情况（村民的积极性、财政补贴到位情况、尚存问题）。

二、对农村受众的访谈提纲

1. 了解受访对象概况

①个人情况：姓名、性别、年龄、民族、受教育程度、联系方式、职业等。

②家庭情况：家庭常住人口、家庭成员的职业、主要收入来源与支出等。

2. 受访对象的媒介接触与使用情况

①电视机的拥有与使用情况：黑白或彩色电视机台数、电视机类型（传统、数字）、电视机的尺寸、品牌名称、摆放位置、电视机的新旧程度。

②电视信号的接收途径与效果：普通（闭路）电视线、星接收器；能收看的频道数量、信号清晰度和稳定性、收视费用与评价等。

③平时最喜欢收看的电视节目（频道、栏目）：该节目（频道、栏目）的名称、原因和总体印象、印象最深的某期节目。

④平时最喜欢收看的电视新闻节目（频道、栏目）：该节目（频道、栏目）的名称、原因和总体印象、印象最深的某期节目。

⑤平时最喜欢收看的农业电视新闻节目（频道、栏目）：该节目（频道、栏目）的名称、原因和总体印象、印象最深的某期节目。

三、焦点小组访谈提纲

1. 政治方面

①关于国家"三农"政策、文件和法律

对相关政策、文件、法律的知晓程度、渠道、内容及利弊，请举例说明。

②关于农村基层组织民主法治建设

a. 村委会干部、人大代表、政协委员、党代表等选举的态度、参与情况及原因，请举例说明。

b. 村政务或财务公开和"一事一议"会议的具体做法（知晓度、渠道、内容、评议），请举例说明。

c. 对上级领导或干部进村视察、指导工作的态度、看法（帮助解决农民实际困难、问题的情况）。

③对党和政府的信任与要求

对中央、省、市、县、乡四级政府的信任度及要求，如反腐倡廉、惩治贪官，制定哪些有利于农民的政策、法律等。

2. 经济方面

①针对假冒伪劣产品进入农村市场、坑农害农的生活经历、处理方式与结果

的现象，要求政府和媒体做些什么？

②要求国家、媒体对农产品价格（如粮食最低保护价，农产品价格波动等）做些什么？

③要求国家在土地（农田、林地、水塘等）流转、土地征用和房屋拆迁补偿等方面，实行怎样的政策和标准？要求电视新闻怎样报道这些政策和标准？

④要求国家对主要农资（如化肥、农药、种子等）价格实行怎样的政策，对统一提供采购渠道的做法是否满意，有什么想法、要求与建议？希望电视新闻怎样报道这类事件？

⑤要求各级政府为农民外出打工应聘提供哪些服务（如致富技术培训、信息提供）？对现有服务的看法、意见？希望电视媒体能从中做些什么？

3. 文化方面

①对文化娱乐设施（村图书室、棋牌室、影剧院、篮球场、台球桌等）的使用与评价。

②对当地地方戏曲和文化下乡（送电影、送戏下乡等）的参与经历、态度、评价等。

③对当地孩子接受教育便利性的评价（学校位置、师资、教学质量、食宿及收费等）。

④自己在空余时间接受文化技术教育的意愿与可能性（想接受哪些培训、有无相关经历、感受与评价如何）。

4. 社会民生方面

①对社保、医保、养老保险的看法和要求（投保参保情况、资金到位情况）。

②对农村道路维修、硬化、拓宽等方面的要求和看法（资金、人力来源、使用效果）。

③对农村水利、水电、农田、山林等公共设施维修和保护的要求与看法。

④对农村学校、卫生院（所）、敬老院等公共设施的要求与看法。

⑤对新农村建设中的房屋和村庄改造的态度与要求。

⑥对环境保护的态度与要求（水源、空气、山林等）。

四、对电视新闻从业人士的访谈

1. 本台（频道、栏目）的总体定位
2. 本台（频道、栏目）的经费来源
3. 主管部门的管理要求与制度
4. 本台（频道、栏目）的采编管理
5. 本台（频道、栏目）的人员组成
6. 对新闻帮助农民维权的思考

参考文献

(一) 专著类

[1] 中共中央马克思恩格斯列宁斯大林著作编译局.马克思恩格斯全集：第1卷[M].北京：人民出版社，1956.

[2] 中共中央马克思恩格斯列宁斯大林著作编译局.马克思恩格斯选集：第3卷[M].北京：人民出版社，1972.

[3] 中共中央马克思恩格斯列宁斯大林著作编译局.马克思恩格斯选集：第3卷[M].北京：人民出版社，1995.

[4] 哈贝马斯.公共领域的结构转型[M].曹卫东，等，译.上海：学林出版社，1999.

[5] 巴赫金.巴赫金全集[M].石家庄：河北教育出版社，1998.

[6] 莱昂·狄骥.公法的变迁——法律与国家[M].郑戈，冷静，译.沈阳：辽海出版社，春风文艺出版社，1999.

[7] 卢梭.社会契约论[M].北京：商务印书馆，1982.

[8] 米歇尔·福柯.规训与惩罚[M].刘北成，杨远婴，译.北京：生活·读书·新知三联书店，1999.

[9] 米歇尔·福柯.性史[M].张廷深，等，译.上海：上海科学技术出版社，1999.

[10] 卢梭.社会契约论[M].施新州，译.北京：北京出版社，2007.

[11] 皮埃尔·布尔迪厄.关于电视[M].许钧，译.沈阳：辽宁教育出版社，2000.

[12] 托伊恩·A.梵·迪克.作为话语的新闻[M].曾庆香，译.北京：华夏出版社，2003.

[13] 托伊恩·A.梵·迪克.话语·心理·社会.[M]施旭，冯冰，编译.北京：中华书局，1993.

[14] 丹尼斯·麦奎尔.麦奎尔大众传播理论[M].崔保国,李琨,译.北京:清华大学出版社,2006.

[15] 乔治·弗雷德里克森.公共行政的精神[M].张成福,等,译.北京:中国人民大学出版社,2003.

[16] D.H.罗森布鲁姆,R.S.克拉夫丘克仁.公共行政学:管理、政治和法律的途径[M].5版.张成福,等,校译.北京:中国人民大学出版社,2002.

[17] 加布里埃尔·阿尔蒙德.比较政治学:体系、过程和政策[M].曹沛霖,译,上海:上海译文出版社,1987.

[18] 约瑟夫·斯蒂格利茨.经济学[M].梁小民,黄险峰,译.北京:中国人民大学出版社,2000.

[19] 保罗·A.萨缪尔森,威廉·D.诺德豪斯.经济学[M].胡代光,等,译.北京:北京经济学院出版社,1996.

[20] 列奥·斯特劳斯,约瑟夫·克罗波希.政治哲学史[M].李天然,等,译.石家庄:河北人民出版社,1993.

[21] 约翰·杜威.哲学的改造[M].许崇清,译.北京:商务印书馆,1989.

[22] 约翰·罗尔斯.正义论[M].何怀宏,何包钢,等,译.北京:中国社会科学出版社,1988.

[23] 珍妮特·V.登哈特,罗伯特·B.登哈特.新公共服务——服务,而不是掌舵[M].丁煌,译.北京:中国人民大学出版社,2004.

[24] 哈维·S.罗森.财政学[M].平新乔,等,译.北京:中国人民大学出版社,2000.

[25] 查尔斯·福充斯,休·T.米勒.后现代公共行政——话语指向[M].北京:中国人民大学出版社,2002.

[26] 丹尼斯·K.姆贝.组织中的传播和权力:话语、意识形态和统治[M].陈德民,等,译.北京:中国社会科学出版社,2000.

[27] 斯蒂芬·李特约翰.人类传播理论[M].史安斌,译.北京:清华大学出版社,2004.

[28] 费尔迪南·德·索绪尔.普通语言学教程[M].高名凯,译.北京:商务印书馆,2010.

[29] 边沁.政府片论[M].沈叔平,等,译.北京:商务印书馆,1995.

[30] 边沁.道德与立法原理导论[M].时殷弘,译.北京:商务印书馆,2000.

[31] 布赖恩·麦克奈尔.政治传播学导论[M].2版.殷祺,译.北京:新华出版社,2005.

[32] 诺曼·费尔克拉夫.话语与社会变迁[M].殷晓蓉,译.北京:华夏出版社,2003.

[33] 霍布斯.利维坦[M].黎思复,黎廷弼,译.北京:商务印书馆,1985.

[34] 汉·默顿.西方名著提要[M].何宁,译.北京:中国青年出版社,1957.

[35] 大卫·休谟.人性论[M].关文运,译.北京:商务印书馆,1980.

[36] 约翰·密尔.论自由[M].程崇华,译.北京:商务印书馆,1959.

[37] 托马斯·阿奎那.阿奎那政治著作选读[M].马清槐,译.北京:商务印务馆,1982.

[38] 安东尼奥·葛兰西.狱中札记[M].曹雷雨,等,译.北京:中国社会科学出版社,2000.

[39] 中正大学教育学研究所.质的研究方法[M].高雄:丽文文化公司,2000.

[40] 陈向明.质的研究方法与社会科学研究[M].北京:教育科学出版社,2000.

[41] 陈弱水.公共意识与中国文化[M].北京:新星出版社,2006.

[42] 陈建云.中国当代新闻传播法制史论[M].济南:山东人民出版社,2005.

[43] 陈开举.话语权的文化学研究[M].广州:中山大学出版社,2012.

[44] 风笑天.社会学研究方法[M].3版.北京:中国人民大学出版社,2009.

[45] 郭庆光.传播学教程[M].2版.北京:中国人民大学出版社,2011.

[46] 郭湛,王维国,郑广永.社会公共性研究[M].北京:人民出版社,2009.

[47] 国家广电总局发展研究中心.国外广播影视体制比较研究[M].北京:中国国际广播出版社,2007.

[48] 国家广电总局发展研究中心课题组.中国农村广播影视公共服务[M].北京:中国广播电视出版社,2008.

[49] 胡象明.权力之运用:政治学启示录[M].武汉:湖北人民出版社,1999.

[50] 柯惠新,祝建华,等.传播统计学[M].北京:北京广播学院出版社,2003.

[51] 匡亚明.权力的眼睛——福柯访谈录[M].上海:上海人民出版社,1997.

[52] 李军鹏.公共服务学——政府公共服务的理论与实践[M].北京:国家行政学院出版社,2007.

[53] 李水金.中国公民话语权研究[M].长春:吉林人民出版社,2009.

[54] 李书藏.冲突、妥协与均衡:英国公共广播电视体制的生成与探源[M].北京:中国社会科学出版社,2011.

[55] 李延均.公共服务论——一个公共事业的分析框架[M].上海:立信会计出版社,2008.

[56] 刘富华,孙维张.索绪尔与结构主义语言学[M].长春:吉林大学出版社,2003.

[57] 刘培育,等.金岳霖学术论文选[C].北京:中国社会科学出版社,1990.

[58] 刘祖云,田北海,戴洁.转型期的中国社会分层[M].武汉:湖北人民出版社,2009.

[59] 刘祖云.社会转型解读[M].武汉:武汉大学出版社,2005.

[60] 刘学义.话语权转移——转型期媒体言论话语权实践的社会路径分析[M].北京:中国传媒大学出版社,2008.

[61] 陆扬,王毅.大众文化与传媒[M].上海:上海三联书店,2000.

[62] 裴文.索绪尔:本真状态及其张力[M].北京:商务印书馆,2003.

[63] 宋志刚,等.SPSS 16实用教程[M].北京:人民邮电出版社,2008.

[64] 石国亮,等.国外公共服务理论与实践[M].北京:中国言实出版社,2011.

[65] 石长顺,张建红.公共电视[M].武汉:武汉大学出版社,2007.

[66] 孙立平.失衡:断裂社会的运作逻辑[M].北京:社会科学文献出版社,2004.

[67] 辛斌.批评语言学:理论与应用[M].上海:上海外语教育出版社,2005.

[68] 魏永征.新闻传播法教程[M].北京:中国人民大学出版社,2002.

[69] 王治河.福柯[M].长沙:湖南教育出版社,1999.

[70] 王秀梅.《诗经》译注[M].北京:中华书局,2006.

[71] 杨善华.当代西方社会学理论[M].北京:北京大学出版社,1999.

[72] 袁祖社.权力与自由[M].北京:中国社会科学出版社,2003.

[73] 于凤荣.公共服务理论与实践[M].哈尔滨:黑龙江人民出版社,2009.

[74] 张凤.政治哲学关键词[M].南京:江苏人民出版社,2006.

[75] 曾庆香.新闻叙事学[M].北京:中国广播电视出版社,2005.

[76] 郑杭生.中国人民大学社会发展报告(1994—1995)[M].北京:中国人民大学出版社,1996.

[77] 郑欣.乡村政治中的博弈生存[M].北京:中国社会科学出版社,2005.

(二)论文类

1. 期刊论文

[1] 白春仁.边缘上的话语——巴赫金话语理论辨析[J].外语教学与研究,2000(3).

[2] 卜卫.试论内容分析方法[J].国际新闻界,1997(4).

[3] 蔡雯.新闻传播的变化融合了什么——从美国新闻传播的变化谈起[J].中国记者,2005(9).

[4] 陈平.话语分析说略[J].语言教学与研究,1987(3).

[5] 陈旭鑫.电视媒体维护社会公平正义的理论内涵与基本路径[J].现代传播,2013(2).

[6] 陈旭鑫.当前我国新闻规制创新的理论内涵与构建路径[J].编辑之友,2017(1).

[7] 陈旭鑫.媒介生态学视域下我国电视服务"三农"的现状与重构[J].河南社会科学,2013(5).

[8] 陈旭鑫,曾林浩.集中化、碎片化:当前我国城乡居民的媒介接触与利益诉求[J].声屏世界,2016(6).

[9] 陈旭鑫.城镇化进程中国内电视新闻涉农群体事件的多模态话语分析[J].南昌工程学院学报,2016(5).

[10] 陈永国.话语[J].外国文学,2002(3).

[11] 程亿.维护农民话语权的后现代公共行政分析[J].长春市委党校学报,2006(4).

[12] 蔡立辉.西方国家政府绩效评估的理念及其启示[J].清华大学学报(哲学社会科学版),2003(1).

[13] 高有祥,郭敏.关于广播电视对农传播调查效果的思考[J].中国广播电视学刊,2008(10).

[14] 丁建新,廖益清.批评话语分析述评[J].当代语言学,2001(4).

[15] 丁和根.大众传媒话语分析的理论、对象与方法[J].新闻与传播研究,2004(1).

[16] 丁建华,廖益清.批评话语分析述评[J].当代语言学,2003,3(4).

[17] 风笑天.方法论背景中的问卷调查法[J].社会学研究,1994(3).

[18] 高榕.试论弱势群体媒介话语权的维护[J].安阳师范学院学报,2005(6).

[19] 郭镇之.欧洲公共广播电视的历史遗产及当代解释[J].国际新闻界,1998(5-6).

[20] 郭道晖.论作为人权和公民权的表达权[J].河北法学,2009(1).

[21] 郭道晖.论表达权和言论自由[J].炎黄春秋,2011(1).

[22] 郭五林.传播理念大嬗变:从传受对立到传受互构[J].宁夏社会科学,2008(3).

[23] 郭湛,王维国.公共性的样态与内涵[J].哲学研究,2009(8).

[24] 韩礼德.篇章、语篇、信息——系统功能语言学视角[J].北京大学学报(哲学社科版),2011(1).

[25] 贺建平.检视西方媒介权力研究——兼论布尔迪厄权力论[J].西南政法大学学报,2002(3).

[26] 何增科.民主化：中国政治发展的模式与道路［J］.中共宁波市委党校学报，2004（2）.

[27] 何维芳.尊严视角下农民利益表达机制的构建［J］.新疆大学学报（哲学·人文社会科学版），2011（3）.

[28] 何舟.中国政治传播研究的路向［J］.新闻大学，2008（夏）.

[29] 何舟，陈先红.双重话语空间：公共危机传播中的官方与非官方话语互动模式研究［J］.国际新闻界，2010（8）.

[30] 胡壮麟.积极话语分析和批评话语分析的互补性［J］.当代外语研究，2012（7）.

[31] 黄会健，等.话语分析的建设性转向——从批评话语分析到积极话语分析［J］.浙江工业大学学报（社会科学版），2007（1）.

[32] 纪卫宁.话语分析——批判学派的多维视角评析［J］.外语学刊，2008（6）.

[33] 雷跃捷，沈浩，薛宝琴.我国广播电视媒体公信力的受众认知调查与研究［J］.现代传播，2012（5）.

[34] 刘立华.批评话语分析概览［J］.外语学刊，2008（3）.

[35] 刘国普.论乡村治理中的农民话语权保障——基于善治的视角分析［J］.云南行政学院学报，2011（1）.

[36] 刘津.我国农民利益保护问题［J］.边疆经济与文化，2004（12）.

[37] 刘明贤.格林的新自由主义理论评析［J］.广东社会科学，2001（5）.

[38] 凌建侯.话语的对话性——巴赫金研究概说［J］.外语教学与研究，2000（3）.

[39] 李缨，庹继光.如何为农民分发"扩音器"——略论农民平等话语权的实现途径［J］.新闻记者，2007（1）.

[40] 李缨，庹继光.农民平等话语权的实现途径［J］.当代传播，2007（3）.

[41] 李争鸣.中国农民话语权的解构与重构［J］.中国农业大学学报（社会科学版），2012（2）.

[42] 李春锋.后税改时代农民利益诉求分析［J］.理论观察，2010（3）.

[43] 李良荣.公共利益是中国传媒业立足之本［J］.新闻记者，2007（8）.

[44] 李良荣.十五年来新闻改革的回顾与展望［J］.新闻大学，1995（春）.

[45] 李良荣.艰难的转身：从宣传本位到新闻本位——共和国60年新闻媒体［J］.国际新闻界，2009（9）.

[46] 李良荣，张春华.论知情权与表达权——兼论中国新一轮新闻改革［J］.现代传播，2008（4）.

[47] 李友梅，等.当代中国社会建设的公共性困境及其超越［J］.中国社会科学，2012（4）.

[48] 李燕吉.解读英国广播公司（BBC）新闻频道的市场战略［J］.电视研究，2011（1）.

[49] 陆地.关于中国广播电视学术研究框架的若干思考［J］.中国广播电视学刊，2013（3）.

[50] 马庆钰.公共服务的几个基本理论问题［J］.中共中央党校学报，2005（1）.

[51] 孟建，董军.新媒体环境下我国电视新闻的嬗变与发展［J］.国际新闻界，2013（2）.

[52] 汝绪华.话语权观的流派探微［J］.湖北行政学院学报，2010（1）.

[53] 汝绪华.当代中国社会阶层话语权失衡的原因探究——以政治文化为视域［J］.辽宁大学学报（哲学社会科学版），2010（2）.

[54] 邵宇.和谐社会视域下我国农民话语权回归的制度分析［J］.中共四川省委党校学报，2009（2）.

[55] 邵志择.Public Interest：公共利益抑或公众兴趣——市场化媒体的两难选择［J］.新闻大学，2012（1）.

[56] 施旭.话语分析的文化转向：试论建立当代中国话语研究范式的动因、目标和策略［J］.浙江大学学报（人文社会科学版），2008（1）.

[57] 孙立平.中国社会结构的变迁及其分析模式的转换［J］.南京社会科学，2009（5）.

[58] 唐铁汉.马克思主义公共管理思想原论［J］.新视野，2005（5）.

[59] 唐国军，刘国普.集体行动困境视阈下农民话语权保障探索［J］.云南行政学院学报，2010（6）.

[60] 唐维海，陈亮.试论中国民间话语及其嬗变［J］.湘潭师范学院学报（社会科学版），2006（2）.

[61] 王京.加强节目针对性，为农村电视观众服务——农村电视观众收视需求分析［J］.电视研究，2006（6）.

[62] 王谦.城乡公共服务均等化的理论思考［J］.中央财经大学学报，2008（8）.

[63] 王振华.评价系统及其运作——系统功能语言学的新发展［J］.外国语，2001（6）.

[64] 王维国.公共性及其一般类型［J］.公共管理科学，2010（3）.

[65] 温飚.里思与英国广播公司［J］.世界广播电视参考，1990（3）.

[66] 夏倩芳，管成云.公共服务该如何做［J］.现代传播，2012（1）.

[67] 徐崇温.科学发展观提出的背景和根据［J］.广东社会科学，2008（5）.

[68] 辛斌.语言、权力与意识形态：批评语言学［J］.现代外语，1996（1）.

[69] 辛志英.话语分析的新发展——多模态话语分析[J].社会科学辑刊,2008(5).

[70] 晏辉.论公共性的原始发生[J].教学与研究,2007(4).

[71] 余斌,张钟之.试析公共产品的本质属性[J].高校理论战线,2007(1).

[72] 詹世友.公共领域·公共利益·公共性[J].社会科学,2005(7).

[73] 张振华.新世纪10年新闻传播理念的诸多变革[J].中国广播电视学刊,2011(3).

[74] 张德禄.多模态话语分析综合理论框架探索[J].中国外语,2009(1).

[75] 张春华.传媒体制、媒体社会责任与公共利益——基于美国广播电视制度变迁的反思[J].国际新闻界,2011(3).

[76] 钟沛璋.政治文明与新闻立法——兼议新闻立法正当时[J].同舟共进,2003(2).

[77] 朱永生.话语分析五十年:回顾与展望[J].外国语,2003(3).

[78] 朱永生.积极话语分析:对批评话语分析的反拨与补充[J].英语研究,2006(4).

[79] 朱永生.多模态话语分析的理论基础与研究方法[J].外语学刊,2007(5).

[80] 邹建达.多维视野下的新闻话语分析——兼论话语分析在中国新闻理论研究中的运用与拓展[J].云南民族大学学报(哲学社会科学版),2008(3).

[81] 周华姣.从信息公平的角度来看信息弱势群体[J].河南图书馆学刊,2007(4).

[82] 周春霞.论农村弱势群体的媒介话语权[J].安徽大学学报(哲学社会科学版),2005(3).

[83] 周燕玲.健全农民利益表达机制 推进新农村建设[J].黑龙江科技信息,2007(14).

[84] 郑洁生.基本公共服务均等化文献综述与研究展望[J].汕头科技,2011(2).

2. 学位论文

[1] 窦卫霖.中美官方话语的比较研究[D].上海:上海外国语大学,2011.

[2] 范银.《人民日报》上农民话语权之构建——基于对2001年到2007年"三农"报道的分析[D].厦门:厦门大学,2009.

[3] 李仕权."三农"报道中农民主体地位的考察与分析(2004—2009年)[D].北京:中国社会科学院研生院,2011.

[4] 王聪.我国官方话语与民间话语的新博弈[D].长沙:湖南师范大学,2012.

[5] 赵为学.论新闻传播学话语分析理论的建构[D].上海:上海大学,2007.

[6] 赵东霞.城市社区居民满意度模型与评价指标体系研究[D].大连:大连理工大学,2010.

[7] 曾庆香.试论新闻话语[D].北京:中国社会科学院研究生院,2003.

(三) 外文类

[1] EARL BABBIE. The Practice of Social Research [M]. Belmont, CA: Wadsworth, Inc, 1989.

[2] BLOMMAERT J. Discourse: A Critical Introduction [M]. Cambridge: Cambridge University Press, 2005.

[3] CROTEAU D, HOYNES W. The Business of Media: Corporate Media and the Public Interest [M]. California: Pine Forge Press, 2001.

[4] FAIRCLOUGH N. Critical Discourse Analysis: The Critical Study of Language [M]. NewYork: Lonman Publishing, 1995.

[5] FEDERICKSON H G. The Spirit of Public Administratio [M]. San-Francisco: Jossey-Bass Publishers, 1997.

[6] HARTLEY JOHN. Understanding News [M]. NewYork: Methuen & Co, 1982.

[7] KRESS G, HODGE R. Language as Ideology [M]. London: Routledge, 1979.

[8] MARTIN J R. English Text: System and Structure [M]. Amsterdam: John Benjamins, 1992.

[9] JAMES M BUCHANAN. An Economic Theory of Clubs [J]. Economics, 1965, 32 (February).

[10] C HOOD. A Public Management for All Seasons? [J]. Public Administration, 1991 (69).

[11] HARRIS Z. Discourse Analysis [J]. Language, 1952 (28).

[12] MEYER P. Defining and Measuring Credibility of Newspapers: Developing and Index [J]. Journalism Quarterly, 1988, 65.

[13] PRAHARAD C K, HAMEL, GARY. The Core Competence of the Corporation [J]. Harvard Business Review, 1990, 68 (3).

[14] SAMUELSON, PAUL A. The Theory of Public Expenditure [J]. Review of Economics and Statistics, 1954, 36 (November).

[15] SCHEGLOFF E. Whose Text? Whose Context? [J]. Discourse and Society, 1997 (8).

[16] SCHEGLOFF E. Text and Context Paper [J]. Discourse and Society, 1998 (3).

[17] THEODORE M. Beneditt. The Public Interest [J]. Philosophy and Public Affairs, 1973, 2 (3).

[18] WIDDOWSON H G. Discourse Analysis: A Critical View [J]. Language and Literature, 1995 (4).

[19] WEST M D. Validating a Scale For The Measurement of Credibility: A Covarrance Structure Modeling Approach [J]. Journalism Quarterly, 1994 (71).

（四）其他类

[1] 胡锦涛.坚定不移沿着中国特色社会主义道路前进 为全面建成小康社会而奋斗——在中国共产党第十八次全国代表大会上的报告（简称《十八大报告》)[M].北京：人民出版社，2012.

[2] 中华人民共和国 2011 年国民经济和社会发展统计公报［EB/OL］.（2012-02-22）.http：//www.stats.gov.cn.

[3] 美兰德全国电视覆盖及收视调研成果揭晓［EB/OL］.（2010-11-05）.http：//www.cnadtop.com.

[4] 国家统计局.中国统计年鉴 2011［EB/OL］.（2012-04-20）.http：//www.stats.gov.cn.

[5] 张洪忠.转型期的中国传媒公信力［N/OL］.北京师范大学校报，2013-05-10.http：//bnu.cuepa.cn.

[6]《中国视听新媒体发展报告（2013）》发布［EB/OL］.（2013-06-16）.http：//info.broadcast.hc360.com.

后 记

本书是笔者主持的教育部人文社科课题"电视对农传播公共服务体系的基本内涵与构建路径"的最终研究成果和国家社科基金项目"新型城镇化进程中农民利益诉求与媒介话语表达的互动研究"的前期研究成果。

本书完稿之际，真是无尽感慨上心头！回顾我的求学历程，一路走来真是不易，其间的甘苦冷暖唯我自知！本书之所以能顺利完成，既有个人的努力，更得益于诸多师长亲友的无私帮助。在此，谨向所有为我提供无私帮助的亲朋好友，致以衷心的感谢！

感谢我的恩师——华中科技大学新闻与信息传播学院的何志武教授。正是有了恩师的接纳，我才得以有幸在2010年顺利进入华中科技大学攻读博士学位，实现了我人生最重要的转折！此后的3年多时间里，恩师以其特有的胸襟、气质和风格，包容、教育、引导、鞭策我，让我受益良多。我是何教授的开门弟子，恩师对我既严格要求、寄予厚望，又关心爱护、包容有加。回首与恩师在华科校园里的点滴往事，总有温暖上心头——2010年暑期我第一次正式拜见恩师时，恩师携子在华科校园内的友谊餐厅宴请我；2010年8月底正式上课前，恩师又亲自到博士宿舍楼西十三舍看望我；此后，恩师又多次到宿舍看望我，并邀我晚上到华科西边操场上散步，一边锻炼身体一边讨论学术。此外，恩师还以其熟知的人与事为例，鼓励我向杰出者学习，敦促我惜时读书、思考、写作，争取学有所成、多出成果。在我博士毕业后，恩师仍会经常指点我、帮助我。在此，我要向恩师说：弟子不才，但我会努力前行的！

恩师为人亲和，但治学严谨、思维缜密、学术底蕴深厚、问题意识强烈、见解深刻、直指要害。恩师的学养与风范，充分体现在他对我的博士论文指导中。

在开题阶段，恩师对我严格要求、细心指导、如琢如磨，让我既有如坐针毡的紧张感，又有势如破竹的成就感。在写作期间，恩师十分关心我的进度，并为我到相关媒体调研提供帮助。在初稿完成及修改阶段，恩师又悉心指导，对论文的基调与方向、段落布局和个别用词等一一推敲，既尊重我的学术表达风格，又体现出导师疏密有度的把关责任与智慧。复旦大学新闻学院孟建教授曾说过，从研究生身上可看到导师的影子。诚如是也！恩师对我的影响确实深远。

感谢华中科技大学新闻学院的石长顺教授。石老师貌似威严，内心则充满仁爱！他教学经验丰富、学术积淀丰厚、知识渊博、思维敏捷、充满朝气与活力，经常在课堂上给我们诸多启迪，并乐意分享自己的研究心得与成果，引导我们开展学术研究和论文写作。石老师爱生如子的长者风范、孜孜不倦永葆学术朝气与活力的精神，我会铭记于心并传承下去。

感谢华中科技大学的其他学者、专家！他们同样用高尚的人格、丰厚的学养、严谨的治学态度浸润、滋养着我。在读博士期间，我先后有幸聆听了孙旭培教授、吴廷俊教授、屠忠俊教授、申凡教授、张昆教授、赵振宇教授、刘洁教授、余红教授、郭小平教授及社会学系孙秋云教授等老师的授课；参与了李贞芳副教授主办的学术沙龙，从中结识了一些爱好定量分析的朋友，并多次向李贞芳副教授请教。张昆教授、钟瑛教授、雷洪教授、欧阳明教授、余红教授、李贞芳副教授、李华君博士、李欣欣博士等，先后为我博士毕业论文的开题、研究和写作提出过宝贵意见和建议。

感谢我的博士同窗景义新博士，学长肖叶飞博士、学姐陈红梅博士，同门师妹朱秀凌博士、张卓博士及师弟葛明驷博士！感谢我的好朋友吴慧博士、刘大明博士！他们的帮助，使我战胜了学习中的困难与烦恼！

感谢南昌大学新闻与传播学院的陈信凌教授和其他老师，是他们将我引入了新闻学与传播学研究的大门！我至今仍经常回忆起读硕期间的美好时光。

在博士论文及前后多年的学术调研过程中，得到了许多好友的鼎力帮助，在此要向他们一并致谢！他们❶是：江西省电视台新闻中心的易义华先生；湖北电视台总编室的石永军博士；湖北电视台垄上频道党总支书记兼副总经理刘文杰先

---

❶ 此处所列人员的工作单位和职务等个人信息，均以笔者实地调研时的信息为准。对其后工作单位和职务等变动情况，由于客观原因未能及时更新。

后　记

生、湖北电视台垄上频道武汉节目中心副主任胡安龙先生、何晓川先生；江西赣州电视台的曾宪升先生、董艳女士、赖凤珍女士、王娅琴女士、肖渊女士；江西宜春电视台的张敏副台长、张宁主任；中共江西省纪委驻德安县扶贫干部眭东仔先生、汤长明先生、德安县广播电视台党支部书记兼副台长邹翔先生；江西省某村党支部书记兼村委会主任聂春旺先生及其他村委会成员；江西农业大学产业处处长李峰先生、江西农业大学大岗林场场长刘永平先生、副场长丁月娥女士；江西省某村党支部书记赖洪先生、村支委廖青先生；江西村民刘兴年先生、村支书刘永仁先生；江西省宁都县政府党组成员兼办公室主任李振东先生、宁都黄鸡协会会长涂波涛先生等。我还要感谢众多配合我进行问卷调查和深度访谈的受访者，他们中农民居多，也有教师、医生、工匠、种养大户、私营企业主、低保户等，在此无法一一列举他们的名字，向他们致谢的同时，也向他们表示歉意！

值得一提的是，我先后在江西农业大学和江西师范大学两所高校担任教学科研工作，两所学校相关部门的领导、同事为我外出学习、学术交流提供了很多便利；两所学校新闻学专业的本科生为我的教学科研提供了力所能及的帮助。

我还要感谢我的硕士研究生路广亚、毕郯、陈昊、李露、黄赤澄，他们为我主持的国家社科基金项目做了许多基础性的工作。

我还要感谢父母、妻子和女儿。多年来，她们与我风雨同舟、无怨无悔。妻子承担了教育女儿、料理家务的重担！父母的安康与支持，使我得以安心学术、规划未来！

最后，必须感谢知识产权出版社的领导和工作人员。没有他们的支持和帮助，本书无法顺利出版！特别感谢本书的责任编辑高源博士，她在本书出版的过程中认真耐心地与我沟通、商讨细节。她的敬业精神和职业操守令我感佩至深！

本书成书过程中，我虽努力使之做得更好，但终因学力有限、写作时间匆促，仍有许多不足，如在理论的深度整合、实证研究与个案分析、对策建议的可行性等方面都有待完善。对此，我有清醒认知，并打算在日后的研究中不断充实完善，欢迎广大读者批评指正。

陈旭鑫

2019年7月9日于江西南昌